Manuel Becher

Entwicklung eines Kennzahlensystems zur Vermarktung touristischer Destinationen

GABLER EDITION WISSENSCHAFT
Focus Dienstleistungsmarketing

Herausgegeben von
Universitätsprofessor Dr. Dr. h.c. Werner Hans Engelhardt,
Ruhr-Universität Bochum,
Universitätsprofessorin Dr. Sabine Fließ,
FernUniversität in Hagen,
Universitätsprofessor Dr. Michael Kleinaltenkamp,
Freie Universität Berlin,
Universitätsprofessor Dr. Anton Meyer,
Ludwig-Maximilians-Universität München,
Universitätsprofessor Dr. Hans Mühlbacher,
Leopold-Franzens-Universität Innsbruck,
Universitätsprofessor Dr. Bernd Stauss,
Katholische Universität Eichstätt-Ingolstadt und
Universitätsprofessor Dr. Herbert Woratschek,
Universität Bayreuth (schriftführend)

Der Wandel von der Industrie- zur Dienstleistungsgesellschaft ist de facto längst vollzogen, er stellt jedoch mehr denn je eine Herausforderung für Theorie und Praxis, speziell im Marketing, dar. Die Schriftenreihe will ein Forum bieten für wissenschaftliche Beiträge zu dem bedeutenden und immer wichtiger werdenden Bereich des Dienstleistungsmarketing. In ihr werden aktuelle Ergebnisse der betriebswirtschaftlichen Forschung in diesem Bereich des Marketing präsentiert und zur Diskussion gestellt.

Manuel Becher

Entwicklung eines Kennzahlensystems zur Vermarktung touristischer Destinationen

Mit einem Geleitwort von Prof. Dr. Herbert Woratschek

Deutscher Universitäts-Verlag

Bibliografische Information Der Deutschen Nationalbibliothek
Die Deutsche Nationalbibliothek verzeichnet diese Publikation in der
Deutschen Nationalbibliografie; detaillierte bibliografische Daten sind im Internet über
<http://dnb.d-nb.de> abrufbar.

Dissertation Universität Bayreuth, 2007

1. Auflage Oktober 2007

Alle Rechte vorbehalten
© Deutscher Universitäts-Verlag | GWV Fachverlage GmbH, Wiesbaden 2007

Lektorat: Frauke Schindler / Sabine Schöller

Der Deutsche Universitäts-Verlag ist ein Unternehmen von Springer Science+Business Media.
www.duv.de

Das Werk einschließlich aller seiner Teile ist urheberrechtlich geschützt. Jede Verwertung außerhalb der engen Grenzen des Urheberrechtsgesetzes ist ohne Zustimmung des Verlags unzulässig und strafbar. Das gilt insbesondere für Vervielfältigungen, Übersetzungen, Mikroverfilmungen und die Einspeicherung und Verarbeitung in elektronischen Systemen.

Die Wiedergabe von Gebrauchsnamen, Handelsnamen, Warenbezeichnungen usw. in diesem Werk berechtigt auch ohne besondere Kennzeichnung nicht zu der Annahme, dass solche Namen im Sinne der Warenzeichen- und Markenschutz-Gesetzgebung als frei zu betrachten wären und daher von jedermann benutzt werden dürften.

Umschlaggestaltung: Regine Zimmer, Dipl.-Designerin, Frankfurt/Main
Gedruckt auf säurefreiem und chlorfrei gebleichtem Papier
Printed in Germany

ISBN 978-3-8350-0843-4

Geleitwort

Grundlegende Änderungen in der gesamten Reisebranche haben in der jüngsten Vergangenheit zu einer steigenden Bedeutung des Destinationsmanagements nicht nur in der wissenschaftlichen Theorie, sondern auch in der praktischen Anwendung geführt. Die Konkurrenzfähigkeit von Destinationen hängt mehr und mehr von der Managementfähigkeit der Destinationsmanager ab, die mit einer wachsenden Konkurrenz durch neue Destinationen sowie einem zunehmenden Anspruchsniveau der Nachfrager konfrontiert werden. Die Kenntnis und Anwendung aktueller Managementmethoden ist essentiell und stellt keinen Wettbewerbsvorteil mehr dar. Stattdessen ist zu hinterfragen, ob herkömmliche Methoden den besonderen Anforderungen des Destinationsmanagements gerecht werden.

Die Hauptaufgabe im Destinationsmanagement ist eine effektive und effiziente Vermarktung eines Ortes oder einer Region. Der intensive Wettbewerb erfordert eine koordinierte Strategie zur Vermarktung der Destination. Hierzu sind selbständige Dienstleistungsunternehmen zur Zusammenarbeit zu motivieren, die teilweise im Wettbewerb zueinander stehen. Strategische Entscheidungen müssen dabei greifbar gemacht werden, um das Controlling (im Sinne von Planen, Steuern und Kontrollieren) der komplexen Vermarktungsaufgabe zu ermöglichen. Die Basis liefert ein geeignetes Kennzahlensystem, das dieser Koordinationsaufgabe gerecht wird. Gemessen an der Komplexität der Aufgaben im Destinationsmanagement existieren erstaunlich wenige speziell entwickelte Managementansätze, die auf die besondere Vermarktungsaufgabe (Koordination der Kooperenz) im Destinationsmanagement abstellen.

Die Arbeit von Herrn Becher setzt genau an dieser Forschungslücke an. Zunächst geht er der Frage nach, welche betriebswirtschaftlichen Theorien die zentralen Aktivitäten zur Wertschöpfung von Destinationsmanagementorganisationen (DMO) erklären können. Am sinnvollsten erscheint hierfür das Wertnetz nach Stabell/Fjeldstad zu sein, das die Wertschöpfung jener Unternehmen abbildet, die der Intermediationsfunktion nachgehen, d.h. die Netzwerkteilnehmer koordinieren. Dieses Leitbild wurde für DMOs sowohl theoretisch als auch empirisch aus Sicht des Managements adäquat erkannt. Bereits dieser Forschungsschritt stellt einen innovativen Beitrag zur Tourismuswissenschaft dar, da die Betrachtung der eigentlichen Wertschöpfung von DMOs in der Literatur bislang gänzlich vernachlässigt wurde.

Aufbauend auf dem ersten Forschungsschritt entwickelte Herr Becher ein Kennzahlensystem, das den speziellen Anforderungen von DMOs gerecht wird. In der Praxis gehen Destinationsmanager beim Controlling bislang meist sehr pragmatisch vor, indem zwar zahlreiche Kennzahlen eingesetzt werden, diese jedoch selten in Bezug zueinander beurteilt werden. Angesichts der komplexen Vermarktungsaufgabe und dem beschränkten Aussagegehalt einzelner Kennzahlen ist daher dringender Handlungsbedarf für die Entwicklung geeigneter Kennzahlensysteme angezeigt. Die in der tourismuswissenschaftlichen Literatur angebotenen

Ansätze beschränken sich häufig nur auf das Monitoring bzw. auf Benchmarkingkonzepte, die eine Abhängigkeit von Kennzahlen untereinander nicht berücksichtigen.

Herr Becher wählt in seiner Arbeit einen innovativen Weg, der zugleich theoretisch gut fundiert ist. Er definiert die DMO als spezifisches Wertnetz mit den Bereichen Mitglieder, Service und Infrastruktur. In jedem dieser drei Bereiche muss die DMO simultan Aktivitäten ergreifen, die zentral für die Wertschöpfung einer Destination sind. Daher werden auf Basis dieser primären Aktivitäten Kennzahlen für das Controlling benötigt. Die Kennzahlen werden in den einzelnen Perspektiven auf Basis der Literatur und der durchgeführten Experteninterviews entwickelt, definiert und in ein System vor- und nachlaufender Indikatoren eingebettet.

Herr Becher leistet mit dieser Arbeit einen wesentlichen Beitrag zur tourismuswissenschaftlichen Forschung. Die Ergebnisse der Arbeit dürften für den Praktiker von hohem Interesse sein, da er wichtige Anhaltspunkte für ein verbessertes Controlling und damit für seine tägliche Arbeit findet. Damit dürfte das vorliegende, durchaus beachtliche Werk in der Zukunft eine hohe Aufmerksamkeit genießen.

Prof. Dr. Herbert Woratschek

Vorwort des Autors

Das Destinationsmanagement erfährt in Zeiten steigender Tourismuszahlen eine wachsende Bedeutung für den Erfolg einer Destination. Wie in anderen Branchen auch ist das Controlling als Teil des Managements ein wichtiger Erfolgsfaktor für das Erreichen der gesteckten Marketingziele. In diesem Zusammenhang wird in der vorliegenden Arbeit die Eignung bestehender Controllingkonzepte für Destinationsmanagementorganisationen analysiert. Auf Basis der identifizierten Kritikpunkte entstand anschließend ein Kennzahlensystem zur besseren Vermarktung touristischer Destinationen. Die Arbeit wurde im Wintersemester 2006/2007 von der Rechts- und Wirtschaftswissenschaftlichen Fakultät der Universität Bayreuth als Dissertation angenommen.

Ich möchte mich an dieser Stelle bei allen Personen bedanken, die mich bei der Erstellung dieser Arbeit unterstützt haben. Ein besonderer Dank gebührt meinem Doktorvater, Herrn Prof. Dr. Herbert Woratschek, der mein Vorhaben angeregt und interessiert begleitet hat. Für die zügige Erstellung des Zweitgutachtens danke ich Herrn Prof. Dr. Heymo Böhler. Einen erheblichen Anteil an der Realisierung des Dissertationsprojekts hatten die Mitarbeiter des Lehrstuhls für Dienstleistungsmanagement der Universität Bayreuth. Herzlich bedanken möchte ich mich insbesondere bei Dipl.-Kffr. Chris Horbel, Frau Carmen Back, Prof. Dr. Stefan Roth, Dipl.-SpOec. Tim Ströbel, Dipl.-Kfm. Bastian Popp, Dipl.-Kfm. Frank Hannich sowie Dipl.-Kfm. Guido Schafmeister für ihre fachliche und moralische Unterstützung vor allem im Rahmen der Reliabilitätstests. Bei Prof. Dr. Walter Brehm bedanke ich mich für die Bereitstellung eines erstklassigen Arbeitsplatzes.

Weiterhin bin ich jenen Destinationsmanagern zu Dank verpflichtet, die mir im Rahmen der Experteninterviews Rede und Antwort standen und somit zum Gelingen des Projekts beigetragen haben. Ein Teil der Forschungsergebnisse resultiert zudem aus Erkenntnissen, die ich während eines mehrmonatigen Forschungsaufenthalts an der University of Calgary gewinnen konnte. Die gewährte Unterstützung und Gastfreundschaft der Mitarbeiter des World Tourism Education Councils an der Haskayne School of Business, namentlich Dr. Lorn Sheehan und Prof. Don Getz, soll an dieser Stelle besondere Erwähnung finden.

Ich danke meiner Freundin Dr. Leonie Friedmann für ihre kompromisslose Unterstützung. Sie hat durch ihr Verständnis und ihre Ermunterungen wesentlich zur Fertigstellung der Arbeit beigetragen. Bei meiner Schwester Dipl.-Kffr. Anna-Lisa Becher bedanke ich mich für ein immer offenes Ohr sowie für ihre umfassenden Korrekturhilfen. Besonders aufrichtiger Dank gebührt meinen Eltern, deren uneingeschränkte Förderung meiner Ausbildung und liebevolle Unterstützung das Dissertationsprojekt erst ermöglicht haben.

Manuel Becher

Inhaltsverzeichnis

Inhaltsverzeichnis IX
Abbildungsverzeichnis XIII
Tabellenverzeichnis XV
Glossar XVII

1   EINLEITUNG 1
  1.1   Problemstellung der Arbeit 1
  1.2   Forschungsziele 2
  1.3   Aufbau der Arbeit 4

2   DAS MANAGEMENT VON DESTINATIONEN 7
  2.1   Destinationen als prozessorientierte Wettbewerbseinheiten im Tourismus ... 7
    2.1.1   Begriffsbestimmung Destination 7
    2.1.2   Die touristische Dienstleistungskette 9
  2.2   Das Destinationsmanagement 11
    2.2.1   Institutioneller Ansatz 11
      2.2.1.1   Destinationsmanagementorganisationen 11
      2.2.1.2   Tourismuspolitik 14
    2.2.2   Funktionaler Ansatz 15
      2.2.2.1   Sicherung der Wettbewerbsfähigkeit der Destination 17
      2.2.2.2   Koordinationsfunktion 19
      2.2.2.3   Strategisches Destinationsmanagement 22
        2.2.2.3.1   Porters generische Strategien 22
        2.2.2.3.2   Gilberts strategischer Rahmen 23
        2.2.2.3.3   Poons flexible Spezialisierung 24
      2.2.2.4   Destinationsmarketing 25
        2.2.2.4.1   Positionierung 28
        2.2.2.4.2   Destinationspromotion 30
        2.2.2.4.3   Public Relations 30
      2.2.2.5   Eventorganisation 31
      2.2.2.6   Organisation der DMO 32

3   WERTSCHÖPFUNGSKONFIGURATIONEN BEI DIENSTLEISTUNGEN 35
  3.1   Abgrenzung Geschäftsmodell – Erlösmodell 35
  3.2   Spezielle Wertschöpfungsmodelle 37
    3.2.1   Die Wertkette 37
    3.2.2   Der Wertshop 40
    3.2.3   Das Wertnetzwerk 43
    3.2.4   Der Wertfächer 46

3.3 Mögliche Erscheinungsformen von Destinationen 47
3.3.1 Destinationen als Netzwerke 47
3.3.2 Destinationen als virtuelle Unternehmen 49

4 KENNZAHLEN-CONTROLLING 53

4.1 Gegenstand des Controllings 53

4.2 Die Konzeption des Controllings 54
4.2.1 Die zielbezogene Komponente des Kennzahlen-Controllings 54
4.2.2 Die funktionale Komponente des Kennzahlen-Controllings 55
4.2.3 Die institutionale Komponente des Kennzahlen-Controllings 57
4.2.4 Die instrumentale Komponente des Kennzahlen-Controllings 58

4.3 Kennzahlen 59
4.3.1 Konstituierende Merkmale von Kennzahlen 59
4.3.2 Überblick über touristische Kennzahlen in der Literatur 63

4.4 Kennzahlensysteme 65
4.4.1 Entwicklung des Performance Measurements auf der Basis der Kritik an herkömmlichen Kennzahlensystemen 66
4.4.2 Finanzkennzahlenlastigkeit 68
4.4.3 Mangelhafte strategische Orientierung 70
4.4.4 Vernachlässigung des kommunikativen Aspekts 70
4.4.5 Mangelhafte Mitarbeitermotivation 71
4.4.6 Vernachlässigung von Stakeholdern 72
4.4.7 Zusammenfassende Bemerkungen zum Vergleich zwischen traditionellen Kennzahlensystemen und Performance Measurement Systemen 73

5 KRITISCHE WÜRDIGUNG BESTEHENDER PERFORMANCE MEASUREMENT SYSTEME UND IHRE ÜBERTRAGBARKEIT AUF DMOS 75

5.1 Anwendbarkeit existierender Performance Measurement Systeme 76
5.1.1 Balanced Scorecard 77
5.1.1.1 Beschreibung der Balanced Scorecard 77
5.1.1.2 Eignung der Balanced Scorecard für DMOs 80
5.1.2 Performance Pyramid 82
5.1.2.1 Beschreibung der Performance Pyramid 82
5.1.2.2 Eignung der Performance Pyramid für DMOs 83
5.1.3 Performance Measurement in Dienstleistungsunternehmen 84
5.1.3.1 Beschreibung des Performance Measurements in Dienstleistungsunternehmen 84
5.1.3.2 Eignung des Performance Measurements in Dienstleistungsunternehmen 88

5.2 Eignung existierender Controllingkonzepte aus dem Tourismus 89
5.2.1 DestinationsManagement Monitor Austria 89
5.2.1.1 Beschreibung des DestinationsManagement Monitor Austria 89
5.2.1.2 Eignung des DestinationsManagement Monitor Austria für DMOs 90
5.2.1.3 Benchmarkingorientiertes Monitoring städtischer Tourismusmarketingorganisationen 90
5.2.1.4 Beschreibung des Benchmarkingorientieren Monitorings 90

5.2.1.5   Eignung des Benchmarkingorientierten Monitoring städtischer Tourismusmarketingorganisationen für DMOs 91
5.2.2   Tourismusbarometer OSGV 92
    5.2.2.1   Beschreibung des Tourismusbarometers OSGV 92
    5.2.2.2   Eignung des Tourismusbarometers OSGV für DMOs 92

6   EMPIRISCHE UNTERSUCHUNG ZUR GENERIERUNG FORSCHUNGSRELEVANTER INFORMATIONEN 95

6.1   Vorgehensweise bei der empirischen Untersuchung 95
6.1.1   Exploratives Forschungsdesign als Grundlage der Empirie 95
6.1.2   Qualitative Analyseverfahren 96
6.1.3   Interviews als qualitative Analyseverfahren – eine theoretische Betrachtung 97
    6.1.3.1   Auswahl der geeigneten Interviewform für die Entwicklung der forschungsrelevanten Hypothesen 99
    6.1.3.2   Struktur des Interviews 99
    6.1.3.3   Standardisierungsgrad 100
    6.1.3.4   Fragestellung 101
6.1.4   Leitfadengespräche als geeignete Interviewform 102
6.1.5   Aufbau und Inhalt des Leitfadens für Interviews mit Destinationsmanagern 104
6.1.6   Auswahl der geeigneten Untersuchungspersonen unter Destinationsmanagern ... 106
6.1.7   Durchführung der Befragung mit Destinationsmanagern 109
6.1.8   Auswertung der Interviews 110
    6.1.8.1   Erläuterung der Beurteilungskriterien qualitativer Marktforschung 112
        6.1.8.1.1   Objektivität 113
        6.1.8.1.2   Reliabilität (Zuverlässlichkeit) 115
        6.1.8.1.3   Validität (Gültigkeit) 116
    6.1.8.2   Vorgehensweise bei der Transkribierung der Interviews 116
    6.1.8.3   Zuordnung der Antworten zu den im Interview gestellten Fragen 119
    6.1.8.4   Kategorisierung der erhobenen Daten 120
6.1.9   Ableitung der Wertschöpfungskonfiguration von DMOs anhand der Ergebnisse der Interviews 120
6.1.10   Verdichtung der Aufgaben zu Aufgabengruppen 124
6.1.11   Analyse der Ziele von DMOs 126
6.1.12   Ermittlung der Stakeholder und ihrer Bedeutung für die DMO 129
6.1.13   Untersuchung der bisherigen Verwendung von Kennzahlensystemen in der Praxis 131
6.1.14   Überblick über die verwendeten Kennzahlen von Destinationsmanagern 131

6.2   Zusammenfassung der Ergebnisse der empirischen Untersuchung 132

7   MANAGEMENTIMPLIKATIONEN IN FORM EINES LEITFADENS FÜR EIN KENNZAHLENSYSTEM FÜR DMOS 135

7.1   Mitgliederperspektive 137

7.2   Serviceperspektive 139

7.3   Infrastrukturperspektive 141

7.4   Finanzperspektive 144

7.5 Ableitung geeigneter Kennzahlen für ein Kennzahlensystem für DMOs............... 146

8 ZUSAMMENFASSUNG UND AUSBLICK.. 153

8.1 Implikationen für die Unternehmenspraxis 155

8.2 Kritische Würdigung und Ausblick auf weitere Forschungsfelder 155

Literatur.. 157

Abbildungsverzeichnis

Abbildung 1: touristische Dienstleistungskette 10
Abbildung 2: Wertkette 38
Abbildung 3: Wertkette für Dienstleistungsunternehmen 39
Abbildung 4: Wertshop 42
Abbildung 5: Wertnetzwerk 45
Abbildung 6: Controlling als Regelkreis 57
Abbildung 7: Die vier Perspektiven der Balanced Scorecard 78
Abbildung 8: Ursache-Wirkungskette in der Balanced Scorecard 79
Abbildung 9: Performance Pyramid 83
Abbildung 10: Klassifikationen von Dienstleistungen 85
Abbildung 11: Zuordnung gebräuchlicher Bezugspaare 99
Abbildung 12: Controlling-Konzept für DMOs 137
Abbildung 13: Kennzahlensystem für DMOS mit dazugehörigen Kennzahlen 150

Tabellenverzeichnis

Tabelle 1: Paraphrasierung von Interview 07 118
Tabelle 2: Maß an Übereinstimmung bei der Transkribierung 119
Tabelle 3: Intrajudge Reliabilitäten 122
Tabelle 4: Reliabilitätswerte der Zuordnung der Aufgaben auf Kategorien 123
Tabelle 5: Aussagen von Destinationsmanagern 123
Tabelle 6: Zuordnung der Aufgabengruppen auf die Kategorien 125
Tabelle 7: Reliabilitätswerte der Aufgabenzuordnung im Bereich Netzwerkpromotion auf Aufgabengruppen 125
Tabelle 8: Reliabilitätswerte der Aufgabenzuordnung im Bereich Netzwerkservices auf Aufgabengruppen 125
Tabelle 9: Reliabilitätswerte der Aufgabenzuordnung im Bereich Netzwerkinfrastruktur auf Aufgabengruppen 125
Tabelle 10: Reliabilitätswerte d. Aufgabenzuordnung auf Kategorien im Bereich der unterstützenden Aktivitäten 125
Tabelle 11: Kernprozesse 126
Tabelle 12: Reliabilitätswerte der Zuordung der Ziele auf Kategorien 127
Tabelle 13: Kategorisierung der Ziele von Destinationsmanagern 128
Tabelle 14: Verdichtung der Ziele der interviewten Destinationsmanager 129
Tabelle 15: Wichtigkeit der Stakeholder 130
Tabelle 16: Reliabilität der Zuordnung der Kennzahlen auf Kategorien 131
Tabelle 17: Kennzahlenkategorien der Destinationsmanager 132
Tabelle 18: Zuordnung der Kennzahlen auf die primären Aktivitäten 147

Glossar

al.	alii
ATC	Australian Tourist Commission
bzw.	beziehungsweise
DMO	Destinationsmanagementorganisationen
d.h.	das heißt
DMAI	Destination Marketing Association International
e.g.	exempli gratia
etc.	et cetera
f.	Folgende
ff.	Fortfolgende
F&B	Food and Beverage
HRM	Human Resource Management
Kap.	Kapitel
MBV	Market Based View
NTO	National Tourism Organization
o.V.	ohne Verfasser
PPP	Public Private Partnership
RBV	Ressourced Based View
ROE	Return on capital employed
SMTE	small- and medium-sized tourism enterprises
TDC	Tourism Destination Competitiveness
v.a.	vor allem
vgl.	vergleiche
WTO	World Tourism Organization
z.B.	zum Beispiel

1 Einleitung

Das Destinationsmanagement ist unbestritten ein neues Hauptthema bei Diskussionen in der gesamten Tourismusbranche. Verantwortlich für die gegenwärtige Popularität sämtlicher Fragestellungen in Zusammenhang mit diesem Themengebiet sind die gänzlich neuartigen Rahmenbedingungen, denen der Tourismus von heute und morgen ausgesetzt ist.[1] Die Dynamik der Veränderungen auf den Tourismusmärkten hat sich in der näheren Vergangenheit stark beschleunigt. Der Markteintritt zahlreicher neuer Destinationen sowie die Entstehung destinationsähnlicher Produkte haben in den letzten Jahren zu einem verschärften, durch Zeit-, Kosten- und Qualitätsdruck gekennzeichneten[2] Wettbewerb für Destinationen auf dem weitgehend liberalisierten touristischen Weltmarkt geführt.[3] Aufgrund der zunehmenden, durch die modernen Informationstechnologien sowie die Einführung des Euro hervorgerufenen Preistransparenz kommt es zu einer erhöhten Volatilität der touristischen Nachfrage. Durch die zunehmende Reiseerfahrung der Nachfrager werden die touristischen Leistungsersteller mit einer Erwartungsvielfalt sowie einem wachsenden Anspruchsniveau an das touristische Produkt konfrontiert[4], was zu einem Strukturwandel in der Branche zu Gunsten eines personalisierten und qualitativ-orientierten Tourismus führt.[5]

1.1 Problemstellung der Arbeit

Diese Entwicklungen zwingen touristische Leistungsersteller zu einer klaren Positionierung mit neuen und buchbaren Leistungen, einem Unterfangen, das in den Boomphasen des Tourismus nicht nötig war.[6] Die angesprochenen Veränderungen unter besonderer Berücksichtigung einer sinkenden Nachfrage nach traditionellen Destinationen, Auslastungsrückgängen, Überkapazitäten, Kostendruck und Liquiditätsschwierigkeiten[7] verstärken latent vorhandene Ineffizienzen bei Destinationsmanagementorganisationen (DMO).[8] Diese neue Ausgangslage hat in zahlreichen Ländern zu einem Überdenken der Ziele und Aufgaben dieser Unternehmen geführt. Deren Auftraggeber erwarten marktnahe Konzepte und zunehmend quantifizierbare Erfolge auf den Märkten. Für die durch eine Verknappung der öffentlichen Mittel unter Spardruck geratenen Behörden stellt sich die Frage, ob und wieweit DMOs in der Zukunft noch unterstützt werden sollen. Das wiederum würde eine Kommerzialisierung sowie eine entsprechenden Finanzierung dieser Einrichtungen mit sich bringen.[9] Darüber hinaus fordern

---

[1] vgl. Weiermair, 2002, S. 53
[2] vgl. Laesser, 2002, S. 78
[3] vgl. Scherhag/Schneider, 1999, S. 6
[4] vgl. Fuchs, 2002, S. 293
[5] vgl. Larbig et al., 2004, S. 78
[6] vgl. Tschurtschenthaler et al., 2001, S. 117
[7] vgl. Ullmann, 2000, S. 51
[8] vgl. Pechlander, 2003, S. 1
[9] vgl. z.B. Laesser, 2002, S. 78; Keller, 1998, S. 41

die Stakeholder[10] der DMOs zunehmend nach einem Rechenschaftsbericht über die Effektivität deren Handlungen.[11] Vor allem die öffentliche Verwaltung und die touristischen Leistungsersteller möchten wissen, welchen Zusatznutzen sie von ihren Tourismusorganisationen erhalten.[12] Destinationsmanager müssen dabei vor allem die Frage beantworten, ob die zur Verfügung gestellten Mittel effektiv eingesetzt wurden, um der Gemeinde als Konglomerat der wichtigsten Stakeholder einen möglichst großen „Return on Investment" zu generieren. Vor allem DMOs, die mit öffentlichen Geldern finanziert werden, stehen in der Pflicht, umfassend und transparent Rechenschaft abzulegen.[13] Damit sehen sich diese Unternehmen einem immer stärkeren Erfolgsdruck ausgesetzt.[14] Die Methoden, mit denen DMOs die Effektivität und Effizienz ihrer Aktivitäten messen, befinden sich nach wie vor in ihrer Entwicklungsphase. Die einzelnen Ansätze (vor allem auf nationaler Ebene) unterscheiden sich zum Teil grundlegend voneinander. Der Umfang der Leistungsmessung hängt dabei von den Zielen und Aktivitäten der Destinationsmanager sowie letztlich von deren zur Verfügung stehenden Budget ab.[15]

Unterzieht man das Phänomen des Destinationsmanagements einer näheren Analyse, tritt eine Reihe von Besonderheiten zu Tage, die die Vergleichbarkeit von DMOs mit anderen Unternehmensarten einschränkt. Im Wesentlichen handelt es sich bei den Tätigkeiten des Destinationsmanagements um Dienstleistungen, die für eine Reihe von Stakeholdern erbracht werden und die durch eine spezielle Dienstleistungstypologie sowie eine spezielle Wertschöpfungslogik charakterisiert sind. Sie verfügen als Dienstleistungsunternehmen über einen vergleichsweise hohen Fixkostenanteil, da sie ihr Leistungspotential ständig bereitstellen müssen. Dies führt zu controllingrelevanten Herausforderungen, wie z.B. Schwierigkeiten bei der Planungssicherheit, den Leistungskontrollmöglichkeiten oder der Flexibilität organisatorischer Leistungen. Auch aufgrund dieser Eigenschaften wird im Dienstleistungsbereich oft mit Kennzahlensystemen gearbeitet.

1.2 Forschungsziele

Die Entwicklung des Controllings von DMOs eröffnet gänzlich neue Forschungs- und Handlungsfelder. So entstand in den letzten Jahren eine Reihe von wissenschaftlichen[16] aber auch praxisorientierten[17] Arbeiten zu diesem Thema. Dabei haben sich vor allem die Begriffe

---

[10] Bei Stakeholdern handelt es sich um die unterschiedlichen Anspruchsgruppen eines Unternehmens. Dies sind neben den Anteilseignern die Mitarbeiter, die Lieferanten, die Kunden, die örtliche Verwaltung etc..
[11] vgl. Faulkner, 1997, S. 23
[12] vgl. WTO, 2003, S. 3
[13] vgl. DMAI, 2005
[14] vgl. Richter/Feige, 2004, S. 36
[15] vgl. WTO, 2003, S. 7
[16] vgl. z.B. Beritelli et al., 2004; Larbig, et al., 2004; Richter/Feige, 2004; Bratl et al., 2002; Fuchs, 2002
[17] vgl. z.B. DMAI, 2005; OSGV, 2004; WTO, 2003

Benchmarking und Monitoring durchgesetzt.[18] Aus wissenschaftlicher Sicht ist jedoch die oft unkritische Übernahme von generellen Konzepten der Wirtschaft auf den Tourismus zu hinterfragen.[19] Dies bezieht sich auch auf das Kennzahlen-Controlling bzw. das Performance Measurement, das in den letzten Jahren zunehmend Einzug in Unternehmen verschiedenster Branchen gefunden hat. Bei Kennzahlen handelt es sich um Zahlen, die den Entscheidungsträgern eines Unternehmens in konzentrierter Form Auskunft über einen quantifizierbaren Sachverhalt geben. Sie kündigen dem Management einen Handlungsbedarf in bestimmten Bereichen an, wenn Abweichungen von festgelegten Soll-Vorgaben entstehen.[20] Die Zusammenstellung einzelner Kennzahlen in einer logischen, empirischen oder hierarchischen Beziehung zueinander mit einer gemeinsamen Ausrichtung auf ein übergeordnetes Ziel wird als Kennzahlensystem bezeichnet.[21] Bis heute existiert kein System, das die Beziehung zwischen der Arbeit bzw. Leistung von DMOs und den Besucherzahlen, der Aufenthaltsdauer der Gäste oder deren Ausgaben in der Destination quantifiziert.[22] Dieser Mangel ist die Grundlage für die Ableitung der Forschungsziele der vorliegenden Arbeit.

Das Controlling eines Unternehmens sollte generell an dessen zentralen Wertschöpfungsaktivitäten ansetzen. Kennzahlensysteme beziehen sich auf das Controlling der Wertschöpfung der betrachteten Unternehmung. Daher ist zunächst die Eignung von betriebswirtschaftlichen Theorien der Wertschöpfung für eine DMO zu überprüfen, was das erste Forschungsziel darstellt.

Anhand der Ergebnisse dieser Untersuchung wird im Rahmen des zweiten Forschungsziels kontrolliert, ob bestehende Kennzahlensysteme für DMOs aus theoretischer Sicht geeignet sind bzw. wo hierbei ein Verbesserungspotential zu finden ist. Eine explorative Analyse der Unternehmensziele von DMOs steht im Blickpunkt des dritten Forschungsbereichs. Diese spielen beim Controlling eine wichtige Rolle, da sie in Form von Kennzahlen wiedergegeben werden und als Entscheidungsgrundlage für das Destinationsmanagement dienen. Gleichzeitig werden jene Aktivitäten von DMOs betrachtet, die ausgeführt werden, um die Unternehmensziele zu erreichen. Dabei wird auch die Frage beantwortet, für wen einzelne Aktivitäten erbracht werden. Diese Thematik wurde bislang nur von *Getz et al.* (1998) behandelt, die in ihrer Studie kanadische DMOs untersuchten. Aus diesem Grund wurde in der vorliegenden Arbeit eine explorative Studie durchgeführt, da Unterschiede zwischen kanadischen DMOs und DMOs im deutschsprachigen Raum nicht ausgeschlossen werden können.

---

[18] vgl. z.B. Beritelli et al., 2004; Larbig, et al., 2004; Richter/Feige, 2004; Bratl et al., 2002; Fuchs, 2002
[19] Keller, 1998, S. 40f
[20] vgl. Woratschek, 2004a, S. 73
[21] Logische Beziehungen entstehen entweder durch Definition oder mathematische Transformation, empirische Beziehungen beruhen auf Beobachtungen der Realität und hierarchische Beziehungen werden durch eine Rangordnung der Kennzahlen charakterisiert, die entweder sachlich oder subjektiv begründet sein kann. (vgl. Reichmann/Lachnit, 1977, S. 45)
[22] vgl. Pike, 2004, S. 177

Das vierte Forschungsziel gibt Aufschlüsse darüber, welche Kennzahlensysteme von Destinationsmanagern in der Praxis eingesetzt werden und welche weiteren Informationen von Praktikern zusätzlich erwünscht werden. Daraus leitet sich das fünfte und letzte Forschungsziel ab, im Rahmen dessen die Frage beantwortet wird, wie aus dem Informationsbedarf der Destinationsmanager ein Kennzahlensystem zu konstruieren ist, das der komplexen Managementaufgabe einer DMO gerecht wird. Die Arbeit schließt mit Managementimplikationen für DMOs in Form eines Leitfadens ab, anhand dessen die Vermarktung von Destinationen durch das Kennzahlencontrolling verbessert werden soll.

1.3 Aufbau der Arbeit

Der Aufbau der Arbeit gestaltet sich wie folgt. Nach dieser Einleitung werden im zweiten Kapitel Begrifflichkeiten im Zusammenhang mit dem Destinationsmanagement geklärt. Es wird vor allem der funktionale Ansatz ausführlich betrachtet, um dem Leser ein Verständnis über die verschiedenen Aufgaben von DMOs zu vermitteln, deren Ergebnisse letztendlich im Controlling betrachtet werden. Dies schließt eine Betrachtung jener Eigenschaften von DMOs ein, die zu folgenden Herausforderungen dieser Organisationen führen:

- „DMOs are responsible for promoting a destination, which is comprised of a large number of small tourism enterprises, of which most do not co-operate.
- DMOs do not own or manage any physical resources beyond, perhaps, a convention centre or similar facility.
- The destination marketing effort is challenged with portraying a unified image so that the visitor perceives the destination as a seamless experience.
- DMOs do not sell products, per se, and thus performance measurement is difficult at best.
- DMOs are governed largely by political forces, controlled by boards that are generally out of touch with the challenges facing the DMOs.
- DMOs must compete for budgets with many other agencies and/or organisations. Therefore they are generally under-funded and undervalued by the public."[23]

Im dritten Kapitel werden verschiedene Wertschöpfungskonfigurationen für Dienstleistungen vorgestellt, aus denen im späteren Forschungsteil der Arbeit die Passende für DMOs abgeleitet wird. Hierzu wird im ersten Abschnitt eine Abgrenzung zwischen Geschäfts- und Erlösmodell durchgeführt. Darauf aufbauend werden spezielle Wertschöpfungsmodelle erläutert, von denen sich der Wertfächer speziell auf Destinationen bezieht. Anschließend werden mögliche Erscheinungsformen von Destinationen beschrieben, wie sie in der tourismuswissenschaftlichen Literatur zu finden sind.

---

[23] Alford, 2005, S. 1

Das vierte Kapitel befasst sich mit dem Kennzahlen-Controlling. Zunächst wird auf dessen Gegenstand und Konzeption eingegangen. Anschließend wird die Entwicklung des Performance Measurement auf der Basis der Kritik an traditionellen Kennzahlensystemen dargestellt.

Ziel des fünften Kapitels ist eine kritische Würdigung bestehender Performance Measurement Systeme sowie tourismusspezifischer Controllingansätze. Dazu werden zunächst ausgewählte Controlling-Konzepte beschrieben; anschließend wird ihre Eignung für den Einsatz bei DMOs bewertet, was einen Vorgriff auf das Erreichen des zweiten Forschungsziels darstellt.

Die Bearbeitung der übrigen Forschungsziele basiert auf einer qualitativen Untersuchung in Form von Experteninterviews mit Destinationsmanagern. Es werden im sechsten Kapitel zunächst die Grundlagen der qualitativen Forschung sowie die Vorgehensweise bei der Durchführung der empirischen Untersuchung erläutert. Das anschließende siebte Kapitel dient der Beantwortung der Forschungsfragen anhand der Ergebnisse aus den Experteninterviews. Die gewonnenen Erkenntnisse sowie die in Kapitel fünf erhobene Kritik an existierenden Performance Measurement Systemen sind der Ausgangspunkt für die Entwicklung eines Leitfadens für ein Kennzahlensystem zur besseren Vermarktung touristischer Destinationen (8. Kapitel). Das letzte Kapitel dient einer Zusammenfassung der Arbeit sowie einem Ausblick auf weiteren Forschungsbedarf.

2 Das Management von Destinationen

Der Tourismus besteht aus einem Gesamtsystem von Beziehungen und Erscheinungen mit persönlichen und sachlichen Aspekten, die sich nicht auf einen Verkehrsvorgang oder einen wirtschaftlichen Tatbestand reduzieren lassen.[24] Dieses System ist der Bezugsrahmen, in den touristische Organisationen sowie Leistungsträger und damit auch das Management der Tourismusunternehmen einzuordnen sind. Konstitutive Merkmale des Tourismus sind der Aufenthalt außerhalb der täglichen Arbeits-, Wohn- und Freizeitwelt sowie der Ortswechsel. Folglich befasst sich die Tourismuswissenschaft mit Menschen, die sich fern ihres Alltags bewegen, sowie den Einrichtungen, die deren Bedürfnisse befriedigen sollen.[25] Letztere können als das touristische Produkt verstanden werden, das aus einer wertschöpfenden Kombination von materiellen Gütern mit personenbezogenen Dienstleistungen resultiert.[26]

Der größte Teil der touristischen Leistungen wird vom Kunden während seines Aufenthalts innerhalb eines begrenzten Gebietes konsumiert, welches das eigentliche Reiseziel darstellt.[27] Im Gegensatz zu einem physischen Produkt, das von der Produktionsstätte zum Kunden transportiert wird, reist beim Tourismus der Konsument an den Ort (Destination), an dem er das touristische Produkt konsumiert.[28]

2.1 Destinationen als prozessorientierte Wettbewerbseinheiten im Tourismus

Destinationen nehmen als Teil des touristischen Konsums eine besondere Stellung ein. Sie sind das Ziel des Reisenden und damit zweifellos das wichtigste Element bzw. der Generator des Tourismus. Der Begriff Destination wird nach sehr unterschiedlichem Verständnis erfasst und beschrieben.[29]

2.1.1 Begriffsbestimmung Destination

Destinationen sind in der Regel Verschmelzungen von natürlich gegebenen Bedingungen, touristischen Einrichtungen und touristischen Leistungen.[30] Der Tourist konsumiert ein bestimmtes Leistungsbündel, das in einem bestimmten Raum, einem Ort oder einer Region angeboten wird. Er vergleicht bei der Auswahl des Reiseziels die konkurrierenden Räume mit ihren jeweiligen Leistungsbündeln miteinander und entscheidet sich aus den relevanten Al-

---

[24] vgl. Müller, 2002, S. 63
[25] vgl. Heath/Wall, 1992, S. 4
[26] vgl. Schertler/Rohte, 1995, S. 45
[27] vgl. Bieger, 2000, S. 56
[28] vgl. von Friedrichs Grängsjö, 2003, S. 427
[29] vgl. Tamma, 1999, S. 37. Da sich im praktischen Sprachgebrauch „Destination" inzwischen zur allgemein anerkannten Bezeichnung des Ziels einer Reise eingebürgert hat (vgl. Rudolph, 2002, S. 237), soll auf eine genaue Betrachtung von Begriffen wie Tourismusort, Tourismusgemeinde, Tourismusgebiet, Tourismusregion, Attraktion, Ressort, place-product und touristisches Produkt verzichtet werden.
[30] vgl. Althof, 2001, S. 17

ternativen für diejenige, die seinen Bedürfnissen am besten genügt. Von Destinationen kann folglich dann gesprochen werden, wenn sich das entsprechende Zielgebiet räumlich und inhaltlich so zusammensetzt, dass es die Ansprüche und Bedürfnisse der Nachfrage befriedigt.[31]

Die *World Tourism Organization* (2003) bezeichnet Destination als Ort, der über ein Muster von Attraktionen und damit verbundenen Tourismuseinrichtungen und Dienstleistungen verfügt, den ein Tourist für einen Besuch auswählt und den die Leistungsersteller vermarkten.[32] Aus dieser Definition geht hervor, dass die Destination sowohl als Reiseziel als auch als Tourismusprodukt zu verstehen ist[33] und berücksichtigt damit sowohl die Anbieter- als auch die Nachfragerseite.[34]

Freyer (2001a) definiert Destinationen als „geographische, landschaftliche, soziokulturelle oder organisatorische Einheiten mit ihren Attraktionen, für die sich Touristen interessieren"[35]. Er verdeutlicht damit die Eigenschaft von Destinationen als räumlich festgelegte Wettbewerbseinheiten im Sinne von Leistungen bzw. Leistungsbündeln, die ein Gast für seinen Aufenthalt als entscheidend betrachtet.[36] Die Kunden betrachten die Destination selbst als das Tourismusprodukt, das mit seinen natürlichen und abgeleiteten Angebotsfaktoren Attraktivität schaffen soll. Der vom Gast ausgewählte geographische Raum orientiert sich damit nicht an Verwaltungsgrenzen.[37]

Obwohl in den bisherigen Ausführungen der Begriff der Destination primär mit einem Ort oder einer Region in Verbindung gebracht wurde, muss das ausgewählte Zielgebiet eines Touristen jedoch nicht notwendigerweise auf einen einzelnen Ort beschränkt sein. Destinationen können sich auf genau festgelegte geographische Gebiete beziehen, die sich auch über ein Land oder einen gesamten Kontinent erstrecken können. Je nach Marktsegment ist der Produktraum größer oder kleiner und nur in seltenen „glücklichen" Fällen stimmt die geographische mit der politisch institutionellen Abgrenzung überein.[38] Abhängig von seinen Bedürfnissen und seiner Wahrnehmung definiert jeder Gast den Begriff Destination für sich selbst.

Destinationen können als wahrgenommene Konstrukte betrachtet werden, die von den Touristen in Abhängigkeit ihrer Reisepläne, ihres kulturellen Hintergrunds, dem Grund der Reise, ihrer Ausbildung und ihren bisherigen Reiseerfahrungen subjektiv bewertet werden.[39] Zwar stehen weiterführende empirische Untersuchungen noch aus, dennoch verweisen sowohl *Bieger* (2002) als auch *Opaschowski* (1990) auf Beobachtungen, wonach der Begriff der Destina-

---

[31] vgl. Bieger, 2002, S. 55
[32] vgl. World Tourism Organization, 2003
[33] vgl. Kim, 1998, S. 342
[34] vgl. ähnlich Althof, 2001, S. 17
[35] Freyer, 2001, S. 177; Ähnlich auch *Leiper* (1995), der alle Orte auf dem Reiseweg sowie auch den Endpunkt einer touristischen Reise, nämlich die Heimat, in seine Definition einbezieht. (vgl. Leiper, 1995, S. 87)
[36] vgl. z. B. Pechlaner, 2000, S. 30
[37] vgl. Fontanari, 2000, S. 75
[38] vgl. z.B. Laesser, 2002, S. 81
[39] vgl. Buhalis, 2000, S. 98

tion mit zunehmender Distanz zwischen Quellmarkt und Zielort sowie zunehmender Aufenthaltsdauer weiter gefasst werden muss.[40]

Neben der nachfrageorientierten Betrachtung lässt sich die Problematik der geographischen Ausdehnung einer Destination auch aus der marktorientierten Perspektive veranschaulichen. So sind es hier die Tourismusorte, die durch ihre relevanten Attraktionspunkte zum Mittelpunkt des touristischen Angebots werden und damit Destinationen festlegen.[41] Die Attraktionen und das natürliche Angebot der Destinationen werden vermarktet, indem unter anderem mehrere Attraktionspunkte zu einer regionalen oder überregionalen Destination zusammengefasst werden. Diese neuen Destinationen werden jedoch häufig durch politische Grenzen oder geographische Hindernisse künstlich festgelegt, ohne dabei die Bedürfnisse der Kunden oder die Funktionen der Tourismusindustrie in Betracht zu ziehen.

Nach den bisher gewonnenen Erkenntnissen wird im Rahmen dieser Arbeit und in Anlehnung an *de Araujo/Bramwell* (2002) sowie *Presenza et al.* (2006) eine holistische Sichtweise des Begriffs Destination eingenommen: „… a destination coincides with the notion of a locality seen as a set of products [...], influenced in a critical way by the role of companies´ attitudes and their willingness to co-operate."[42]

2.1.2 Die touristische Dienstleistungskette

Der Nachfrager möchte in Destinationen all jene Produkte und Dienstleistungen finden, die er für seinen Aufenthalt im entsprechenden Zielgebiet als wichtig erachtet, womit Destinationen aus der Sicht eines Touristen als eine Kette von Dienstleistungen betrachtet werden können.[43] Diese Dienstleistungsketten sind Analyseinstrumente, die die Gesamtleistung aus der Sicht des Konsumenten in einzelne Teilelemente und –prozesse unterteilen. In Anlehnung an die Wertschöpfungskette nach *Porter* (1995) werden auch innerhalb der Dienstleistungskette auf jeder Stufe neue Werte kreiert.

---

[40] vgl. Bieger, 2002, S. 57; Opaschowski, 1990. Sowohl der Bewegungsraum am Zielort als auch die Aufenthaltsdauer wachsen, je größer die Reisedistanz der Touristen ist. Folglich kann sich eine Destination räumlich von einer Sportstätte (z.B. eine Golfanlage für Golfspieler) bis hin zu einem ganzen Kontinent (z.B. Europa für eine Gruppe Städte bereisender Asiaten) ausstrecken. Die Reisedistanz des Gastes ist entscheidend, um die Destination unter geographischen und dienstleistungsspezifischen Gesichtspunkten als solche zu definieren.
[41] vgl. Pechlaner, 2003, S. 3f
[42] vgl. Presenza et al., 2006, im Druck
[43] vgl. Pechlaner, 1998b, S. 368

Abbildung 1: touristische Dienstleistungskette
Quelle: in Anlehnung an Bieger, 2002, S. 59

Während des Konsums der einzelnen Leistungselemente (z.B. Transport, F&B, Animation) machen die Gäste einer Destination keine Unterscheidung zwischen den verschiedenen leistungserbringenden Unternehmen, sondern sehen die Destination selbst als das Tourismusprodukt. Entsprechend schreiben sie der Destination als Ganzes die Leistung bzw. deren Qualität zu.[44] Es liegt daher nahe, bei der Definition von Destination eine prozessorientierte Sichtweise einzunehmen, die auf dem Konzept der Dienstleistungskette beruht. Diese generalisiert gewissermaßen die Mechanismen der touristischen Aufbau- und Ablauforganisation einer Destination mit einer funktionalen, branchenorientierten Gliederung.[45] Mit Hilfe dieses Unternehmensmodells können die Abläufe und Prozesse einer Destination einfacher dargestellt werden. Eine Destination muss als Wettbewerbseinheit betrachtet werden, die Leistungen für Dritte mit Hilfe von Personen und Technologien gegen Entgelt erbringt. Es handelt sich folglich um ein soziotechnisches System, das alle Eigenschaften erfüllt, die normalerweise mit Unternehmen in Verbindung gebracht werden.[46]

---

[44] Dennoch wird die Leistung im Fall einer Destination von einer Vielzahl verschiedener Unternehmen und Betriebe aus zum Teil unterschiedlichen Branchen erstellt, was *Cooper et al.* (1998) in ihrem anbieterseitigen Definitionsansatz berücksichtigen: „...destinations [are] the focus of facilities and services designed to meet the needs of the tourists." (Cooper et al. 1998, S. 102)
[45] vgl. Pechlaner, 1998a, S. 224ff
[46] vgl. Bieger, 2002, S. 61

2.2 Das Destinationsmanagement

Das Destinationsmanagement stellt einen zentralen Erfolgsfaktor bei der Positionierung einer Region auf dem nationalen und internationalen Tourismusmarkt dar. Es bezieht sich im weitesten Sinne auf die Koordination der verschiedenen Akteure und Leistungsträger der touristischen Dienstleistungskette im Hinblick auf eine von außen wahrnehmbare, zielgruppenspezifische Vermarktung des touristischen Angebots der Destination.[47] Voraussetzung ist die Schaffung von Trägern und Organisationen zur Führung der Destination und zur Erfüllung der kooperativen Aufgaben.

Damit lässt sich das Destinationsmanagement sowohl institutionell als auch funktional interpretieren.[48] Das Management als Institution im Allgemeinen bezieht sich auf die Gruppe von Personen, die in einer Organisation mit Anweisungsbefugnissen betraut sind. Im Zusammenhang mit dem Destinationsmanagement werden hier die Institutionen betrachtet, die sich mit diesen Aufgaben befassen. Der Funktionsansatz des Destinationsmanagements knüpft an diejenigen Handlungen an, die der Steuerung des Leistungsprozesses, d.h. aller leistungsrelevanten Arbeitsvollzüge dienen.[49]

Im Folgenden soll zunächst der institutionelle Ansatz betrachtet werden. Es wird der Frage nachgegangen, wer das Destinationsmanagement durchführt. Dabei soll auch eine klare Abgrenzung zwischen Destinationspolitik und Destinationsmanagement getroffen werden. Obwohl sich beide Felder auf den ersten Blick zu überschneiden scheinen, unterscheiden sie sich grundlegend voneinander. Anschließend werden im Rahmen des funktionalen Ansatzes die einzelnen Aktivitäten des Destinationsmanagements analysiert.

2.2.1 Institutioneller Ansatz

2.2.1.1 Destinationsmanagementorganisationen

Das Management von Destinationen wird von DMOs bzw. Tourismusorganisationen durchgeführt.[50] Diese umfassen Verwaltungseinheiten und private Körperschaften, die touristische Leistungen markttransparent gestalten, diese vermitteln und Teilfunktionen von Tourismus-

---

[47] vgl. Fontanari, 2000, S. 75
[48] vgl. Tschurtschenthaler, 1999, S. 8
[49] vgl. Steinmann/Schreyögg, 1997, S. 6. Ulrich (1984) beschreibt den Begriff „Management" als Gestalten, Lenken und Entwickeln von zweckorientierten sozialen Systemen. (vgl. Ulrich, 1984, S. 11) Diese Handlungen umfassen die Planung, Organisation, Führung und Kontrolle von Unternehmen bzw. nach welchen Kriterien auch immer abgegrenzten Destinationen. (vgl. Merl, 2000, S. 228)
[50] In Nordamerika wird häufig der Begriff „convention and visitors´ bureau" verwendet, der in dieser Arbeit synonym mit DMO zu verstehen ist. Zwar weichen die Aufgabengebiete dieser Institutionen leicht voneinander ab, doch aus institutioneller Sicht handelt es sich um die gleiche Einrichtung. (vgl. Getz et al., 1998, S. 331; Sheehan/Ritchie, 1997, S. 93)

unternehmungen und Destinationen koordinieren.[51] Jacobi (1996) verwendet den Begriff „Touristische Service Provider" als Synonym für Begriffe wie Verkehrsverein, Tourismusverband, Kurverwaltung etc. und sieht deren Aufgabe in der Notwendigkeit und der Bedeutung einer übergeordneten sowie übergreifenden Organisation der Destination und in der Übernahme der kooperativen Aufgaben in der Destination.[52]

Die Organisation sowie die Notwendigkeit des Ausbaus der einzelnen Beziehungen zwischen den Angebotselementen ergeben sich aus Anforderungen der Gäste, die ein Bündel von Leistungen nachfragen. Folglich bedarf es einer Koordination der Teilfunktionen der einzelnen touristischen Betriebe bzw. des einzelnen Fremdenverkehrsorts. Das touristische Angebot einer Destination wird durch verschiedene Verbände und Kooperationen der Fremdenverkehrsunternehmen bzw. –berufszweige gestaltet. Hier sind vor allem die Verkehrsämter, Verkehrsvereine und Kurverwaltungen sowie Berufsvereinigungen (wie z.B. Hotel-, Gaststätten- oder Taxivereinigungen) zu nennen. DMOs können staatlich, privat oder gemischt zusammengesetzt sein.[53] Sie gelten als Verwaltungseinheiten mit staatlichen Strukturen (z.B. Abteilung Tourismus im zuständigen Bundes- oder Landesministerium), als öffentlich-rechtliche und private Körperschaften (z.B. Tourismusverbände, Berufsverbände oder Marketingorganisationen) sowie als private Organisationen (z.B. Verkehrs- oder Kurvereine).[54] Folglich kommt es zu einem Nebeneinander von politischen und privaten Strukturen in einer Destination.

Die Organisationsstruktur einer DMO hängt von der Eigenart der Destination, der Qualität der Produkte sowie der Finanzierungshöhe ab.[55] Ähnlich wie Unternehmen unterschiedlich organisiert und die Strukturen von bürokratisch, mehrstufigen Organisationen bis hin zu kooperativen, lose zusammenhängenden Netzwerken gestaltet sein können, gibt es auch bei Destinationen eine Fülle an Möglichkeiten, diese zu organisieren bzw. zu managen. In diesem Zusammenhang haben sich zwei Extreme herausgebildet: das Gesellschaftsmodell und das Unternehmensmodell.

Das **Gesellschaftsmodell** verfolgt aus politischen und strukturellen Gründen das Ziel, die Kooperation der Stakeholder der Destination zu fördern und deren vielfältige Ziele zu harmonisieren.[56] Die Aufgaben von DMOs, die diesem Modell folgen, umfassen die Strategieformulierung, die Vertretung der Interessen der Stakeholder, das Marketing der Destination sowie die Koordination einiger Aktivitäten.[57] Häufig handelt es sich hierbei um Vereine, die selbst nicht vorrangig gewinnorientiert ausgerichtet sind, aber bei der Förderung der Interes-

---

[51] vgl. Kaspar, 1995, S. 38
[52] vgl. Jacobi, 1996, S.35ff
[53] vgl. Pike, 2004; Freyer, 1993, S. 201
[54] vgl. Kaspar, 1995, S. 38; siehe auch ähnlich: Ritchie/Crouch, 2003; Morrison et al., 1998, S. 3
[55] vgl. Gartrell, 1994
[56] vgl. Flagestad/Hope, 2001, S. 452
[57] vgl. Heath/Wall, 1992

sen ihrer Mitglieder letztendlich deren ökonomische Zielsetzungen verfolgen. Damit wird die Bedeutung der DMOs für die Gestaltung des Angebots am Ort betont, die in verschiedenen Erscheinungsformen auftreten kann. Die Eigenschaft als NPO wird der Organisationsstruktur, und nicht dem kooperativen, öffentlichen Charakter ihrer Aufgaben zugeschrieben.[58]

Der organisatorische Rahmen des Gesellschaftsmodells bei Destinationen umfasst einzelne und unabhängige Geschäftseinheiten bzw. Leistungsersteller, die dezentral operieren und die keinen nennenswerten administrativen Einfluss haben bzw. über keine beherrschende Eigentümerschaft in der Destination verfügen. Die strategische Führung ist in einem stakeholderorientierten Management verankert und beschäftigt sich mit Fragen des Umweltschutzes, der Destinationsplanung, der Produktentwicklung, des Destinationsmarketings sowie einzelnen Kooperationsprojekten. Sie wird von politischen oder administrativen Institutionen des Ortes oder der Gemeinde durchgeführt.[59] Organisationsformen dieser Art sind primär in Europa zu finden.[60]

Speziell in nordamerikanischen Wintersportdestinationen haben sich dagegen DMOs durchgesetzt, die eher dem **Unternehmensmodell** folgen. Ziel dieser Unternehmen ist monetärer Gewinn, der durch die strategische Auswahl einzelner Dienstleistungsunternehmen erzielt werden soll, welche sich im Besitz der DMOs befinden oder über Verträge mit den DMOs verbunden sind.[61] Destinationen werden damit zu strategischen Geschäftseinheiten. Bedingt durch die Kundenfokussierung und Prozessorientierung muss ein neues Denkmuster bei DMOs erfolgen.[62] Das Management konzentriert sich demnach nicht mehr auf Branchen und Unternehmen, sondern auf prozessorientierte Leistungsketten. Aufgrund der dominanten Rolle einzelner Leistungsträger liegt die Vermutung nahe, dass das Unternehmensmodell einer Destination strategisch „corporate driven" ist.[63]

Welche Personen bei einer DMO über Weisungsbefugnisse verfügen, lässt sich aufgrund der Eigentümlichkeit des Destinationsmanagements nur schwer bestimmen. Betrachtet man die DMO als eigenständiges Unternehmen, so gehören zu deren Management alle Organisationsmitglieder, die Vorgesetztenfunktionen wahrnehmen. So klar wie die Weisungsbefugnisse innerhalb der Organisation abgesteckt sind, so schwierig ist dies auf der Destinationsebene. Die eigentliche Aufgabe der DMOs bezieht sich auf das Management der Destination respektive deren Stakeholder. Auf dieser Ebene kann von einer herkömmlichen Weisungsbefugnis nicht gesprochen werden, da die einzelnen Produzenten touristischer Leistungen, welche ge-

---

[58] vgl. Freyer, 1993, S. 201
[59] vgl. Flagestad/Hope, 2001, S. 452
[60] vgl. Bieger, 2002, S. 125
[61] vgl. Flagestad/Hope, 2001, S. 452
[62] vgl. Bieger, 1998
[63] vgl. Falgestad/Hope, 2001, S. 452

wissermaßen die Abteilungen des Unternehmens „Destination" darstellen, selbständige und unabhängige Unternehmen sind.[64]

Die Schwierigkeit einer effizienten Umsetzung der Destinationsziele durch die DMO begründet sich in der mangelnden Sanktionsfähigkeit bei entsprechenden Verstößen durch einzelne Leistungserbringer.[65] Zudem haben die Politik sowie die öffentliche Hand als nach wie vor übergeordnete Ebene einen erheblichen Einfluss auf die Handlungen der DMOs. Dennoch entwickelten sich in den letzten Jahren Tendenzen, wonach dem Bund, den Ländern und den Gemeinden in der Tourismuspolitik der Zukunft die Rolle eines Stakeholders zukommt, der seine tourismuspolitischen Entscheidungen in enger Absprache mit den übrigen Anspruchsgruppen trifft.[66] So verwundert es nicht, dass Tourismuspolitik und Destinationsmanagement in der tourismuswissenschaftlichen Literatur nicht immer übereinstimmend abgetrennt werden.

2.2.1.2 Tourismuspolitik

Der Tourismus steht wegen seiner einschneidenden externen Effekte in einem starken Interesse der Öffentlichkeit. Daher kommt dem Staat im gesamtgesellschaftlichen System neben seiner Funktion als Produzent und Konsument bislang auch eine übergeordnete Rolle zur Beeinflussung der gesellschaftlichen Abläufe zu.[67] Maßgeblich für den Erfolg des Tourismus eines Landes oder auch einer Destination ist die Qualität der Organisation, der Administration und der Politik, die der Staat mit dem Ziel einer funktionierenden Partnerschaft zwischen öffentlichen und privaten Organisationen und Institutionen anbietet oder betreibt.[68] Die Tourismuspolitik (vor allem in Form der Ordnungspolitik) und das Destinationsmanagement, die sehr viele Schnittstellen aufweisen, stehen folglich im aktuellen Fokus der wirtschafts- und tourismuspolitischen Diskussionen.[69] Tourismuspolitik wird definiert „... as a set of regulations, rules, guidelines, directives and development/promotion objectives and strategies that provide a framework within which the collective and individual decisions directly affecting tourism development and the daily activities within a destination are taken"[70]. *Kaspar* (1996) versteht unter Tourismuspolitik eine „...bewusste Förderung und Gestaltung des Tourismus durch Einflussnahme auf die touristisch relevanten Gegebenheiten seitens von Gemeinschaften".[71]

---

[64] vgl. Tschiderer, 1980, S. 28
[65] vgl. Tschurtschenthaler et al., 2001, S. 123
[66] vgl. z.B. Bieger, 2001; Fontanari, 2000, S. 92; Fayos-Solá, 1996, S. 409
[67] vgl. Freyer, 2001, S. 269
[68] vgl. Oppitz, 2000, S. 9
[69] vgl. Socher/Tschurtschenthaler, 2002, S. 145
[70] Ritchie/Crouch, 2003, S. 148
[71] Kaspar, 1996, S. 145

In der Praxis lassen sich direkte und indirekte Tourismuspolitik unterscheiden. Tourismusspezifische Maßnahmen wie die Verabschiedung von Tourismusgesetzen, das touristische Abgabenwesen, Initiativen im touristischen Förderungsbereich oder die Erarbeitung von touristischen Leitbildern und Konzepten werden unter direkter Tourismuspolitik zusammengefasst. Aktivitäten, die nicht primär tourismusrelevante Ziele zum Gegenstand haben, aber diesen Wirtschaftszweig maßgeblich berühren, sind der indirekten Tourismuspolitik zuzuordnen. Dazu zählen Bereiche der Konjunkturpolitik, Währungspolitik, regionalen Strukturpolitik, Verkehrspolitik, Umweltpolitik, Raumordnungspolitik und Kulturpolitik.[72] Die Tourismuspolitik ist dabei keine reine Branchenpolitik, da sich auch der Tourismus als Branche nicht eindeutig abgrenzen lässt.[73] So wie es sich beim Tourismus um eine Querschnittsdisziplin handelt, so ist auch die Tourismuspolitik eine eigentliche Querschnittspolitik.[74] Folglich beschränken sich tourismuspolitische Ziele und Konzepte nicht auf wirtschaftliche Zielsetzungen.

Das übergeordnete Ziel der Tourismuspolitik ist es, ein Umfeld zu schaffen, das den Stakeholdern ein Maximum an Vorteilen bereitstellt. Den Gästen soll ein einmaliges Urlaubserlebnis geboten werden, für das sie bereit sind, einen so hohen Betrag zu bezahlen, der für die Stakeholder der Destination profitabel ist, während gleichzeitig die umweltbezogene, soziale sowie kulturelle Unversehrtheit der Destination ungefährdet bleibt. Es ist daher zunächst eine der Hauptaufgaben der Tourismuspolitik, ein gemeinsames Verständnis unter den Stakeholdern über die Ziele der Destination sicher zu stellen. Parallel dazu ist ein Klima zu schaffen, in dem die Zusammenarbeit zwischen den verschiedenen Stakeholdern unterstützt und erleichtert wird. Die Tourismuspolitik legt damit die Spielregeln in der Destination fest und bestimmt, welche Handlungen und Verhaltensweisen geeignet sind.[75]

2.2.2 Funktionaler Ansatz

Sowohl in der Theorie als auch in der Praxis wird allgemein anerkannt, dass der touristische Erfolg einer Destination nur durch eine qualitative und nachhaltige Entwicklung erreicht werden kann. Die *World Tourism Organisation* (1993) definiert „sustainable tourism" in diesem Zusammenhang als „… a model form of economic development that is designed to:
- Improve the quality of life of the host community
- Provide a high quality of experience for the visitor, and
- Maintain the quality of the environment on which both the host community and the visitor depend."[76]

---

[72] vgl. Oppitz, 2000, S. 16
[73] Es existieren nur mehr oder weniger tourismusintensive bzw. –abhängige Leistungsersteller respektive Branchen. So kann eine Bergbahn auch von der lokalen Bevölkerung in deren Freizeit genützt werden; gastronomische Einrichtungen stellen Dienstleistungsunternehmen für die Einheimischen dar. (vgl. Bieger, 2001, S. 12)
[74] vgl. Keller, 1999, S. 16
[75] vgl. Ritchie/Crouch, 2003, S. 148
[76] WTO, 1993, S. 11

Voraussetzung für eine nachhaltige Entwicklung der Destination ist eine ausreichende Wertschöpfung. Diese basiert wiederum auf einer hohen Wettbewerbsfähigkeit der Destination, die folglich als übergeordnetes Ziel des Destinationsmanagements zu verstehen ist.[77] Damit werden die Wettbewerbsfähigkeit und die Nachhaltigkeit zu den Schlüsselparametern einer erfolgreichen Destination.

Ein wirksames Destinationsmanagement beinhaltet folglich traditionelle Managementfähigkeiten im wirtschaftlichen bzw. geschäftlichen Bereich.[78] Dazu gehören die strategische Planung der Destinationsentwicklung, das Marketing, das Human Resource Management, das Finanzmanagement sowie die Entwicklung einer Organisationsstruktur, die die Koordination sowie die Sicherstellung der Dienstleistungen in der Destination gewährleistet.[79]

Das strategische Ziel der Wettbewerbsfähigkeit kann nur durch eine Kooperation der einzelnen touristischen Leistungsersteller erreicht werden, wodurch die Kooperationsfunktion der DMO von entscheidender Bedeutung für den Erfolg der Destination ist. Die dadurch entstehenden Netzwerke beruhen auf dem Destinationsmarketing (Angebotsgestaltung und –entwicklung sowie Absatzförderung) sowie der Kompetenz- und Know-how-Entwicklung.[80]

Im Gegensatz zu einem herkömmlichen, dem leistungswirtschaftlichen Prinzip unterworfenen Unternehmen, weist das Management einer DMO bzw. einer Destination einige Besonderheiten auf. Aus wirtschaftswissenschaftlicher Sicht sind Destinationen Unternehmensnetzwerke, die alle Kriterien eines virtuellen Unternehmens erfüllen. Sie müssen daher als Einheit geführt werden, wobei auch nicht direkt involvierte Elemente[81] zu berücksichtigen sind, die für die Attraktivität des touristischen Produkts eine essentielle Bedeutung haben. Damit ist das Management einer Destination nicht nur für die eigene Organisation verantwortlich, sondern nimmt eine Doppelfunktion wahr. Sie tritt einerseits als unternehmensähnliches Gebilde und andererseits als verantwortliche Instanz für die Destination auf, wodurch sich die Notwendigkeit einer handlungsfähigen Dachorganisation begründet.[82]

Damit das Destinationsmanagement dieser Doppelfunktion gerecht werden kann, muss es das Umfeld der DMO sowie der Destination überwachen und analysieren. Zudem müssen Strategien für die Destination und die DMO entworfen und die DMO sowie die kooperativen Funktionen der Destination operationell geführt werden.[83] Zunächst soll jedoch das Makroziel der

---

[77] vgl. Bieger, 2002, S. 111f
[78] Zusätzlich sprechen *Ritchie/Crouch* (2003) von nötigen Fähigkeiten im Umweltmanagement, worauf jedoch an dieser Stelle nicht eingegangen werden soll. (vgl. Ritchie/Crouch, 2003, S. 152)
[79] vgl. Ritchie/Crouch, 2003, S. 152
[80] vgl. Laesser, 2002, S. 81
[81] Neben den Bedürfnissen von Gästen und touristischen Leistungsanbietern müssen die der einheimischen Bevölkerung sowie lokaler Unternehmen und Industrien berücksichtigt werden. (vgl. Howie, 2003)
[82] vgl. Staub, 1990, S. 131
[83] vgl. Bieger, 2002, S. 97

Destination, nämlich die Sicherung der Wettbewerbfähigkeit betrachtet werden. Anschließend werden jene Funktionen der DMOs beleuchtet, die zur Sicherung des Makroziels beitragen sollen.

2.2.2.1 Sicherung der Wettbewerbsfähigkeit der Destination

Die Globalisierung sowie immer kürzer werdende Destinationslebenszyklen im Zusammenhang mit sich ändernden Kundenanforderungen sind zwei der Hauptgründe, die zu einer Verschiebung weg von zwischenbetrieblichem Wettbewerb innerhalb der Destinationen hin zu einem immer stärkeren Wettbewerb zwischen Destinationen führen.[84]

Buhalis (2000) definiert Wettbewerbsfähigkeit „… as the effort and achievement of long term profitability, above the average of the particular industry within which they operate as well as above alternative investment opportunities in other industries."[85] Bezogen auf touristische Destinationen sieht *d'Hauteserre* (2000) in der Wettbewerbsfähigkeit die Fähigkeit einer Destination, ihre Marktposition dauerhaft zu behaupten, was mit einer Verlängerung des Destinationslebenszyklus einhergeht.[86] Zu den zentralen Determinanten der Wettbewerbsfähigkeit gehören nach *Laesser/Jäger* (2001)

- die Erschließung von Nutzenpotentialen vor allem auf der Grundlage von Innovationen,
- Größenersparnisse (Economies of Scale),
- Verbundvorteile (Economies of Scope unter Ausnutzung von Synergien und Eliminierung von Redundanzen; Beschleunigung der Lernkurve),
- die Standortattraktivität sowie
- entsprechende wirtschaftliche und politische Rahmenbedingungen.[87]

Um langfristig bestehen zu können, müssen Destinationen dafür Sorge tragen, dass die Attraktivität der Erlebnisse, die sie den Gästen anbietet, die Erlebnisse der vielen anderen Destinationen zumindest aufwiegt oder sogar übertrifft.[88] Daher sollte es das elementare Ziel des Destinationsmanagements sein, die Eignung sowie die Effektivität der Einzelleistungen in der Destination zu bewerten, die in der Summe das Urlaubsprodukt für den Gast darstellen und sein Urlaubserlebnis determinieren.[89]

---

[84] vgl. Go/Govers, 2000, S. 79; Weiermair, 2002
[85] Buhalis, 2000, S. 106; Der Begriff der Opportunitätskosten, den diese Definition beinhaltet, veranschaulicht, dass erfolgreiche Unternehmen ihre Konkurrenz nicht nur in ihrer eigenen Branche sehen, sondern auch andere Investitionsmöglichkeiten betrachten.
[86] vgl. d'Hauteserre, 2000, S. 23
[87] vgl. Laesser/Jäger, 2001
[88] vgl. Crouch/Ritchie, 1999, S. 140
[89] vgl. Pine/Gilmore, 1999; Es sei in diesem Zusammenhang zu erwähnen, dass sich der Markterfolg einer Destination immer seltener auf ihre faktische Qualität bezieht, die mittels technologischer Verfahren nachgewiesen werden kann, sondern immer öfter von ihrer virtuellen Qualität abhängt, die sich auf die subjektive Bewertung einer Destination durch die potentiellen Gäste bezieht. (vgl. Margreiter, 2001, S. 29)

Die wachsende Bedeutung der Wettbewerbfähigkeit von Destinationen hat im vergangenen Jahrzehnt zu einer zunehmenden Beachtung dieses Themas sowohl in der Tourismuswissenschaft als auch in der Praxis geführt.[90] Ausgehend von einer langen Tradition wissenschaftlicher Untersuchungen des Destinationsimages[91], die zwar die Dienstleistung im Allgemeinen als wichtigen Einflussfaktor auf das Destinationsimage betrachten, jedoch eine genauere Analyse der einzelnen Leistungsersteller außen vor lassen[92], fließen bei der Untersuchung der Wettbewerbfähigkeit von Destinationen einzelne Unternehmen in die Betrachtung ein.[93]

Ritchie/Crouch (2000) entwickelten aufgrund ihrer Ansicht, dass die Wettbewerbsfähigkeit "… [has] tremendous ramifications for the tourism industry and is therefore of considerable interest to practitioners and policy makers"[94], ein umfassendes Modell zum Verständnis und zur Analyse der Wettbewerbsfähigkeit von Destinationen (Tourism Destination Competitiveness, TDC).[95] Aus der umfassenden Betrachtung der wettbewerbsfähigen Destination lässt sich eine Reihe von Aufgabenstellungen für Destinationsmanager ableiten. Repräsentativ für einen relativ breiten Konsens unter Tourismuswissenschaftlern soll im Folgenden ein Forderungs- und Tätigkeitskatalog nach *Weiermair* (2002) für notwendige Aktivitäten zur Verbesserung der Wettbewerbsfähigkeit vorgestellt werden.[96] Dieser dient als Grundlage für die Betrachtung der weiteren Aktivitäten und Funktionen des Destinationsmanagements:

1. Zwischenbetriebliche und unter Umständen auch länderübergreifende Kooperationen beseitigen Wettbewerbsschwächen, die durch mangelnde Größenwirtschaftlichkeiten, Synergieeffekte und Beharrungsvermögen der dominierenden SMTEs entstanden sind.
2. Aufgrund des Mangels an kritischer Masse und Know-how bei einzelnen Betrieben und Destinationen ist eine kooperative Entwicklung, Produktion und Vermarktung des touristischen Dienstleistungsbündels nötig.
3. Durch die wachsende internationale Konkurrenz wird es für das Destinationsmanagement immer wichtiger, unter Zuhilfenahme adäquater Marktforschungs- und Strategieentwicklungsmethoden klare strategische Geschäftsfelder mit den entsprechenden Zielgruppen und klaren Profilierungen durchzuführen.
4. Der Markenaufbau sowie ein adäquates Markenmanagement sind zur Reduktion von Qualitätsunsicherheiten beim Kunden sowie zur erfolgreichen Durchführung der eben erwähnten Profilierungen zu betreiben.
5. Es bedarf der Schaffung ausreichender Angebots- und Managementkapazitäten, um ein wirkungsvolles Qualitätssystem zu führen und um nötige Produktentwicklungen sowie Innovationen und die dazugehörige Marktforschung in alten und vor allem potentiell neuen Märkten zu betreiben.
6. In engem Zusammenhang damit steht die Frage nach den transaktionskostengünstigsten Destinationseinheiten und nach der durch unterschiedliche Arbeitsteilung zwischen lokalen, regiona-

---

[90] vgl. z.B. Melián-González/García-Falcón, 2003, Lundtorp/Wanhill, 2001; Mihalic, 2000, S. 65f
[91] *Pike* (2002a) kategorisiert in seinem State of the Art 142 Studien über das Destinationsimage. Die populärsten Forschungsthemen der 23 am häufigsten zitierten Beiträge waren in einer Studie von *Chon* (1992) die Rolle und der Einfluss des Destinationsimage auf das Gästeverhalten.
[92] vgl. Enright/Newton, 2004, S. 777
[93] vgl. z.B. Buhalis, 2000
[94] Ritchie/Crouch, 2000, S. 6
[95] vgl. Ritchie/Crouch, 2000; Crouch/Ritchie, 1999. Die bis dahin noch ausstehende empirische Überprüfung des TDC Modells führen Enright/Newton (2004) durch.
[96] Obwohl *Weiermair* (2002) seine Erkenntnisse explizit auf alpine Destinationen bezieht, soll der Forderungskatalog in dieser Arbeit auf anderen Destinationen ausgeweitet werden. Dies geschieht aus Plausibilitätsgründen und aufgrund der Tatsache, dass *Weiermair* (2002) keine alpinspezifischen Merkmale in seiner Auflistung erwähnt.

len und nationalen Destinationseinheiten erforderlichen politikunabhängigen Neukonzeption von Destinationseinheiten.
7. Destinationen sollten künftig stärker von tradierten politischen Strukturen und Prozessen gelöst und stärker an marktrelevante Strukturen und Entscheidungsprozesse angepasst werden. Hierzu müssen tradiertes Interessenbewusstsein und politisches sowie wirtschaftliches Beharrungsvermögen durch ein kompetitives System des „Management des geplanten Wandels" abgebaut werden.
8. Im Hinblick auf die genannten Punkte wird es erforderlich, die Versorgung mit Humankapital und Qualifikationen sowohl im Zusammenhang mit alternativen Formen der Akquisition von Humankapital und Know-how als auch im Bezug auf deren Inhalte neu zu überdenken.
9. Die Problematik der Leistungen mit öffentlichem Charakter[97], die privat nicht finanzierbar sind und daher zumindest subsidiär von der Destination als Teilleistung erbracht werden müssen, wird es auch in Zukunft geben.
10. Genauso wie bisher müssen sich Destinationen mit der Bewältigung von externen Effekten auseinandersetzen. Zu den bereits bekannten negativen Effekten wie dem Verbrauch natürlicher, nicht reproduzierbarer Ressourcen werden künftig negative externe Effekte im soziokulturellen Bereich in den Mittelpunkt rücken.[98]

2.2.2.2 Koordinationsfunktion

Eine Destination ist ein Teamprodukt, bestehend aus einer Vielzahl von Einzelleistungen unterschiedlicher touristischer Anbieter, die größtenteils räumlich an die Destination gebunden sind. Als Gesamtprodukt wird die Destination an Nachfrager von außerhalb vermarktet. Dazu gehören Reise- und Kongressveranstalter sowie individuelle Touristen.[99] Dies führt vor allem im Hinblick auf das Marketing und den Vertrieb zu einigen fundamentalen Unterschieden zwischen einer Destination als Produkt und anderen absatzfähigen Gütern, die touristische Leistungsersteller den Gästen vor Ort verkaufen. Die Vermarktung der Destination stellt sich als komplexe Herausforderung dar, weil viele Stakeholder berücksichtigt werden müssen, die jeweils eigene Vorstellungen, Ziele und Leistungsbereitschaften haben. Die Kenntnis der einzelnen Stakeholder sowie das Verständnis über die Zusammenhänge in einer Destination sind grundlegend für das Destinationsmanagement.[100]

Damit das Tourismusangebot den Anforderungen der potentiellen Touristen, die ein Bündel von Leistungen nachfragen, genügen kann, müssen die einzelnen Beziehungen zwischen den Angebotselementen besonders ausgebaut und organisiert werden. In diesem Zusammenhang hat sich in den letzten Jahren der Begriff „**Kooperenz**"[101] etabliert, bei dem es sich um das Verhältnis zwischen Unternehmen auf horizontaler Ebene handelt, die gleichzeitig in konkur-

---

[97] So zum Beispiel der Erhalt von Wanderwegen, öffentliche Schwimmbäder, öffentliche Sicherheit oder der Erhalt der Umwelt.
[98] vgl. Weiermair, 2002, S. 56ff
[99] vgl. Sheehan/Ritchie, 2005, S. 716
[100] vgl. von Friedrichs Grängsjö, 2003, S. 432; Getz et al., 1998, S. 332. An dieser Stelle soll nur kurz erwähnt werden, dass die Destination auf lokaler oder regionaler Ebene selbst Teil eines übergeordneten Netzwerks verschiedener Destinationen ist, die wiederum von einer eigenen DMO vermarktet wird (vgl. hierzu z.B. Pike, 2004, S. 46f)
[101] Der Begriff Kooperenz setzt sich aus Kooperation und Konkurrenz zusammen. (vgl. Woratschek et al., 2003, S. 256)

rierender und in kooperativer Beziehung zueinander stehen.[102] Dies ist in Destinationen der Fall, wo Konkurrenz und Kooperation sehr eng beieinander liegen. Redundanzen ermöglichen einen Wettbewerb innerhalb des Unternehmensnetzwerks bzw. der Destination, da gleiche Aktivitäten von unterschiedlichen Netzwerkpartnern durchgeführt werden. Wettbewerb und Kooperation sollten jedoch ausgewogen sein, was aufgrund von zwischenbetrieblichen Schwierigkeiten innerhalb der Destination eine große Herausforderung darstellen kann.[103]

Der Grund für eine Zusammenarbeit konkurrierender Unternehmen liegt in beiderseitigem Nutzen. Bei komplementären Angeboten ist dies offensichtlich, wenn ein Anbieter die nachgefragte Leistung der Kunden aufgrund begrenzter Ressourcen nicht alleine in gewünschtem Umfang oder erwarteter Qualität erbringen kann.[104] Doch auch bei substitutiven Leistungen kann eine Kooperation zwischen den produzierenden Unternehmen von Vorteil sein, wenn z.B. gemeinsam ein neuer Markt erschlossen werden soll.[105] So stellt *Hunt* (1997) fest: „For a theory of competition to provide a theoretical foundation for relationship marketing, the theory must admit at least the possibility that some kinds of cooperative relationships among firms may actually enhance competition, rather than thwart it."[106]

Die Komplexität der Kooperenz zwischen zwei Unternehmen wird deutlich, wenn man die völlig gegensätzlichen Logiken der Wechselbeziehung betrachtet. Gegensätzliche Interessen führen zu Rivalität, gemeinsame Interessen führen zu Harmonie. Die Erstellung des touristischen Produkts vollzieht sich folglich in einem Spannungsfeld von Kooperation und Konkurrenz, da ein kooperatives Verhalten die Grundvoraussetzung für eine Wertschöpfung ist, die Aufteilung des Wertes jedoch durch unterschiedliche Interessen gekennzeichnet ist.[107] Diese gegensätzlichen Verhältnisse kollidieren miteinander und müssen daher klar getrennt werden, um die Kooperenz zu ermöglichen.[108]

Der Ausgleich der konkurrierenden und gemeinsamen Interessen erfolgt gedanklich in zwei Schritten: zunächst wird Wert geschaffen, der anschließend aufzuteilen ist. Die Beiträge zur Wertschöpfung der beteiligten Unternehmen hängen dabei von der erwarteten Wertaufteilung ab. Touristische Leistungsersteller machen ihre Entscheidung für oder gegen eine Teilnahme

---

[102] vgl. z.B. Bengtsson/Kock, 2000, S. 411; Buhalis/Cooper, 1998, S. 324; Brandenburger/Nalebuff, 1996. Eine leicht abweichende Erklärung für Kooperenz liefern *Edgell et al.* (1995): Kooperationen auf lokaler bzw. regionaler Ebene ermöglichen die Erstellung eines touristischen Produkts von der Qualität, dass es erfolgreich auf überregionaler bzw. globaler Ebene in Konkurrenz mit anderen Destinationen treten kann. Die Endsilbe „-petition" von „coopetition" bezieht sich also nicht auf den Wettbewerb innerhalb des Netzwerks, sondern auf die Konkurrenz zwischen den einzelnen Netzwerken. (vgl. Edgell et al., 1995, S. 2)
[103] vgl. von Friedrichs Grängsjö, 2003, S. 428
[104] vgl. Woratschek et al., 2003, S. 256
[105] *Bengtsson/Kock* (2000) erwähnen das Beispiel einer Shopping Mall, in der die Geschäfte zunächst versuchen, möglichst viele Kunden in die Mall zu locken und anschließend in Konkurrenz um die anwesenden Kunden treten. (vgl. Bengtsson/Kock, 2000, S. 415)
[106] Hunt, 1997, S. 437
[107] vgl. Woratschek et al., 2003
[108] vgl. Bengtsson/Kock, 2000, S. 412

an einem gemeinsamen Netzwerk folglich vom erwarteten Anteil am insgesamt geschaffenen Wert abhängig. Dieser leitet sich wiederum von der organisatorischen Gestaltung und dem Management des Netzwerks bzw. dem Destinationsmanagement ab.[109] DMOs haben daher die Aufgabe, die Teilfunktionen der einzelnen Leistungsersteller durch besondere Organisationsstrukturen zu koordinieren.[110] Weiterhin sind geeignete Kooperationsdesigns zu erstellen, die eine Interessenkoordination und einen Interessenausgleich zwischen den touristischen Leistungserstellern erlauben.[111]

Aus wirtschaftswissenschaftlicher Perspektive wird unter dem Management von Kooperationen die Gestaltung und Verhandlung von zeitlich beschränkten Verträgen im Hinblick auf die Nutzung von Ressourcen und Märkten verstanden.[112] Die Schwierigkeit dieser Aufgabe liegt darin, stabile Austauschbeziehungen zwischen den sehr unterschiedlichen Netzwerkpartnern bzw. den Anbietern touristischer Leistungen in einer Destination zu gewährleisten, um die Heterogenität der Aufgaben meistern zu können. Eine wesentliche Problematik hierbei liegt in den Transaktionskosten, die *Pechlaner/Magreiter* (2002) als Kosten zusammenfassen, die durch die Anbahnung der Verhandlungen und Vereinbarungen, die Entscheidungen sowie die Überwachung und Durchsetzung von Kooperationsprozessen bzw. eines strategischen Netzwerks entstehen.[113] Im Hinblick auf die Theorie der Transaktionskosten ist zu prüfen, „inwiefern die Transaktionskosten als Kriterium für die Vorzugswürdigkeit von Verträgen Verwendung finden können."[114]

Für die Koordination eines einzelnen Leistungserstellers ist das Destinationsmanagement nur indirekt erforderlich. Die Wertschöpfung der DMO entsteht durch die Koordination bzw. Kooperation der zum Teil in direkter Konkurrenz stehenden Leistungsersteller, wodurch die wertschöpfenden Aktivitäten auf eine Intermediationsfunktion ausgerichtet sind. Die primären Aktivitäten der DMO, die in diesem Fall den Netzwerkbetreiber darstellen, dienen dazu, für alle Netzwerkteilnehmer bedeutende Werte zu schöpfen.[115] Die Destinationsmanager sollten dabei auf ein ausgeglichenes Verhältnis zwischen den Kosten, die die Netzwerkteilnehmer zu tragen haben, und dem Nutzen, den dieselben aus dem Netzwerk ziehen, achten.[116] Der wahrgenommene Wert an der Teilnahme am Netzwerk ergibt sich aus dem Verhältnis der wahrgenommenen materiellen und immateriellen Kosten der Teilnahme im Verhältnis zum wahrgenommenen Nutzen dieser Teilnahme. Das Ergebnis dieses Vergleichs wird mit den wahrgenommenen Kosten und Nutzen einer Alternative in Beziehung gesetzt. Erst wenn die-

---

[109] vgl. Woratschek et al., 2003, S. 262
[110] vgl. Kaspar, 1996, S. 91
[111] vgl. Woratschek et al., 2003, S. 268
[112] vgl. Richter, 1990, S. 577
[113] vgl. Pechlaner/Magreiter, 2002, S. 196f
[114] Pechlaner, 2003, S. 50
[115] In Anlehnung an Woratscheks Erläuterungen einer Fußballliga. (vgl. Woratschek, 2004b, S. 24)
[116] Diese Aufgabe wird durch die **Equity-Theorie** erklärt, die für den Erfolg des Netzwerks bzw. der Kooperation eine wichtige Rolle spielt. (vgl. z.B. vgl. Matzler/Pechlaner, 1999, S. 186f)

se Überlegungen für die potentiellen Netzwerkteilnehmer zufrieden stellend sind, werden sie sich an der Kooperation beteiligen. Ziel des Destinationsmanagements muss es daher sein, das gleiche Verhältnis zwischen Kosten und Nutzen durch das Netzwerk bei allen Teilnehmern zu erreichen.

2.2.2.3 Strategisches Destinationsmanagement

Die bereits angesprochene Wettbewerbssituation touristischer Destinationen zwingt DMOs, sich zunehmend den Instrumenten des strategischen Managements zu öffnen. Hierbei finden hauptsächlich drei Strategiemodelle Anwendung. Neben den generischen Strategien nach *Porter* (1985), die bereits kurz im Zusammenhang mit der Wettbewerbsfähigkeit einer Destination angesprochen wurden, sind dies *Gilberts* (1990) strategischer Rahmen sowie *Poons* (2002) Ansatz der flexiblen Spezialisierung, der speziell auf die Veränderungen der gesamten Tourismusbranche in den letzten beiden Jahrzehnten eingeht.

2.2.2.3.1 Porters generische Strategien

In *Porters* (1985) weithin anerkanntem Modell werden drei Strategien vorgeschlagen, die einem Unternehmen dazu verhelfen sollen, Konkurrenten innerhalb der Branche hinter sich zu lassen. Es handelt sich hierbei um die Kostenführerschaft[117], die Differenzierung[118] oder den Fokus auf ein spezielles Marktsegment.[119] Dem Management eines Unternehmens wird damit eine klare Entscheidungshilfe für die Positionierung ihrer Produkte zur Verfügung gestellt.[120]

Obwohl das Modell von *Porter* (1985) in den verschiedensten Branchen eingesetzt wird, kann es den speziellen Anforderungen der Tourismusbranche, vor allem im Hinblick auf die Erschöpfbarkeit der Produktionsfaktoren auf Destinationsebene, nicht gerecht werden. Es geht im Falle der Kostenführerschaft von einer unbegrenzten Verfügbarkeit der Produktionsfaktoren aus, die anschließend in eine sehr große Anzahl an Produkten transformiert werden und einer ebenso großen Anzahl an Nachfrager angeboten werden. Die Produktionsfaktoren von Destinationen drücken sich jedoch häufig in Form von natürlichen oder von Menschen geschaffenen, unersetzbaren Sehenswürdigkeiten aus, die nur von einer begrenzten Anzahl von Personen besucht werden können. Einige Destinationen haben im Laufe der Jahre die maximal verträgliche Kapazität an Gästen überschritten, die eine langfristig nachhaltige Entwick-

---

[117] Hierbei minimieren Unternehmen ihre Kosten durch Massenproduktion und rigorose Kostenkontrolle.
[118] Die Produkte und Leistungen von Unternehmen, die dieser Strategie folgen, werden in der gesamten Branche als einzigartig betrachtet.
[119] In dem speziellen Marktsegment, welches das Unternehmen anstrebt, ist eine Kostenführerschaft oder eine Differenzierung durchzusetzen.
[120] vgl. Porter, 1985, S. 11

lung der Destination ermöglicht hätte.[121] Dadurch bleibt diesen Destinationen die strategische Richtung der Differenzierung kurzfristig verwehrt und es besteht nur die Möglichkeit, durch Massentourismus die Profitabilität zu erhöhen. Langfristig müssen die Sehenswürdigkeiten und Anlagen renoviert und Angebote neu aufgelegt werden.[122] Aus diesem Grund sollten Destinationen nur von so vielen Personen besucht werden, dass ihr Erhalt langfristig gesichert wird.

2.2.2.3.2 Gilberts strategischer Rahmen

Vor dem Hintergrund von Porters Idee der generischen Strategien werden im strategischen Rahmen nach *Gilbert* (1990) Destinationen auf einem Kontinuum zwischen „status" und „commodity" eingeteilt. Im Statusbereich wird die touristische Nachfrage durch einzigartige Produkteigenschaften angeregt, die die Destination in eine „unique selling position" bringen und damit die Gästeloyalität sowie deren Zahlungsbereitschaft erhöhen. Im Commoditybereich finden dagegen einzigartige Eigenschaften – falls vorhanden – bei den (potentiellen) Gästen nur geringe Beachtung, wodurch die Destination bei der Buchungsentscheidung austauschbar und damit sehr preiselastisch wird.

Abgesehen von der Tatsache, dass die Nachhaltigkeit der Ressourcen in *Gilberts* (1990) Modell nicht ausdrücklich erwähnt wird, ist es offensichtlich, dass Destinationen im Statusbereich ihre Ressourcen als Produktattribute behandeln und in der Folge von den Kunden durch eine höhere Preisbereitschaft gewürdigt werden. *Gilbert* (1990) empfiehlt daher den Destinationen den Statusbereich als Positionierungsziel, um das Image der Destination, die Kundenloyalität sowie das wirtschaftliche Ergebnis der Destination zu verbessern. Der Autor schlägt den Destinationsmanagern vor, ihre touristischen Produkte zu differenzieren, um einen einzigartigen Kundenvorteil zu erzielen und sich dadurch auf dem internationalen Tourismusmarkt einzigartig zu positionieren.[123]

In einer umfassenden Kritik des Modells bemängelt *Buhalis* (1999), dass die meisten Destinationen zwischen den beiden Extremen des Kontinuums zu finden und damit nicht klar zuordenbar sind. Zudem wird kein Bezug auf die verschiedenen Stationen im Destinationslebens-

---

[121] vgl. Die Produktalternative der Kostenführerschaft auf Basis einer Standardisierung des Tourismusprodukts wird langfristig die Bedürfnisse der Gäste nicht befriedigen können. Dadurch wird deren Zahlungsbereitschaft sinken. Zudem hat der Massentourismus desolate Auswirkungen auf soziale und umweltbezogene Aspekte einer Destination, was nicht nur die Nachhaltigkeit in Frage stellt, sondern auch die Wettbewerbsfähigkeit der Destination als ganzes. (vgl. Buhalis, 2000, S. 106 und S. 108). Als negative Beispiele können spanische Küstenorte, Waikiki auf Hawai'i (vgl. Buhalis, 1999, S. 184), Teile von Mallorca oder Acapulco in Mexico (vgl. de Oliveira, 2003, S. 97) genannt werden.
[122] Die spanische Ferieninsel Mallorca ging in den letzten Jahren diesen Weg. So wurden zum Beispiel in Calvia drei Hotels abgerissen, um das Stadtbild wieder angenehmer zu gestalten. (vgl. Buhalis, 2000, S. 107) Eine ausführliche Beschreibung der Stagnationsphase der Balearen und der Reaktion des dortigen Destinationsmanagements findet sich bei *Aguiló et al.* (2005).
[123] vgl. Gilbert, 1990

zyklus[124] genommen. So berichtet *Buhalis* (1999) von einigen Destinationen, die zwar ursprünglich im Statusbereich angesiedelt waren, im Laufe der Zeit jedoch schrittweise in den Commoditybereich abgerutscht sind.[125] Trotz der genannten Kritikpunkte trägt das Modell zum strategischen Tourismusmanagement bei, da es zum einen den Zusammenhang zwischen den Produkteigenschaften einer Destination und der Zahlungsbereitschaft der Gäste berücksichtigt und zum anderen den Destinationsmanagern empfiehlt, wie sie ihre Ressourcen einsetzen sollten, um erfolgreich bestehen zu können.[126]

2.2.2.3.3 Poons flexible Spezialisierung

Das dritte Strategiemodell, das in dieser Arbeit Erwähnung finden soll, ist die flexible Spezialisierung von *Poon* (2002), die auf einer ständigen Innovationstätigkeit sowie einem konstanten Wandel basiert und somit einen „neuen Tourismus"[127] kreiert. Dieser ist flexibel, segmentiert, umweltbewusst, an die Wünsche und Bedürfnisse der Gäste angepasst sowie durch eine diagonale Integration gekennzeichnet. Antriebskräfte dieses Wandels in der Tourismusbranche sind Veränderungen bei Kunden, Technologien, Managementtechniken, Produktionsarten und externen Rahmenbedingungen. Während die „neue Art" an Gästen und Technologien die treibenden Kräfte des neuen Tourismus sind, erleichtern neue Managementtechniken und neue Produktionsarten die Entwicklung neuer Leistungen. Veränderte externe Bedingungen beeinflussen dagegen die Geschwindigkeit und die Richtung der Veränderungen.[128]

Die verbesserte **Flexibilität** von Dienstleistungsunternehmen kann vor allem in der Organisation, im Management, im Marketing, im Vertrieb und in verschiedenen Formen der Kommunikation und dem Beziehungsgefüge zwischen den einzelnen Leistungsproduzenten einer Destination erreicht werden. Entscheidend für den Wettbewerbserfolg der Destination ist jedoch nicht die isolierte Betrachtung der einzelnen Ansatzpunkte für eine gesteigert Flexibilität, sondern deren Zusammenwirken, um die Fähigkeit zu entwickeln, gemeinsam auf dem Markt agieren zu können.

Obwohl das Modell von *Poon* (2002) zu einem Umdenken in der gesamten Tourismusbranche geführt hat, ist es in seiner praktischen Anwendbarkeit für das Destinationsmanagement nur bedingt einsatzfähig. So sind Destinationen aufgrund ihrer gegebenen Infra- und Superstruktur, die kaum verändert werden kann, nur begrenzt flexibel. Dennoch veranlasst das Modell zu einer ständigen Infragestellung der eigenen Strategien und Handlungsweisen und

---

[124] Das Konzept des Destinationslebenszyklus, das in seiner heutigen Form von *Butler* (1980) entwickelt wurde, beschreibt die Entwicklung einer Destination anhand einer Abfolge sechs verschiedener Entwicklungsphasen, die durch die Anzahl der Gäste in der Destination sowie die Infrastruktur definiert werden. (vgl. Butler, 1980)
[125] vgl. Buhalis, 1999, S. 184
[126] vgl. Buhalis, 2000, S. 108
[127] Fayos-Solá (1996) spricht in diesem Zusammenhang von einer „New age of tourism". (vgl. Fayos-Solá, 1996, S. 405)

zwingt DMOs zum Einsatz neuer Instrumente durch neue Technologien, um den Anschluss im „neuen Tourismus" nicht zu verlieren. Die Konzentration auf die Kernkompetenzen bei einem gleichzeitigen Outsourcing der unterstützenden Aktivitäten auf andere Teilnehmer am Netzwerk sollte es den Destinationen und touristischen Leistungserstellern ermöglichen, Innovationen voranzubringen und sich den Bedürfnissen der Gäste anzupassen.[129]

Die drei genannten Modelle kommen übereinstimmend zu dem Ergebnis, dass Destinationen ihren Erfolg langfristig nur durch eine Strategie sichern können, die auf hohen Gewinnmargen bei wenig Gästevolumen basiert. Konsumenten schätzen einzigartige Eigenschaften von Destinationen und sind infolge dessen bereit, diese regelmäßig zu besuchen und dort gleichzeitig mehr Geld auszugeben. Economies of Scale als Grundlage einer Destinationsstrategie, die auf Massentourismus basiert, würde eine unerschöpfliche Menge an Produktionsfaktoren erfordern, die wiederum in keiner Destination vorhanden sind. Durch den hohen Grad an Integrativität[130] beim touristischen Produkt sind die soziokulturellen sowie natur- bzw. landschaftsbezogenen Resscourcen in ihrer Nutzung stark beschränkt. Ein übermäßiger Gebrauch würde ihnen Schaden zufügen und damit die Gründe in Frage stellen, aus denen die Gäste in die Destination reisen.

2.2.2.4 Destinationsmarketing

Das Destinationsmarketing ist weltweit die dominierende Aufgabe von DMOs[131] und wird weithin als unerlässlicher Bestandteil des Destinationsmanagements anerkannt. Zu dessen strategischen Erfolgsfaktoren gehören die Gewinnung neuer Gäste und das Halten von Stammgästen. Das Destinationsmarketing wird von *Wahab et al.* (1976) definiert als

„The management process through which the National Tourist Organisations and/or tourist enterprises identify their selected tourists, actual and potential, communicate with them to ascertain and influence their wishes, needs, motivations, likes and dislikes, on local, regional, national and international levels, and to formulate and adapt their tourist products accordingly in view of achieving optimal tourist satisfaction thereby fulfilling their objectives."[132]

---

[128] vgl. Poon, 2002, S. 85ff
[129] vgl Buhalis, 2000, S. 108
[130] Die Integrativität beschreibt das Ausmaß, zu dem sogenannte „externe Faktoren" in den Leistungserstellungsprozess des Leistungsanbieters einbezogen werden. (vgl. Engelhardt et al., 1993, S. 401)
[131] vgl. Getz et al., 1998, S. 332; Keller, 1998, S. 39; Sheehan/Ritchie, 1997, S. 94; Fesenmaier et al., 1992, S. 571f
[132] Wahab et al., 1976, S. 24. Dies fasst Pike zusammen als „…process of matching destination resources with environment opportunities." (Pike, 2004, S. 13)

Der enge Zusammenhang zwischen strategischem Management und Destinationsmarketing[133] wird deutlich, wenn man (ähnlich wie eine Reihe von Wissenschaftlern in diesem Gebiet) eine marktorientierte Sichtweise einnimmt.[134] Durch den Wandel der Märkte von Verkäufer- zu Käufermärkten wurde eine stärkere Ausrichtung des Destinationsmanagements an die Bedürfnisse der Kunden nötig, um den Erfolg einer Destination zu sichern. Dadurch hat sich das Destinationsmarketing zu einer Führungskonzeption entwickelt, die sich konsequent am Markt orientiert.[135] *Freyer* (2001b) sieht das zentrale Anliegen in der Ausrichtung der gesamten Betriebsaktivitäten auf den Markt: „Ausgangspunkt sind die (durch die Marktforschung ermittelten) Nachfragewünsche, die unter Berücksichtigung der eigenen Betriebsziele und Produktionsmöglichkeiten in Produkte und Dienstleistungen umgesetzt werden."[136]

Aufgrund eines zunehmenden Wettbewerbs durch destinationsähnliche Konkurrenzprodukte wie Freizeitparks, Shopping Malls etc. sowie immer mehr neuen Destinationen mit Ressortcharakter in Fernzielen wurde diese Marketingperspektive erweitert.[137] Ein hohes Niveau hinsichtlich der Befriedigung der Gästebedürfnisse wird mittlerweile von vielen Konkurrenten erfüllt, so dass Destinationsmarketing nunmehr als absatzmarktorientierte Unternehmensführung verstanden werden muss, die alle Tätigkeiten systematisch und dabei wirksamer und effizienter als die Konkurrenz an den Bedürfnissen der Abnehmer ausrichtet.[138] So stellen *Kotler et al.* (1993) fest: „No longer are places merely the settings for business activity. Instead, every community has to transform itself into a seller of goods and services, a proactive marketer of its products and its place value. Places are, indeed, products, whose identities and values must be designed and marketed. Places that fail to market themselves successfully face the risk of economic stagnation and decline."[139] Damit wird Destinationsmarketing als "market-orientated strategic planning" verstanden und der Destinationsplanung eine größere Bedeutung beigemessen als den verkaufs- oder imagefördernden Instrumenten.[140]

Ziel des Destinationsmarketings ist die langfristige Sicherung der Existenz der Destination, was nur durch eine konsequente Kundenorientierung auf der gesamten touristischen Dienst-

---

[133] Es ist auffällig, dass sowohl in der deutsch- als auch in der englischsprachigen Literatur der Begriff des Destinationsmarketings häufig synonym mit dem des Destinationsmanagements verwendet wird. Dieser Auffassung schließt sich der Autor dieser Arbeit nicht an und betrachtet das Destinationsmarketing als eine Teilaufgabe des gesamten Destinationsmanagements. Daher werden im Folgenden die beiden Begriffe getrennt voneinander betrachtet und das Destinationsmarketing im funktionalen Ansatz des Destinationsmanagements behandelt. (vgl. z.B. Dore/Crouch, 2003, S. 137; Ritchie/Crouch, 2003, S. 105; Minghetti, 2001; Buhalis, 2000; Tschurtschenthaler, 1999; Gartrell, 1994)
[134] vgl. Freyer, 2001a; Buhalis, 2000; Kotler et al., 1993
[135] vgl. Kreilkamp, 1998, S. 287
[136] Freyer, 2001b, S. 228
[137] Diese Konkurrenzprodukte bieten ihre Leistungen unter einem zentralen strategischen Management als ein Unternehmen an und verfügen folglich im Marketing über eine Reihe entscheidender Vorteile gegenüber den durch fragmentarische Produktion einzelner KMUs geprägten herkömmlichen Destinationen. (vgl. Bieger/Weibel, 1998, S. 168)
[138] vgl. Wöhler, 1997, S. 279
[139] Kotler et al., 1993, S. 19
[140] vgl. Buhalis, 2000, S. 104

leistungskette zu erreichen ist.[141] Dies wird durch die komplexen Beziehungen der Stakeholder untereinander erschwert[142], von denen viele an der Erstellung des touristischen Produkts beteiligt sind. Daher sind beim Destinationsmarketing sowohl die persönlichen als auch die beruflichen Interessen aller Personen zu berücksichtigen, die in und um die Destination leben und arbeiten.[143]

Kritiker der marktorientierten Sichtweise des Destinationsmarketings sehen dagegen nur wenige Möglichkeiten, eine Destination an die Ansprüche der Gäste anzupassen. So stellen *Getz et al.* (1998) fest, dass DMOs kaum Kontrolle über das Angebot und die Preise der Infrastruktur, der Attraktionen sowie der Leistungen in der Destination haben.[144] Stattdessen ist es nötig Nischen bzw. Zielgruppen ausfindig zu machen, deren Ansprüchen das Destinationsprodukt entspricht.[145] In einem umfassenden Ansatz des Destinationsmarketings wird dieser Bereich nicht auf ein Managementinstrument reduziert, durch das mehr Gäste in die Destination gelockt werden. Es dient zusätzlich als Mechanismus „…to facilitate the achievement of tourism policy coordinated with the regional development strategic plan and other regional development objectives."[146] Damit spielt das Destinationsmarketing eine wichtige Rolle in den Bereichen Destinationsplanung und –politik, Produktentwicklung, Koordination und Vertretung der gesamten Tourismusindustrie sowie Aus- und Weiterbildung im touristischen Bereich.[147]

Aufgrund der speziellen Merkmale des touristischen Produkts, der Dynamik des Wettbewerbs im Tourismus und der besonderen Funktion der DMOs weist das Destinationsmarketing eine Reihe von Besonderheiten auf. Als Dienstleistung verfügt das Tourismusprodukt über spezifische Eigenschaften, die direkte Auswirkungen auf das Marketing einer Destination haben. Die Immaterialität bedingt, dass die Leistungsqualität des Produkts sowie die Leistungsfähigkeit der Produzenten nicht ohne weiteres vor dem Kauf überprüft werden können, was zu einer Verhaltensunsicherheit auf Seiten der (potentiellen) Gäste führt. Dieser Aspekt wird durch die Synchronität zwischen Leistungserstellung und Leistungskonsum noch verstärkt.

---

[141] vgl. Bieger, 1997, S. 177. Neben der Wettbewerbsverschärfung muss das Destinationsmarketing auch die weitreichenden Auswirkungen des Tourismus auf Umwelt und Gesellschaft berücksichtigen, da das Bewusstsein der Bevölkerung in Bezug auf diese Aspekte in den letzten Jahren gewachsen ist. *Haedrich/Tomczak* (1990) definieren daher Marketing als eine Führungskonzeption, „[...] mit der eine Organisation das Ziel verfolgt, Bedürfnisse und Anforderungen aus Markt und Gesellschaft möglichst frühzeitig zu erkennen und auf der Basis einer Analyse der eigenen Stärken und Schwächen im Verhältnis zum Wettbewerb Strategien zur aktiven Gestaltung der Beziehungen zwischen Organisation und Umwelt zu entwickeln und zu implementieren." (Haedrich/Tomczak, 1990, S. 20)
[142] vgl. Sautter/Leisen, 1999, S. 316
[143] vgl. Buhalis, 2000, S. 98. *Kotler et al.* (1993) halten diese Form des Destinationsmarketings dann für erfolgreich, wenn „[…] stakeholders such as citizens, workers, and business firms derive satisfaction from their community, and when visitors, new businesses, and investors find their expectations matched." (Kotler et al. 1993, S. 18)
[144] vgl. Getz et al., 1998, S. 336
[145] vgl. z.B. Collier, 1999, S. 419
[146] Blumberg, 2005, S. 47
[147] vgl. Pearce et al., 1998, S. 221

Daher ist es die Aufgabe des Marketings, potentielle Gäste bereits in der Anbahnungs- oder Informationsphase einer Buchung ausführlich über die immateriellen Eigenschaften der Leistung zu informieren. Hierzu sind die Leistungspotentiale zu Marketingzwecken zu „materialisieren", um auf diese Weise eine Wettbewerbsprofilierung zu erreichen.[148] Es müssen die kommunikationspolitischen Aktivitäten der einzelnen touristischen Anbieter einer Destination gebündelt werden, da sich Kunden vermehrt an komplexen Leistungsbündeln orientieren[149] und da anzunehmen ist, dass die Wahl einer Destination bei der Urlaubsentscheidung der Wahl einzelner Dienstleistungsanbieter am gewünschten Ort vorgelagert ist. Aufgrund der hohen Transaktionskosten für die Anwerbung von Gästen bietet sich eine Kooperation zur Vermarktung des touristischen Produkts in einer Destination an, bei der die Anbieter die Vorzüge eines Aufenthalts in ihrer Destination anpreisen. Zudem spricht der weltweite Wettbewerb zwischen Destinationen gegen eine isolierte Kommunikationspolitik einzelner Leistungsanbieter, da durch die Bündelung der Ressourcen eine größere Reichweite der Werbeaktivitäten sichergestellt werden kann.

Da es sich bei der Buchung einer Reise lediglich um ein Leistungsversprechen der touristischen Anbieter handelt, müssen Kooperationsdesigns gefunden werden, die den Abschluss von Buchungen fördern. Hierfür bieten sich die Positionierung der Destination und der Aufbau einer Destinationsmarke durch die Bildung eines Destinationsimages an, auf die im weiteren Verlauf eingegangen wird. Anschließend wird ein kurzer Überblick über die operativ orientierten Marketingaktivitäten gegeben, die sich aus den strategischen Zielen ableiten.[150]

2.2.2.4.1 Positionierung

Im Rahmen der Kommunikationspolitik als Teil des Destinationsmarketings nimmt die DMO Einfluss auf die Positionierung der Destination in den Köpfen der (potentiellen) Gäste.[151] Um positiv wahrgenommen zu werden, sind nach der Festlegung einer bestimmten Zielgruppe ein oder wenige Attribute der Destination zu bestimmen, die die Wünsche und Bedürfnisse dieser Zielgruppe erfüllen bzw. stillen können.

Eine erfolgreiche Positionierung stellt vor allem für Destinationen, die über keine einzigartigen Besonderheiten verfügen, einen Wettbewerbsvorteil dar.[152] Potentielle Gäste können aus einer buchstäblich grenzenlosen Auswahl aus verschiedenen Destinationen wählen, beziehen jedoch lediglich Vorzüge einiger weniger Destinationen in die Entscheidung mit ein. Aus

---
[148] vgl. Schertler, 1998a, S. 119f
[149] vgl. Bieger/Ludwig, 2000, S. 38
[150] vgl. Presenza et al., 2006
[151] *Crompton et al.* (1992) definieren die Positionierung einer Destination wie folgt: "Positioning is the process of establishing and maintaining a distinctive place for a destination in the minds of potential visitors within target markets." (Crompton et al., 1992, S. 20)
[152] Eine effektive Positionierung kann vor allem in Branchen mit sehr ähnlichen, austauschbaren Produkten einen Wettbewerbsvorteil darstellen. (vgl. Porter, 1980)

diesem Grund verfügen Destinationen, deren DMOs die Destination im „Evoked Set" der potentiellen Gäste erfolgreich positionieren, über größere Chancen mehr Gäste anzulocken als vergleichbare andere Destinationen.[153] Eine effektive Positionierung der Markenidentität führt zum gewünschten Destinationsimage im touristischen Markt, wodurch die Destinationspositionierung die Verbindung zwischen gewünschtem und tatsächlichem Image der Destination bei ihren (potentiellen) Gästen darstellt.[154]

Das Image ist genauso wie andere Eigenschaften (z.b. Qualität, Funktion, Preis, Design oder Wert) ein fester Bestandteil eines Produkts. Speziell im tourismuswissenschaftlichen Bereich haben Untersuchungen in den vergangenen Jahrzehnten übereinstimmend zu dem Ergebnis geführt, dass das Image ein wichtiges Entscheidungskriterium für Touristen bei der Auswahl ihres Urlaubsortes bzw. der Destination ist.[155] *Fakeye/Crompton* (1991) messen Images größte Bedeutung bei, „…because they transpose representation of an area into the potential tourist's mind and give him or her a pretaste of a destination"[156].

Darüber hinaus beeinflusst das Destinationsimage die Zufriedenheit der Gäste einer Destination hinsichtlich der touristischen Konsumerfahrung.[157] Der Vergleich zwischen dem tatsächlich Erlebten und der vorher gebildeten Erwartung und Wahrnehmung bestimmen den Grad der Kundenzufriedenheit. Der Aufbau des richtigen Destinationsimages legt folglich die Fähigkeit der Destination fest, ihre Gäste zufrieden zu stellen. Es kann eine realistische und von den Destinationsmanagern sowie den einzelnen Produzenten der touristischen Leistungen erfüllbare Erwartungen entwickeln.[158] Dies begründet die Bedeutung dieses Phänomens für DMOs und macht es zu einem wichtigen Faktor für den Erfolg einer Destination.

In einem ähnlichen Zusammenhang steht die Markenidentität der Destination. Gelingt es einer Destination, sich als Marke im Wettbewerb zu etablieren, erleichtert sie den (potentiellen) Gästen die Buchungsentscheidung, reduziert das Buchungsrisiko und weckt bzw. erfüllt Erwartungen.[159] So stellen *Ritchie/Ritchie* (1998) fest, dass „… we have „somehow" failed to recognize the significance of the Branding function in our efforts to increase awareness of destinations and to create the positive attitudes that are so essential to the final choice of a travel destination."[160] Der Zweck einer Marke liegt darin begründet, eine markante und einprägsame Identität zu etablieren, die einen Wert für den Gast repräsentiert. DMOs können

---

[153] Pike spricht im optimalen Fall von der ToMA (Top of Mind Awareness) Position. (vgl. Pike, 2002b)
[154] vgl. z.B. Pike, 2004, S. 124; Ahmed, 1991, S. 331f
[155] vgl. z.B. Buhalis, 2000; Baloglu/McCleary, 1999a; Chen/Kerstetter, 1999; Jandala, 1998; Walmsley/Young, 1998; Echtner/Ritchie, 1991;
[156] Fakeye/Crompton, 1991, S. 10. Einen Schritt weiter gehen *Guthrie/Gale* (1991), für die das Image einer Destination wichtiger ist als materielle Faktoren, da "perceptions, rather than reality are what motivate consumers to act or not act". (Guthrie/Gale, 1991, S. 555)
[157] vgl. Chon, 1992
[158] vgl. Morgan/Pritchard, 1998; Pearce, 1997
[159] in Anlehnung an Keller, 2003
[160] Ritchie/Ritchie, 1998, S. 89

den Destinationswechsel der Gäste minimieren, indem die Werte durch die Marke vermittelt werden und somit die Gästeloyalität gesteigert wird. Eine Markenidentität dient dann als Leitfaden für weitere Marketingaktivitäten der DMO und ihrer Stakeholder.[161]

2.2.2.4.2 Destinationspromotion

Die Destinationspromotion umfasst alle Aktivitäten, die darauf ausgerichtet sind, Gäste in die Destination zu locken. Das wohl wichtigste Promotionsinstrument ist die Werbung, die mittels unterschiedlicher Medien wie Print, TV, Radio oder Internet an (potentielle) Gäste sowie an Reiseveranstalter übermittelt werden kann. Das Ziel der Destinationswerbung ist es, die Destinationsmarke zu stärken sowie positive, starke und einzigartige Assoziationen mit der Destination herzustellen. Grundlage hierfür ist die Destinationspositionierung, anhand derer die Zielgruppe der Werbeaktivitäten sowie der Fokus der Differenzierung festgelegt wird.[162]

Vor allem das Internet hat sich als wirkungsvoller Werbeträger in der gesamten Tourismusbranche etabliert und zu einem eigenständigen Forschungsbereich geführt (E-Tourism).[163] *Presenza et al.* (2006) betrachten das Webmarketing daher als die wichtigste Komponente der Destinationswerbung, da es ein effektiver und effizienter Weg ist, den verschiedenen Stakeholdergruppen Informationen zu übermitteln.[164]

Die effektivste Methode, die Vorzüge einer Destination zu vermitteln ist der persönliche Verkauf der Destination. Aus Effektivitäts- und Effizienzgründen wird dies hauptsächlich auf Reisemessen durchgeführt. Vor allem Destinationen mit kleineren Budgets bevorzugen diese Pushstrategie, da sie kostengünstiger sind als an den Verbraucher gerichtete Werbung.[165] Häufig wird die Destination auch über Call Center sowie die Touristinformation vor Ort direkt vertrieben.[166] Für Großhändler wie Reiseveranstalter oder Airlines werden spezielle Veranstaltungen in der Destination durchgeführt, auf denen diese Entscheidungsträger die Destination kennen lernen können, um sie später in ihr Programm aufzunehmen.[167]

2.2.2.4.3 Public Relations

In einem engen Zusammenhang mit der Destinationspromotion stehen Aktivitäten im Rahmen der Public Relations. Während unter Werbung „… any paid form of nonpersonal presen-

---

[161] vgl. Pike, 2004, S. 92
[162] vgl. Morgan, 2000, S. 345
[163] vgl. http://www.ifitt.org. abgerufen am 23. März 2006
[164] vgl. Presenza et al., 2006. Im Gegensatz dazu sehen *Morgan/Pritchard* (1998) Broschüren und Kataloge als den am weitesten verbreiteten Werbeträger, der für die DMOs gleichzeitig den größten Kostenfaktor darstellt. (vgl. Morgan/Pritchard, 1998)
[165] vgl. Pearce et al., 1998
[166] vgl. Dore/Crouch, 2003, S. 138
[167] vgl. Pike, 2004, S. 149

tation and promotion of a company's offerings by an identifiable sponsor"[168] verstanden wird, ist Public Relations der Aufbau eines postiven Unternehmensimages "... with a firm's publics though publicity, relations with the news media, and community events"[169].

In den meisten Fällen gelangt die Destination ohne einen direkten Zusammenhang mit dem Tourismus durch Nachrichten der verschiedensten Form in die Öffentlichkeit, die den Tourismus dennoch stark beeinflussen können. Daher versuchen Destinationsmanager diese zufällige Präsenz in der Öffentlichkeit derart zu beeinflussen, dass ein positives Licht auf die Destination geworfen und die Stadt bzw. Region von (potentiellen) Gästen als Urlaubsort in Betracht gezogen wird.

Die wegen ihrer Kosteneffizienz dafür am häufigsten angewandte Methode ist die Einladung von Journalisten in die Destination.[170] Destinationsmanager erhoffen sich damit eine positive Berichterstattung von lokalen Veranstaltungen oder interesseweckende Artikel in Reisemagazinen. Obwohl die Einladung von Journalisten als eine sehr kosteneffektive Maßnahme betrachtet wird, stellen manche Destinationsmanager deren qualitative und quantitative Ergebnisse in Frage.[171] Die Gründe hierfür liegen in der Ungewissheit über die Erwartungen der Journalisten, die Bereitstellung von Gegenleistungen sowie die mangelnde Kontrolle über die verfassten Artikel und das damit übermittelte Image der Destination.[172]

Neben der gefälligen Erwähnung einer Destination in Printmedien kann deren Erscheinen in Film und Fernsehen einen großen Einfluss auf die Entwicklung der Gästezahlen haben.[173] Aus diesem Grund fördern viele DMOs die Aufnahme der Destination in Filmen oder im Fernsehen.[174]

2.2.2.5 Eventorganisation

Die Beteiligung an der Organisation von Events stellt für DMOs einen wichtigen Aufgabenbereich dar, der sich durch eine Reihe von Faktoren rechtfertigen lässt. Events steigern die Bekanntheit der Destination und infolge dessen die Besucherzahlen und bilden ein Image der Destination. Dabei spielt es keine Rolle, ob die Veranstaltung an NPOs vergeben wird, die die Organisation übernehmen, oder ob der Event ein Produkt der DMO selbst ist.[175] Das Ausmaß von Events reicht von Megaevents wie die Olympischen Spiele oder der Weltausstellung bis hin zu kleinen Veranstaltungen auf lokaler Ebene. Events gehören zu den am schnellsten

---

[168] Zeithaml/Bitner, 2000, S. 404
[169] Zeithaml/Bitner, 2000, S. 404; Siehe auch Abschnitt 2.2.2.4.1
[170] Dore/Crouch, 2003, S. 139
[171] vgl. Beirman, 2000, S. 148
[172] vgl. Dore/Crouch, 2003, S. 140
[173] vgl. Hudson/Ritchie, 2006; Kim/Richardson, 2003; Tooke/Baker, 1996
[174] vgl. Pike, 2004, S. 147
[175] vgl. Getz et al., 1998, S. 337

wachsenden Freizeitarten im Zusammenhang mit dem Tourismus bzw. dem Destinationsmanagement. Im Rahmen des Eventmanagements sind folgende Aufgaben abzudecken: „organizing and coordinating; leadership; planning, evaluating, and controlling; human resources (or staffing); financing; and marketing. Event management also includes the functions of programming and event production, which combine creativity with operational skills."[176]

2.2.2.6 Organisation der DMO

Neben der Organisation der Destination sowie der Koordination der touristischen Leistungsersteller und der Gäste müssen sich Destinationsmanager um die reibungslosen und erfolgreichen Abläufe in ihrem eigenen Unternehmen kümmern. Die Struktur der DMOs und damit auch die internen Managementaufgaben unterscheiden sich von Destination zu Destination in Abhängigkeit des Destinationscharakters, ihrer Leistungsqualität sowie ihrer Finanzierungsart.[177] Vor allem im deutschsprachigen Raum, der gleichzeitig den Untersuchungsraum dieser Arbeit darstellt, sind DMOs größtenteils keine unabhängigen Unternehmen sondern vielmehr Teil der Stadtverwaltung und unterliegen damit deren Weisungen. Dennoch gibt es hier wie auch in anderen touristischen Regionen auf der Welt eine Tendenz zur Gründung von Public-Private-Partnerships. Diese sollen gewährleisten, dass die Destinationsmarketingaktivitäten durch die Tourismusindustrie angetrieben, jedoch gleichzeitig von öffentlichen Geldern (teil-) finanziert werden. In diesem Fall repräsentiert die Geschäftsführung der DMO die Tourismusindustrie und berichtet an einen Vertreter der jeweiligen Verwaltungseinheit.[178]

Wie in anderen Branchen auch, stellt sich die Frage, ob das Ziel der DMO, die Wettbewerbsfähigkeit der Destination zu steigern, erreicht werden kann, indem eine Strategie aus der Organisationsstruktur der DMO abgeleitet wird, oder ob sich die Organisation an einer innovativen Strategie ausrichten soll.[179] Im Hinblick auf die zweite Alternative weist *Pike* (2004) darauf hin, dass jede Umstrukturierung von Organisationen eine Herausforderung darstellt, die bei DMOs durch die zusätzlichen Faktoren örtliche Tourismusindustrie sowie Lokalpolitik noch erschwert wird. Daher wird der eher pragmatische Weg vorgeschlagen, die Strategie an die bestehende Struktur anzupassen.[180]

Gartrell (1988) schlägt für eine effektive Erreichung der Destinationsziele eine Aufteilung der DMO in drei Abteilungen vor: Verkauf und Marketing, interne Abläufe und Verwaltung sowie Kommunikation. Die erste Abteilung trägt die Verantwortung „… for identifying potential clients; qualifying their trades show, convention or meeting requirements; issuing bids and invitations; obtaining a commitment to host their trade show, convention or meeting; and

---

[176] Getz, 2005, S. 11
[177] vgl. Gartell, 1988, S. 38
[178] vgl. Pike, 2004, S. 67. Siehe auch Gesellschafts- vs. Unternehmensmodell in Abschnitt 2.2.1.1.
[179] vgl. Galbraith/Lawler, 1993

following up with appropriate communications, that will support that client and assure him/her of the bureau's continued interest".[181]

Die Verwaltungsabteilung kümmert sich in finanzieller Hinsicht um die Buchhaltung, Einnahmequellen sowie den allgemeinen finanziellen Zustand der DMO. Darüber hinaus ist diese Abteilung für den Abschluss bzw. der Verlängerung von Verträgen mit touristischen Leistungsanbietern zuständig, was die Grundvoraussetzung für die Existenz für DMOs darstellt, deren Haupteinnahmequelle der Mitgliedsbeitrag bzw. die Fremdenverkehrsabgabe dieser Stakeholdergruppe ist. Dritter Aufgabenbereich dieser Abteilung umfasst das Informationsmanagement. Hierunter fallen die Beantwortung von Anfragen von außen, der Betrieb der Touristinformation sowie die Etablierung bzw. Pflege einer Informations- und Buchungsplattform im Internet oder über andere Medien.

Die Kommunikationsabteilung befasst sich hauptsächlich mit der Kommunikationspolitik der DMO. Das Leitmotiv des Marketings sowie das Destinationsimage müssen festgehalten und nach außen transportiert werden. Dies geschieht entweder über Veröffentlichungen in der Presse oder über Werbematerial, das von dieser Abteilung hergestellt wird. Zudem kommt der Kommunikationsabteilung die Aufgabe der Koordination von Events zu.[182]

---

[180] vgl. Pike, 2004, S. 39
[181] Gartrell, 1988, S. 42
[182] vgl. Gartrell, 1988, S. 42f

3 Wertschöpfungskonfigurationen bei Dienstleistungen

Der Unternehmenswert, seine Bestimmung und die weitreichenden Möglichkeiten, diesen zu steigern, stehen seit Jahren im Blickpunkt theoretischer Konzepte vor allem des strategischen Managements. Grundlage jedes langfristigen wirtschaftlichen Wertes ist ein hohes Maß an Wettbewerbsfähigkeit, welches auf unternehmerischen Ideen sowie deren erfolgreiche strategische und operative Umsetzung basiert. Als Zielgröße wird in diesem Zusammenhang allgemein die Wertschöpfung des Unternehmens betrachtet, die gewöhnlich als Differenz zwischen dem Wert der Abgabeleistung und den übernommenen Vorleistungen verstanden wird.[183]

Generell wird in der Betriebswirtschaft von Wertschöpfung gesprochen, wenn ein Unternehmen bestimmte „Faktoren zu Produkten oder Dienstleistungen kombiniert und das Ergebnis der Faktorkombination einen höheren Wert darstellt als die Summe der einzelnen Faktorwerte"[184]. Ohne Wertschöpfung ist keine nachhaltige Wertsteigerung möglich, weshalb die Wertschöpfung dem Unternehmenswert voraus geht.[185] Die Anordnung der wertschöpfenden Aktivitäten eines Unternehmens wird unter dem Begriff „Wertschöpfungskonfiguration" zusammengefasst. Sie liegt immer dann vor, wenn Faktoren zu Produkten oder Dienstleistungen transformiert werden und das Ergebnis dieser Transformation einen höheren Wert darstellt als die Summe der einzelnen Faktorwerte.[186] Die Wertschöpfungskonfiguration „…ist Gegenstand einer differenzierten Prozessanalyse. Wert entsteht aus prozessualer Sicht dadurch, dass die verschiedenen sachlogisch notwendigen Aktivitäten der Unternehmung und ihrer Partner auf ihre Werthaltigkeit hin überprüft, arbeitsteilig durchgeführt sowie wertsteigernd integriert und koordiniert werden."[187]

3.1 Abgrenzung Geschäftsmodell – Erlösmodell

Eine eingehende Betrachtung der verschiedenen Wertschöpfungskonfigurationen als Instrumente zur Erklärung und Gestaltung der betrieblichen Wertschöpfung erfordert zunächst eine genaue Abgrenzung der Begriffe Geschäftsmodell und Erlösmodell, wie sie von *Woratschek et al.* (2002) bei der Analyse von Wertschöpfungskonfigurationen im Internet bereits durchgeführt wurde.[188]

---

[183] vgl. Corsten, 1990, S. 920
[184] Schafmeister, 2004, S. 3
[185] vgl. Krüger, 2004, S. 59
[186] Die Wertschöpfung stellt nicht den Prozess, sondern das Resultat einer Aktivität dar. (vgl. Meyer-Merz, 1985, S. 432)
[187] Krüger, 2004, S. 60
[188] vgl. Woratschek et al., 2002

Mit dem Beginn der kommerziellen Nutzung des Internets wurde der Begriff Business Model bzw. Geschäftsmodell populär. Das **Geschäftsmodell** setzt sich aus der Darstellung der Produkt-, Service- und Informationsflüsse zusammen, die eine Beschreibung der verschiedenen Marktteilnehmer und deren Bedeutung, eine Erläuterung der potentiellen Vorteile für verschiedene Marktteilnehmer sowie eine Beschreibung der Einnahmequellen beinhaltet.[189] Das Geschäftsmodell soll mittels einer Beschreibung von Inhalt, Struktur und Steuerung der Transaktionen deutlich machen, wie Werte durch die Ausnutzung von Geschäftsmöglichkeiten geschaffen werden können.[190]

Das **Erlösmodell** stellt dagegen einen Teilbereich des Geschäftsmodells dar und verdeutlicht, wo Einnahmen im Unternehmen erzielt werden.[191] In Abgrenzung zu *Amit/Zott* (2001) Definition eines Geschäftsmodells, das die Aktivitäten zur Erreichung der gegebenen Grundfunktionen in den Vordergrund stellt, „A revenue model refers to the specific models in which a business model enables revenue generation"[192]. Im Fokus der Betrachtungen steht also die Realisation der Erlöse auf Grundlage der durchgeführten Aktivitäten sowie des Entstehungsortes. Ein Geschäftsmodell kann folglich verschiedene Erlösquellen haben und somit mit unterschiedlichen Erlösquellen kombiniert werden.[193]

Eine Deckungsgleichheit von Wertschöpfung und Erlösgenerierung muss nicht zwangläufig gegeben sein. Das Geschäftsmodell veranschaulicht jene Aufgaben eines Unternehmens, im Rahmen derer Werte geschöpft werden. Die Aktivitäten werden bezüglich ihres Inhalts, ihrer Struktur und iherer Steuerung genauer gekennzeichnet. Der Inhalt der Aktivitäten bezieht sich auf die wesentliche Funktion des Unternehmens, auf deren Erfüllung die Strukturierung sowie die Koordination der Aktivitäten auszurichten ist.[194] Das Erlösmodell konzentriert sich dagegen auf die Bereiche, in denen Erlöse generiert werden. Die Trennung von Geschäfts- und Erlösmodell ist erforderlich, um zunächst die Struktur der Aktivitäten sowie deren Bedeutung für die betriebliche Wertschöpfung abzuleiten.[195] Eine ausschließliche Betrachtung der Erlösquellen bzw. die Art der Erlöserzielung kann folglich nicht als Grundlage für die Differenzierung von Geschäftsmodellen ausreichen. Stattdessen ist das Erlösmodell als Konkretisierung des Geschäftsmodells zu betrachten, die erhebliche Rückwirkungen auf das Geschäftsmodell entfalten kann. Dies liegt in der Tatsache begründet, dass die Durchführung von Aktivitäten das Generieren von Erlösen zum Hintergrund hat.[196]

---

[189] vgl. Timmers, 1999, S. 32
[190] vgl. Amit/Zott, 2001, S. 511
[191] vgl. Stähler, 2001, S. 41ff
[192] Amit/Zott, 2001, S. 515
[193] vgl. Woratschek, 2004b, S. 10
[194] vgl. Woratschek et al., 2002, S. 58
[195] vgl. Schafmeister, 2004
[196] vgl. Woratschek et al., 2002, S. 58

Auf eine genauere Betrachtung der Erlösmodelle wird an dieser Stelle verzichtet, da ihre Ausgestaltung sehr individuell erfolgen sollte und erst durchgeführt werden kann, wenn die grundlegende Wertschöpfungskonfiguration für den betreffenden Betrieb identifiziert und beschrieben ist.[197] Im Folgenden sollen eine Reihe von Wertschöpfungskonfigurationen vorgestellt werden, aus welchen die geeignete für DMOs ausgewählt wird.

3.2 Spezielle Wertschöpfungsmodelle

Zunächst soll die weithin bekannte **Wertkette** nach *Porter* (1985) kurz angesprochen werden. Diese für die industrielle Produktion entworfene Konfiguration ist jedoch auf eine Reihe anderer Bereiche nicht anwendbar.[198] Als Konsequenz auf diesen Mangel brachten *Stabell/Fjeldstad* (1998) den **Wertshop** und das **Wertnetz** in die Diskussion ein. Auf der Basis der genannten Wertschöpfungskonfigurationen entwickelten *Flagestad/Hope* (2001) eine spezielle Konfiguration für Wintersportdestinationen, den **Wertfächer**.

3.2.1 Die Wertkette

Zum wesentlichen Darstellungs- bzw. Analyseelement für das strategische Management hat sich die Wertkette nach *Porter* (1985) durchgesetzt.[199] Die Wertkettenanalyse beschreibt ein Vorgehen, bei dem ein Unternehmen in strategisch relevante Aktivitäten zerlegt und deren Einfluss auf die Kosten sowie die Wertschöpfung untersucht wird.[200] Das Wertkettenkonzept beruht auf der Überlegung, dass Wettbewerbsvorteile nicht nur aus dem Endprodukt, sondern aus allen erforderlichen Aktivitäten entstehen können, die im Zusammenhang mit der Erstellung und Vermarktung des Endprodukts stehen. Dabei gliedert die Wertkette den Leistungserstellungsprozess in strategisch bedeutsame Aktivitäten („Wertaktivitäten") nach dem physischen Durchlaufprinzip (vgl. Abbildung 2).[201]

---

[197] vgl. Skiera/Lambrecht, 2000, S. 813 ff
[198] vgl. z.B. Woratschek, 2004b, S. 19
[199] vgl. Porter, 1985
[200] Porter legt bei der Zerlegung der Aktivitäten drei Richtlinien nahe. So sollten Aktivitäten separiert werden, die auf unterschiedliche Rechnung erbracht werden, die als Aktivität dem Unternehmen ein Differenzierungspotential verschaffen oder die einen erheblichen Anteil der Kosten auf sich vereinen. (vgl. Porter, 1985)
[201] vgl. Fantapié Altobelli/Bouncken, 1998, S. 283

Abbildung 2: Wertkette
Quelle: Porter, 1985, S. 37

Die Wertkette unterscheidet primäre Aktivitäten, die die physische Herstellung und Vermarktung des Endprodukts umfassen, und unterstützende Aktivitäten, durch die die erforderlichen Inputfaktoren bereitgestellt oder infrastrukturelle Bedingungen zur reibungslosen Abwicklung der primären Aktivitäten geschaffen werden. Die primären Aktivitäten gliedern sich in die Eingangslogistik (Empfang, Lagerung und Distribution von Betriebsmitteln für das Produkt), Operationen (Umwandlung des Inputs in die endgültige Produktform), Marketing und Vertrieb, Ausgangslogistik (Sammlung, Lagerung und Distribution der Endprodukte an die Abnehmer) sowie Kundendienst bzw. After-Sales-Services.

Zu den unterstützenden Aktivitäten gehören die Beschaffung (Aktivitäten im Zusammenhang mit dem Einkauf der in der Wertkette verwendeten Inputs), Technologieentwicklung (Aktivitäten im Zusammenhang mit der Produkt- und Verfahrensverbesserung), Personalwirtschaft (Rekrutierung, Einstellung, Ausbildung und Vergütung von Mitarbeitern) sowie Unternehmensinfrastruktur (Geschäftsführung, Planung, Rechnungswesen etc., d.h. solche übergreifenden Aktivitäten, die die Wertkette als Ganzes betreffen).[202]

Charakteristisch für die Wertkette ist ihre Prozessorientierung, nach der die einzelnen Wertaktivitäten nicht mit den jeweiligen institutionalisierten Funktionsabteilungen deckungsgleich sind, sondern alle Teilaktivitäten im Zusammenhang mit einer betrieblichen Basisfunktion beinhalten. Dies ermöglicht dem Unternehmensmanagement eine grundlegende Analyse der relativen Kostenposition sowie eine Analyse von Differenzierungsvorteilen. Im Zuge der Kostenanalyse sollen die Kosten der einzelnen Wertaktivitäten sowie deren Verknüpfungen innerhalb der Wertkette erfasst und untersucht werden. Die Analyse von Differenzierungsvorteilen soll aufdecken, ob und inwieweit einzelne Wertaktivitäten zur Differenzierung beitragen, welche Quellen der Differenzierung von Bedeutung sind und welche Einflussgrößen jeweils wirksam werden. Darüber hinaus ist zu analysieren, welche Kosten der Differen-

---

[202] vgl. Porter, 1989, S. 65ff

zierung mit jeder Wertaktivität verbunden sind und durch welche Kostenantriebskräfte diese beeinflusst werden.[203]

Eine Weiterentwicklung erfuhr die Wertkette durch *Fantapié Altobelli/Bouncken* (1998), die das Analyseinstrument an die Besonderheiten von Dienstleistungsunternehmen anpassten.[204] Im Gegensatz zur Sachgüterproduktion schließt der Produzent einer Dienstleistung den Kunden mit in die Leistungserstellung ein, weshalb der externe Faktor in die Wertkette zu integrieren ist. Der Vertragsabschluss bei Dienstleistungen findet vor der Produktion und dem Konsum statt, die simultan ablaufen. Damit ist auf der Wertkette für Dienstleistungsunternehmen Marketing und Vertrieb (Akquisition) noch vor der Eingangslogistik anzusiedeln.

Unterstützende Aktivitäten	Unternehmensinfrastruktur				G E W I N N S P A N N E
	Personalmanagement				
	Technologieentwicklung				
	Beschaffung				
Primäre Aktivitäten	Akquisition	Eingangslogistik	Kontaktphase	Nachkaufpflege	

Abbildung 3: Wertkette für Dienstleistungsunternehmen
Quelle: Fantapié Altobelli/Bouncken, 1998, S. 289

Trotz der Berücksichtigung dienstleistungsspezifischer Eigenschaften für Dienstleistungsunternehmen weist die Wertkette als Basis einer universellen Typologie von Wertschöpfungskonfigurationen einige Mängel auf.[205] So schaffen Unternehmen zunehmend durch Netzwerke oder durch die Bereitstellung von wissensbasierten Lösungen Werte für ihre Kunden.[206] Die Zuordnung der Aktivitäten solcher Dienstleistungsunternehmen zu den einzelnen Primäraktivitäten auf der Wertkette stellt sich folglich als problematisch dar, so dass die resultierende Wertkette die werttreibenden Faktoren eher verdeckt als darstellt.[207] Um diese zu untersuchen, ist eine genauere Differenzierung der einzelnen Leistungserstellungen insbesondere von Dienstleistungen nötig.

---

[203] vgl. Fantapié Altobelli/Bouncken, 1998, S. 283ff.
[204] vgl. Fantapié Altobelli/Bouncken, 1998
[205] vgl. Woratschek et al., 2002, S. 59
[206] vgl. Fjeldstad/Haanæs, 2001, S. 1
[207] vgl. Stabell/Fjeldstad, 1998, S. 415

In der Literatur wird zwar von einer klaren Abgrenzung zwischen Dienstleistungen und Sachleistungen häufig abgesehen, dennoch lassen sich viele Dienstleistungen anhand der charakteristischen Merkmale Immaterialität, Heterogenität, Simultanität von Produktion und Konsum, Integrativität sowie Vergänglichkeit beschreiben.[208] Diese Elemente begründen neue Wertschöpfungskonfigurationen, die zunehmend an Bedeutung gewinnen und deren Realisierung teilweise völlig neue oder wenigstens grundlegend andere Formen von Wertschöpfungsaktivitäten verlangt.[209] Eine Reihe von Anforderungen von Dienstleistungen fand bereits in der Wertkette für Dienstleistungsunternehmen Berücksichtigung (vgl. Abbildung 3). So hat die Integrativität der Dienstleistungen zur Folge, dass der Kunde in den Produktionsprozess einbezogen wird, wodurch er als externer Faktor in der Darstellung der Wertschöpfungskonfiguration berücksichtigt werden muss.[210] Die Produktion und der Konsum der Leistung erfolgen simultan, weshalb der Absatz der Produktion vorgelagert ist.[211] Daher ist auch die Eingangslogistik eng mit der eigentlichen Leistungserstellung verbunden, da bei vielen Dienstleistungen die Inputfaktoren unmittelbar in die Operationen eingehen und folglich der Lageranteil sehr gering ist.[212]

Auch der Ablauf der einzelnen Aktivitäten unterscheidet sich zum Teil ganz erheblich vom produzierenden Gewerbe. Die sequentielle Abfolge der primären Aktivitäten wie sie in der Wertkette dargestellt wird, kann nur bei sehr standardisierten Dienstleistungen wie z.B. Hotels oder Fluggesellschaften nachvollzogen werden. Individuelle Dienstleistungen folgen anderen Wertschöpfungsabläufen, wie sie zum Beispiel von *Stabell/Fjeldstad* (1998) entwickelt wurden. In Anlehnung an *Thompsons* (1967) Einteilung der Aktivitätenkombinationen in „long-linked", intensive und vermittelnde Technologien[213] entwickelten die Autoren zusätzlich zur Wertkette den Wertshop und das Wertnetzwerk als generische Konfigurationen von Unternehmensaktivitäten. Der Wertshop („intensive technology") stellt die Problemlösungsfunktion eines Unternehmens dar und unterscheidet sich vom Wertnetzwerk („mediating technology"), das die unternehmerische Intermediationsfunktion darstellt.

3.2.2 Der Wertshop

Wertshops unterscheiden sich von der Wertkette primär durch ihre Wertschöpfungslogik. Sie treten als Problemlöser für ihre Kunden auf. Dazu werden die Probleme der Kunden aufgegriffen, analysiert und im Rahmen der Leistungserstellung gelöst. Anders als bei der Wertkette, bei der eine festgelegte Abfolge von Aktivitäten die Herstellung eines standardisierten Produkts in großen Mengen ermöglicht, werden beim Wertshop die zeitliche Abfolge der

---

[208] vgl. Fitzgerald/Moon, 1996, S. 7; Engelhardt et al., 1993
[209] vgl. Woratschek et al., 2002, S. 57
[210] vgl. Meffert/Bruhn, 1995, S. 137
[211] vgl. Maleri, 1991, S. 71ff
[212] vgl. Fantapié Altobelli/Bouncken, 1998, S. 287
[213] vgl. Thompson, 1967

Aktivitäten sowie die Ressourcen entsprechend dem Bedarf des zu lösenden Kundenproblems festgelegt bzw. eingesetzt. Die Wertschöpfung erfolgt technologieintensiv, was andeuten soll, dass eine Vielzahl verschiedener Technologien die Zustandsänderung der „problembehafteten" Person bzw. des „problembehafteten" Objekts bewirken soll. Die konkrete Auswahl, Kombination sowie Reihenfolge des Einsatzes erfolgt in Absprache mit dem Kunden.[214] Daher ist die Intensität der Unternehmensaktivitäten eng an das Problem bzw. die Lösungswünsche des Kunden gekoppelt.[215]

Bereits an dieser Stelle wird die sehr ausgeprägte Integrativität deutlich, aufgrund derer *Stabell/Fjeldstad* (1998) die Metapher „Wertshop" wählten. Zum einen wird die Zusammenführung und Abstimmung des Problems mit den Ressourcen verdeutlicht, die das Problem lösen sollen. Zum anderen zeigt sich, dass technologieintensive Unternehmen die räumliche Nähe zu der Person bzw. dem Objekt suchen, an der/dem das Problem beseitigt werden soll. Durch diese Zusammenführung können die Leistung verbessert und die Kosten reduziert werden. Als Beispiel können Patienten in Krankenhäusern, Studenten in Universitäten oder Berater in den zu beratenden Unternehmen genannt werden.

Die in Abbildung 4 dargestellte Anordnung der primären Aktivitäten drückt die grundlegende Logik eines Problemlösungsprozesses aus. Sie ist jedoch nicht als striktes Ablaufdiagramm zu verstehen, sondern als Pool von Problemlösungsaktivitäten. Allgemein beginnt die Wertschöpfung mit der Akquisition, die im Zuge der Problemdefinition für den Kunden durchgeführt wird. Sie beinhaltet alle Aktivitäten, die mit der Aufzeichnung, der Begutachtung sowie der genauen Formulierung des Problems im Zusammenhang stehen. Überdies wird eine grobe Vorgehensweise für die Lösung des Problems festgelegt.[216] Dabei kommt es während der Vertragsanbahnung und Vertragsgestaltung zu Aktivitäten des Screening[217] und Signaling[218], die zu einem Abbau der Informationsasymmetrie zwischen Wertshopbetreiber sowie Kunden führen.[219] Hier besteht ein enger Zusammenhang zur Primäraktivität „Marketing" auf der Wertkette.[220]

---

[214] vgl. Thompson, 1967, S. 17
[215] vgl. Stabell/Fjeldstad, 1998, S. 420
[216] vgl. Stabell/Fjeldstad, 1998, S. 423
[217] In der informationsökonomischen Literatur umfasst der Begriff **Screening** Aktivitäten, die mit der Informationsbeschaffung der relativ schlechter informierten Marktseite im Zusammenhang stehen. (vgl. Roth, 2001, S. 49)
[218] Das **Signaling** kann als umgekehrte Sichtweise des Screening betrachtet werden, bei der die besser informierte Marktseite aktive Informationen übermittelt. (vgl. Roth, 2001, S. 50)
[219] vgl. Woratschek et al., 2002, S. 61
[220] vgl. Stabell/Fjeldstad, 1998, S. 424

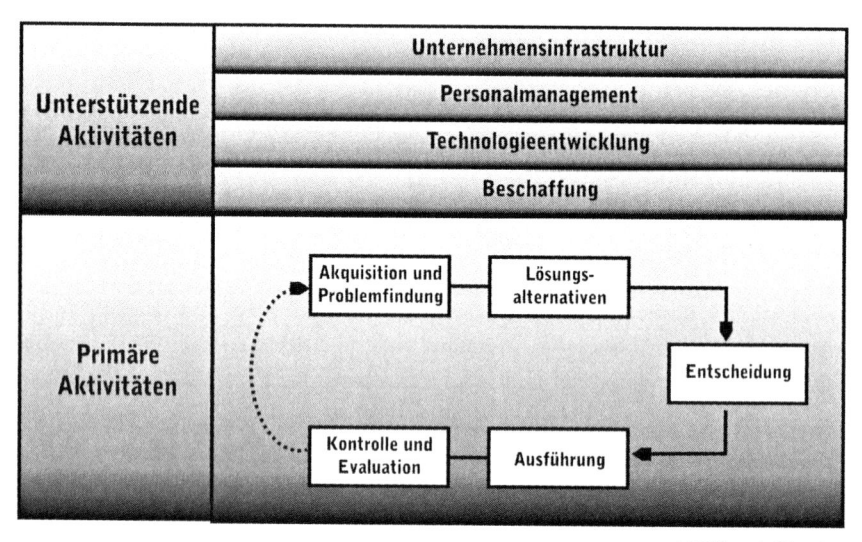

Abbildung 4: Wertshop
Quelle: in Anlehnung an Stabell/Fjeldstad, 1998

Der nächste Wertschöpfungsschritt umfasst die Problemfindung. Häufig treten die Kunden mit bestimmten Symptomen an einen Wertshop heran, ohne die eigentliche Ursache für den ungewünschten Zustand zu kennen. Es ist in diesem Fall die Aufgabe des Unternehmens, die Ursache für diesen Zustand zu ergründen und eine Diagnose zu stellen. Darüber hinaus werden in diesem Schritt Kriterien für die Erreichung und die Qualität der Lösung bestimmt. Dies erfordert einerseits ein entsprechendes Fachwissen der Mitarbeiter, die eine tragende Rolle bei Wertshops spielen, um den Anforderungen der Kunden gerecht zu werden. Andererseits muss das Unternehmen über die nötigen Technologien verfügen, um die Ursache für das Problem aufdecken zu können. Ein Krankenhaus muss zum Beispiel zur Diagnose eines Beinbruchs über ein Röntgengerät verfügen, um eine Röntgenaufnahme des verletzten Beins machen zu können, sowie einen Arzt beschäftigen, der diese Aufnahme deuten kann. Dies verdeutlicht die hohe Fixkostenlastigkeit von Wertshops, die sowohl qualifizierte Mitarbeiter als auch die neuesten Technologien vorhalten müssen, um wettbewerbsfähig zu sein und zu bleiben. Im Vergleich zu Kostentreibern kommt Werttreibern bei Wertshops eine größere Bedeutung zu, da der Preis eine untergeordnete Rolle spielt, wenn den Kunden eine Lösung für ihre Probleme in Aussicht gestellt wird.[221]

Die nächsten drei primären Aktivitäten umfassen die Ausarbeitung und Präsentation von Lösungsalternativen, die Abschätzung von Handlungsalternativen sowie die Entscheidung für eine Lösungsalternative. Letzterer kommt von Kostenseite eine sehr geringe Bedeutung zu, da sie mit geringem zeitlichem und organisatorischem Aufwand getroffen werden kann. Für den

---

[221] vgl. Stabell/Fjeldstad, 1998, S. 426

weiteren Verlauf der Problemlösung repräsentiert sie jedoch eine Weichenstellung, da sie die Schnittstelle zwischen einzelnen Fachgebieten darstellt. Eine Handlungsalternative kann z.b. darin bestehen, die Problemlösung an einen anderen Wertshop weiterzugeben, wie es zum Beispiel ein Krankenhaus durchführt, das einen Patienten an eine Spezialklinik überweist, wenn die eigene Ausrüstung oder die eigenen Kompetenzen nicht ausreichen, eine Heilung beim Patienten zu erzielen. Im Rahmen der Ausführung ist die getroffene Entscheidung dem Kunden mitzuteilen. Anschließend sind die erforderlichen Handlungen zu koordinieren sowie zu implementieren. Abschließend werden die Auswirkungen der Maßnahmen kontrolliert und evaluiert, was ein wiederholtes Durchlaufen des gesamten Problemlösungszyklus oder die erneute Durchführung einzelner Aktivitäten zur Folge haben kann.

An dieser Stelle wird neben den sich inhaltlich divergierenden primären Aktivitäten ein weiterer Unterschied zur Wertkette deutlich. Während die Transformation von Produktionsfaktoren in Güter und Dienstleistungen einer sequentiellen Abfolge der primären Aktivitäten folgt, verlaufen Problemlösungsprozesse in der Regel zyklisch, iterativ und unstetig.[222] Die verschiedenen Aktivitäten werden mehrfach durchlaufen, da aufgrund neuer Informationen neue Lösungsvorschläge in Betracht kommen, die mit den Kunden erörtert werden und möglicherweise eine Reformulierung des Problems zur Folge haben.[223] Der spiralförmige Ablauf der Aktivitäten kommt erst dann zu einem Ende, wenn ein für den Kunden zufrieden stellendes Ergebnis vorliegt. Mit diesem Ergebnis beeinflusst der Wertshop die eigene Reputation, die besonders bei problemlösenden Unternehmen als Inputgröße einen strategischen Wettbewerbsvorteil darstellt.[224]

3.2.3 Das Wertnetzwerk

Die wertschaffende Aktivität von Wertnetzwerken ist die Herstellung von Verbindungen oder Kontakten zwischen ihren Kunden, die selbst unabhängig bleiben möchten. Damit basieren Wertnetzwerke auf der „mediating technology"[225] und sind auf die Erfüllung einer Intermediationsfunktion ausgerichtet.[226] Sie erleichtern die Austauschbeziehungen zwischen den Netzwerkteilnehmern, die durch Zeit oder Raum voneinander getrennt sind. *Stabell/Fjeldstad* (1998) betonen hierbei, dass das Unternehmen nicht das Netzwerk selbst ist, sondern die Netzwerkleistung bereithält. Alle Teilnehmer am Netzwerk sind die Kunden des Netzwerkbetreibers, solange sie den Kontakt untereinander über das Netzwerk aufrechterhalten.[227]

---

[222] vgl. Stabell/Fjeldstad, 1998, S. 422
[223] vgl. Woratschek et al., 2002, S. 60
[224] vgl. z.B. Podnar, 2004, S. 376; Walsh/Wiedmann, 2004, S. 304
[225] vgl. Thompson, 1967
[226] vgl. Woratschek et al., 2002, S. 61
[227] vgl. Fjeldstad/Haanæs, 2001, S. 4. Eine Bank betrachtet beispielsweise einen Sparer genauso wie einen Kreditnehmer als Kunden und nicht als Anbieter und Nachfrager von Geld. (vgl. Woratschek et al., 2006, S. 266)

Die Kontakte können dabei ausschließlich auf Informationen basieren, Kontrakte zwischen den Beteiligten herbeiführen oder in der Übernahme von Distributionsfunktionen bestehen.[228] Folglich kann die Verknüpfung entweder direkt geschehen, wie es zum Beispiel bei Telefongesellschaften der Fall ist, die zwei oder mehr Teilnehmer in einem Telefonat miteinander verbinden, oder indirekt, wie bei einer Bank. Hier sind die einzelnen Kunden nicht direkt miteinander verbunden, dennoch besteht ein indirekter Kontakt durch z.B. einen Pool von Anlagefonds.[229]

Charakteristisch für die Struktur des Wertnetzwerks ist es, dass die primären Aktivitäten zwar auf drei Ebenen zusammengefasst werden können, ihre Durchführung jedoch in der Regel simultan erfolgt (vgl. Abbildung 5). Die primären Aktivitäten setzen sich zusammen aus der Netzwerkpromotion bzw. dem Vertragsmanagement, den Netzwerkservices sowie der Netzwerkinfrastruktur. Die Netzwerkpromotion umfasst alle Aktivitäten, die mit der Vermarktung des Netzwerks an potentielle Mitglieder, der Auswahl der Teilnehmer am Netzwerk sowie der Anbahnung, dem Management und der Beendigung von Verträgen in Zusammenhang stehen. Im Rahmen der Vertragsgestaltung werden die Konditionen für die Bereitstellung der Netzwerkleistung sowie die Konditionen für die Abrechnung festgelegt.

Die Netzwerkservices beinhalten die eigentliche Leistungserstellung, die sich im Aufbau, der Aufrechterhaltung sowie der Beendigung von Verbindungen zwischen Netzwerkpartnern sowie der Abrechnung der zur Verfügung gestellten Leistung widerspiegelt. Letztere setzt eine Berechnung des Umfangs der Netzwerknutzung durch den Kunden voraus.

Die Netzwerkinfrastruktur umfasst alle Aktivitäten, die im Zusammenhang mit der Aufrechterhaltung und der Unterhaltung der physischen oder informellen Infrastruktur stehen. Die speziellen Aufgaben dieser primären Aktivität hängen daher stark von der Beschaffenheit der Infrastruktur ab.[230] Diese muss nicht unbedingt durch ein physisches Netzwerk gekennzeichnet sein, wie es zum Beispiel bei Telefongesellschaften oder Computernetzwerken der Fall ist.[231] Die Netzwerkbildung kann sich auch durch den Aufbau von Kontakten und Beziehungen manifestieren.[232]

---

[228] vgl. Woratschek et al, 2002, S. 61
[229] vgl. Stabell/Fjeldstad, 1998, S. 427
[230] vgl. Stabell/Fjeldstad, 1998, S. 429
[231] Bei Speditions- und Logistikunternehmen umfasst die Netzwerkinfrastruktur beispielsweise die Fahrzeuge sowie die Lagerhäuser.
[232] vgl. Woratschek et al., 2002, S. 69

	Unternehmensinfrastruktur
Unterstützende Aktivitäten	Personalmanagement
	Technologieentwicklung
	Beschaffung

Primäre Aktivitäten: Netzwerkpromotion, Netzwerkservices, Netzwerkinfrastruktur

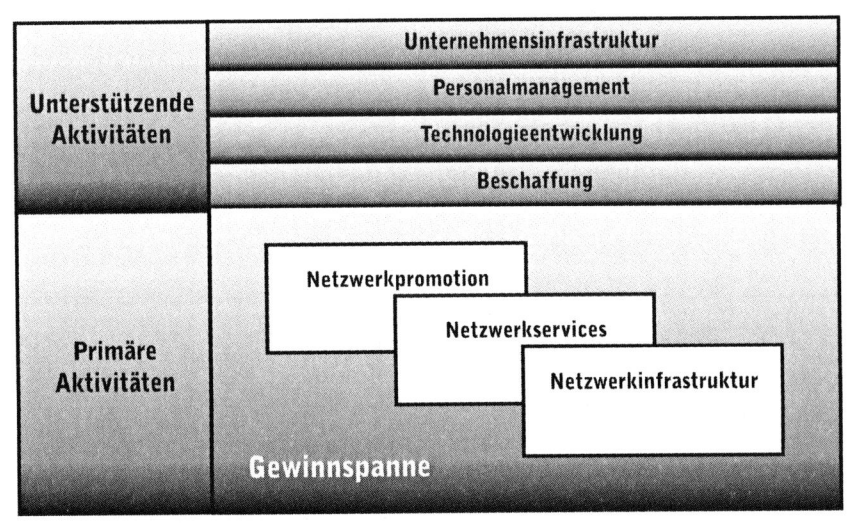

Gewinnspanne

Abbildung 5: Wertnetzwerk
Quelle: in Anlehnung an *Stabell/Fjeldstad*, 1998, S. 430

Ein grundlegendes Merkmal von Netzwerken ist die Erzeugung von Netzeffekten[233], die den Nutzen der Netzwerkteilnehmer in Abhängigkeit von ihrer Anzahl und Zusammensetzung steigern.[234] Der Begriff „Netzwerk" verdeutlicht, dass die Anordnung bzw. das Netz von Mitgliedern, die miteinander verbunden sind, einen kritischen Bestimmungsfaktor für den durch das Netzwerk generierten Wert für die Kunden darstellen, da die anderen Kunden des Betreibers bzw. die übrigen Mitglieder der Hauptteil des eigentlichen Produkts sind.[235] Der Wert für den Kunden wird nicht nur durch die tatsächliche Kontaktherstellung geschaffen, sondern auch durch die Möglichkeit, mit anderen Netzwerkmitgliedern in Kontakt treten zu können.[236]

Übergeordnetes Ziel der Netzwerkbetreiber ist es daher, die Größe des Netzwerks zu kontrollieren, d.h. in geeignetem Umfang zu vergrößern und möglicherweise den Zugang zu beschränken, um eine positive Selektion der Netzwerkteilnehmer durchzuführen.[237] Große Bedeutung kommt zudem der Schaffung von Anreiz- und Kontrollmechanismen zu, die geeignet sind, das Verhalten der Netzwerkteilnehmer auf das gemeinsame Ziel hin zu koordinieren.[238] In ihrer Rolle als Vermittler können Netzwerkbetreiber somit als eine Art Clubmanager verstanden werden, die Mitgliedern, welche sich gegenseitig ergänzen, den Zutritt zum Netzwerk

---

[233] Man bezeichnet den Wert, der durch den Konsum des gleichen Gutes auch durch andere Individuen entsteht, im Allgemeinen als Netznutzen oder Netzeffekt (vgl. Wiese, 1990, S. 2).
[234] vgl. Shapiro/Varian, 1999
[235] vgl. Stabell/Fjeldstad, 1998, S. 427; Fjeldstad/Haanæs (2001) sprechen von „`winner-take-all` situations through bandwagon effects", vgl. Fjeldstad/Haanæs, 2001, S. 4
[236] vgl. Woratschek et al., 2006, S. 266
[237] vgl. Woratschek et al., 2002, S. 66
[238] vgl. Woratschek et al., 2003, S. 261

erlauben, Beziehungen herstellen, überwachen und in speziellen Fällen den Zutritt verweigern bzw. die Mitgliedschaft beenden.[239]

Das ökonomische Ziel der Betreiber von Wertnetzwerken besteht darin, die Erträge abzuschöpfen, die durch positive Netzwerkeffekte entstehen.[240] Dies ist beispielsweise dann der Fall, wenn die Teilnahme eines neuen Mitglieds am Netzwerk den Wert des gesamten Netzwerks für alle Mitglieder erhöht.[241] Die Verknüpfung der Netzwerkpartner und damit die Wertschöpfung entstehen durch die Organisation und die Ermöglichung eines Austauschs zwischen den Teilnehmern.[242]

3.2.4 Der Wertfächer

In Anlehnung an *Stabell/Fjeldstads* (1998) Kritik an der Wertkette und auf der Basis der Terminologie von *Porters* Einteilung in primäre und unterstützende Aktivitäten entwickelten *Flagstad/Hope* (2001) eine Wertschöpfungskonfiguration speziell für Wintersportdestinationen. Die beiden Autoren vertreten die Ansicht, dass sich der Wertschöpfungsprozess einer Destination durch die Wertkette nur mangelhaft darstellen lässt, da der Leistungserstellungsprozess des Produkts „Destination" nicht sequenziell abläuft. Der Kundenwert wird durch eine Ansammlung unterschiedlicher Leistungen verschiedener Dienstleistungsunternehmen geschaffen. Diese werden als Fächer dargestellt, woraus sich der Name des Ansatzes ableitet. Die primären Aktivitäten umfassen jene Tätigkeiten, die mit der Erstellung des eigentlichen Urlaubs- bzw. Destinationsprodukts im Zusammenhang stehen und daher den Werttransfer auf den Kunden repräsentieren. Die Aktivitäten werden von unterschiedlichen Leistungserstellern durchgeführt, die jeweils über eine eigene Wertschöpfung verfügen. Sie sind gleichzeitig Teil des Wertsystems der Destination und durch externe Effekte mit den übrigen Leistungserstellern verbunden.

Die unterstützenden Aktivitäten werden vorrangig von den Tourismusorganisationen der Destination durchgeführt. Sie umfassen

- die Zusammenstellung des Destinationsprodukts (Konfigurationsmanagement),
- das Umweltmanagement sowie die Planung der gesamten Destination,
- „collective services" (Informationsversorgung, Markenbildung, Marketing, Distribution etc.),
- die Verantwortung für die Infrastruktur der Destination sowie
- den komparativen Wettbewerbsvorteil.

---

[239] vgl. Stabell/Fjeldstad, 1998, S. 427
[240] vgl. Katz/Shapiro, 1985, S. 424
[241] vgl. Fjeldstad/Haanæs, 2001, S. 4
[242] vgl. Stabell/Fjeldstad, 1998, S. 427

Anhand der durchgeführten Zerlegung in primäre und unterstützende Aktivitäten entsteht ein Organisationsrahmen für Destinationen, der eine Aufteilung der Aktivitäten auf eine strategische bzw. eine operative Ebene nahe legt. Die **operative Ebene** umfasst alle privaten und öffentlichen Leistungsproduzenten, die an der Erstellung des eigentlichen Destinationsprodukts beteiligt sind (also die primären Aktivitäten) sowie jene Leistungseinheiten, die durch Wertschöpfung im natürlichen, sozialen und kulturellen Umfeld der Destination am Wert des Tourismusprodukts beteiligt sind. Die **strategische Ebene** beinhaltet neben der Organisation zwei Hauptziele: die Zusammenstellung des Tourismusprodukts sowie die nachhaltige Entwicklung der Destination.[243] Die Verantwortlichkeit dieser Ebene liegt folglich bei der DMO sowie bei der Tourismuspolitik.

Die Eignung des Wertfächers nach *Flagestad/Hope* (2001) zur Bestimmung des Unternehmenswerts der DMO sowie zur Analyse der Möglichkeiten, diesen zu steigern, muss jedoch in Frage gestellt werden. Der Hauptkritikpunkt liegt in der Tatsache begründet, dass die primären Aktivitäten im Rahmen des Wertfächers nicht von der DMO selbst, sondern von den lokalen touristischen Leistungserstellern erbracht werden und somit weitestgehend außerhalb des Einflussbereichs der DMO liegen. Die eigentlichen Aufgaben der DMO wie z.B. Marketing, Imagebildung, die Bereitstellung der touristischen Infrastruktur oder die Koordinationsfunktion finden sich in den unterstützenden Aktivitäten wider[244] und tragen damit nur indirekt zur Wertschöpfung des betrachteten Unternehmens bei. Positiv zu erwähnen ist, dass der Wertfächer einige Gemeinsamkeiten mit dem Wertnetzwerk nach *Stabell/Fjeldstad* (1998) aufweist, auf den im Zusammenhang mit DMOs im Folgenden nochmals eingegangen wird.

3.3 Mögliche Erscheinungsformen von Destinationen

3.3.1 Destinationen als Netzwerke

Wie bereits in Abschnitt 2.1 angesprochen, werden die Teilleistungen einer Destination von unterschiedlichen Leistungsproduzenten erbracht, die als eigentliches Netzwerk betrachtet werden können.[245] Aufgrund der klein- und mittelbetrieblichen Strukturen in weiten Teilen der touristischen Landkarte ist es für die Leistungsersteller in Destinationen schwierig, Skaleneffekte zu realisieren. Eine koordinierte Leistungserstellung im Rahmen eines Netzwerks von touristischen Leistungsproduzenten kann die Wertschöpfung steigern und einen strategischen Wettbewerbsvorteil für alle Netzwerkpartner begründen.[246]

---

[243] vgl. Flagestad/Hope, 2001, S. 456f
[244] vgl. Flagstad/Hope, 2001, S. 454
[245] vgl. Schräder, 2000
[246] vgl. Woratschek et al., 2003, S. 264. *Lakhal et al.* (1999) stellen fest, dass in einer globalisierten Welt nicht Unternehmen miteinander konkurrieren sondern Netzwerke. Damit hängt der Wettbewerbsvorteil eines Unternehmens stark vom Wettbewerbsvorteil des Netzwerks ab, zu dem es gehört. (vgl. Lakhal et al., 1999, S. 279)

Kooperationen stellen für SMTEs die Möglichkeit dar, zusammen mit den Netzwerkpartnern die eigene Marktposition durch die Bündelung von Ressourcen z.B. durch einen gemeinsamen Werbeauftritt zu verbessern.[247] Zentrale Motive zur Bildung von Kooperationen sind daher zum einen die Verknüpfung einzelner Aktivitäten auf der touristischen Dienstleistungskette, um zu Kostenvorteilen in Form von Skalen- und Lernkurveneffekten zu kommen.[248] Zum anderen das Ziel, Wissen mit den Partnern zu teilen, um in der Folge die eigene Wettbewerbsdynamik zu steigern.[249] Die Bandbreite von Kooperationen reicht von der zwischenbetrieblichen Kooperation in einer Destination bis hin zu betrieblichen funktionalen Kooperationen über Tourismusregionen hinweg.[250]

Den Ausgangspunkt dieser Betrachtung bildet die Definition von Unternehmensnetzwerken nach *Sydow* (1992): „Ein Unternehmensnetzwerk stellt eine auf die Realisierung von Wettbewerbsvorteilen zielende Organisationsform ökonomischer Aktivitäten dar, die sich durch komplex-reziproke, eher kooperativ denn kompetitive und relativ stabile Beziehungen zwischen rechtlich selbstständigen, wirtschaftlich jedoch zumeist abhängigen Unternehmungen auszeichnet."[251] Unternehmen, die sich zu einem Kooperationsverbund zusammenschließen, bilden ein Netzwerk und können damit als strategische Gruppe verstanden werden, deren Mitglieder an der Erarbeitung einer gemeinsamen Vision und Zielsetzung für die Gruppe mitwirken, zwar „getrennt marschieren", aber gemeinschaftlich dieselbe Wettbewerbsstrategie gegenüber allen anderen Konkurrenten außerhalb der Allianz verfolgen.[252]

Strategische Gruppen bzw. Netzwerke zeichnen sich dadurch aus, dass sie von einem oder mehreren fokalen Unternehmen strategisch geführt werden[253], die darüber hinaus in der Rolle eines Vermittlers die Aktivitäten des Netzwerks bündeln, um in der Folge Marktbeziehungen gestalten zu können.[254] Ein weiteres konstitutives Merkmal von strategischen Gruppen bzw. Netzwerken ist die Ähnlichkeit ihrer einzelnen Mitglieder, die sich auf gleiche Werthaltungen, gleiche Zielsetzungen, gleiches Verständnis vom Nutzen der Allianz sowie die gleiche Überzeugung von der Notwendigkeit und vom Handlungsbedarf des gemeinsamen Vorgehens bezieht.[255] Dabei ist eine Unterschiedlichkeit der Kooperationspartner auf der operativen Ebene bei einem gemeinsamen Verständnis von Ähnlichkeit auf der normativen und strategischen Ebene durchaus möglich. Die Netzwerkteilnehmer können dann die Stärken der einzel-

---

[247] vgl. Sheehan/Ritchie, 1997, S. 94
[248] vgl. Bronder, 1992, S. 108
[249] vgl. Lewis, 1991, S. 65
[250] vgl. Pechlaner, 2003, S. 48
[251] Sydow, 1992, S. 82
[252] vgl. Schertler, 1998b, S. 295
[253] vgl. Sydow, 1992, S. 81
[254] vgl. Miles/Snow, 1986, S. 64. Die beiden Autoren nennen neben den Vermittlern drei weitere charakteristische Merkmale für dynamische Netzwerke: vertikale Disaggregation, Marktmechanismen sowie Informationssysteme, die einen hohen Grad an Transparenz zulassen.
[255] vgl. Porter, 1980

nen Netzwerkpartner komplementär ergänzen oder aber additiv zusammenschließen.[256] Im Zuge der vertikalen Disaggregation werden die einzelnen wertschöpfenden Aktivitäten auf der touristischen Dienstleistungskette von verschiedenen Leistungserstellern innerhalb des Netzwerks übernommen. Dies gibt jedem Unternehmen im Netzwerk die Möglichkeit, sich auf jene Aufgaben und Funktionen zu konzentrieren, für die es eine Kernkompetenz aufweisen oder entwickeln kann. Gleichzeitig können andere Aufgaben und Funktionen jenen Netzwerkpartnern anvertraut werden, für die diese bereits Kernkompetenzen besitzen.[257]

Somit können kleine und mittlere Unternehmen sowie Organisationseinheiten Größenvorteile nutzen, ohne die eigene Selbständigkeit aufgeben zu müssen.[258] Synergien für die teilnehmenden Unternehmen ergeben sich vor allem durch eine effiziente Nutzung der Inputfaktoren (z.b. durch einen gemeinsamen Einkauf), aufgrund von bereitgestellten Leistungen (bessere Auslastung), der Programmpolitik (größere bzw. komplementäre Angebotspalette), der Absatzprozesse (Marketing und Vertrieb) sowie der Marktinformation (Marktforschung).[259] Im Hinblick auf die Standortattraktivität der Destination sind alle Leistungsträger einer Region gleichsam verpflichtet, Maßnahmen zu bündeln, um das Image und die Infrastruktur zu verbessern sowie Innovations- und Beschäftigungspotentiale optimiert auszuschöpfen.[260]

Grundlage für diese strategische Logik des Geschäftserfolgs im Tourismus bilden innovative Formen der Verknüpfung von Unternehmen in Destinationen, die sich bisher als Konkurrenten gegenüber standen (vgl. Abschnitt 2.2.2.2).[261] Die einzelnen Leistungseinheiten befinden sich dabei sowohl in synergetischen als auch konkurrierenden Beziehungen zueinander. Konkurrenz und Kooperation stehen im Netzwerk sehr eng zusammen. Redundanzen ermöglichen einen Wettbewerb innerhalb des Unternehmensnetzwerks, da auch gleiche Aktivitäten von unterschiedlichen Netzwerkpartnern durchgeführt werden. Marktmechanismen sorgen für eine wettbewerbsorientierte Gestaltung der Netzwerkbeziehungen. Die Folge dieser Redundanz sind Sicherheit trotz Abhängigkeit, Flexibilität trotz Stabilität und Kooperation trotz Konkurrenz sowie ein hohes Maß an Lern- und Innovationsfähigkeit.[262]

3.3.2 Destinationen als virtuelle Unternehmen

Aus der Perspektive der Leistungssysteme sieht *Laesser* (2002) in Destinationen ein Paradebeispiel eines **virtuellen Unternehmens**, bei dem es sich um ein Netzwerk rechtlich selbständiger, wirtschaftlich jedoch abhängiger Unternehmen handelt[263], die in enger Kooperation

---

[256] vgl. Schertler, 1998b, S. 295
[257] vgl. Miles/Snow, 1986, S. 64
[258] vgl. Hinterhuber/Levin, 1994
[259] vgl. Wöhler, 1999, S. 222
[260] vgl. Fontanari, 2000, S. 74; Fayos-Solá, 1996
[261] vgl. Schertler, 1998a, S. 147
[262] vgl. Miles/Snow, 1986, S. 64
[263] vgl. z.B. Bieger, 2002, S. 93; Laesser, 2002, S. 82

bei der Erstellung oder Vermarktung eines Leistungssystems zusammenarbeiten. Die Unternehmen betreiben kollektiv ein Leistungs- und Leistungserstellungssystem auf der Basis gemeinsamer Ressourcen und benötigen folglich eine gemeinsame strategische Planung. Dieser strategische Aspekt bezieht sich hierbei auf das gemeinsame Ziel der beteiligten Unternehmen, die Wettbewerbsposition des Netzwerkes als ganzes langfristig zu erhöhen.[264]

Gemäß der allgemein anerkannten Definition von *Byrne et al.* (1993) versteht man unter einem virtuellen Unternehmen „[...] a temporary network of companies that come together quickly to exploit fast-changing opportunities. In a Virtual Corporation companies can share costs, skills, and access to global markets. [...] It [each company] will contribute only what it regards as its 'core competencies'."[265]

Virtuelle Unternehmen können dadurch charakterisiert werden, dass sie Wettbewerbsvorteile durch Organisationsformen erzielen, die durch einen kooperativen Charakter mit relativ stabilen Beziehungen gekennzeichnet sind.[266] Sie verfolgen das Ziel, durch eine Kooperation innerhalb und außerhalb der Unternehmensgrenzen über Ressourcen zu verfügen, die nicht Eigentum der eigenen Organisation sind. Solche Ressourcen können Know-how, Infrastruktur, Marken, Marktzugang oder im Hinblick auf Destinationen Attraktivität und Ausstrahlung sein.[267]

Sieber (1997) nennt darüber hinaus noch weitere Kriterien, die ein virtuelles Unternehmen spezifizieren: der Austausch von Leistungen findet nicht nur über Mechanismen der Marktkoordination oder der Hierarchie statt, sondern bedient sich Mischformen. Zudem erwähnt er das Fehlen eines institutionellen Charakters bei dieser Unternehmensform und weist darauf hin, dass folglich die Notwendigkeit von Netzwerkkoordinatoren besteht, die die Fähigkeit mitbringen, das Netzwerk zu gründen und generell die dem Netzwerk zugrunde liegende Komplexität zu beherrschen.[268]

Auch in Destinationen werden Leistungen durch eine Vielzahl unabhängiger Unternehmen kollektiv erbracht. Unternehmen aus verschiedenen Branchen arbeiten gemeinsam daran, die Attraktivität der Destination zu steigern und die Zusammensetzung sowie Anzahl der Gäste gemäß den festgelegten Zielen zu erreichen. Die beteiligten Unternehmen verfügen über eine Vielzahl gemeinschaftlicher Ressourcen. Dies sind zum Beispiel das gemeinsame Image bzw.

---

[264] In diesem Zusammenhang weisen *Hakansson/Sharma* (1996, S. 109) auf strategische Allianzen hin, die von *Parkhe* (1991) definiert werden als „...relatively enduring interfirm cooperative involving flows and linkages that utilize resources and/or governance structures from autonomous organizations, for the joint accomplishment of individual goals linked to the corporate mission of each sponsoring firm". (Parkhe, 1991, S. 581)
[265] Byrne et al., 1993, S. 36
[266] vgl. Sydow, 1992
[267] vgl. Bieger, 2001, S. 26
[268] vgl. Sieber, 1997, S. 1

Reputation oder gemeinsam erworbenes tradiertes Wissen, das häufig den Charakter eigentlicher regionaler bzw. destinationsgebundener Kernkompetenzen hat.[269]

Es hat dabei den Anschein, als müssen bei der Betrachtung von Destinationen als virtuelle Unternehmen Abstriche von der Definition von *Byrne et al.* (1993) gemacht werden, da einige wichtige Gesichtspunkte augenscheinlich nicht eingehalten werden können. Es stellt sich zum Beispiel die Frage, ob alleine aufgrund der regionalen Gebundenheit der beteiligten Unternehmen das virtuelle Unternehmen zeitlich befristet („...a temporary network...") sein kann. Mit dem Wandel vom passiven Erholungsurlauber zum aktiven Erlebnisurlauber wurde jedoch bereits in den 1980er Jahren deutlich, dass die Fremdenverkehrsorte ihre Rolle als „Kristallisationspunkt der touristischen Nachfrage"[270] vor allem im Sommertourismus immer schlechter gerecht werden, da ihr Angebot vielfach kaum über die Basiskomponenten Essen, Wohnen und Landschaft hinausreichte. Als Folge wurden die vermeintlichen lokalen Sachzwänge gelöst und gefordert, die räumlichen Grenzen einer Vermarktungseinheit soweit auszudehnen, bis ein sinnvolles, alle Urlauberwünsche befriedigendes Angebot erstellt werden könne.[271] Damit wurde der sich heute durchsetzenden Meinung Rechnung getragen, wonach Destinationen unter Wettbewerbsaspekten abzugrenzen sind.

Virtuelle Unternehmen im Allgemeinen und die Systeme „Destinationen" im Besonderen benötigen im Sinne des „Viable System Models"[272] eine Intelligenz und eine Steuerungseinheit, wodurch das Destinationsmanagement und damit die Existenz von DMOs legitimiert werden. Destinationen werden diesem Anspruch durch Einrichtungen mit institutionellem Charakter wie z.B. Fremdenverkehrsämtern gerecht, die das Produkt der Destination koordinieren und damit im Zentrum des Netzwerks stehen. Dies macht Destinationen zu den wohl ältesten und traditionsreichsten virtuellen Unternehmen, die auch als solche konsequent gemanagt werden. Tourismusorganisationen in Form von Fremdenverkehrsvereinen blicken auf eine über 140jährige Geschichte zurück[273], und stellen so die eigentlichen Prototypen von Managementorganisationen für virtuelle Unternehmen dar.[274]

Obwohl die allgemeinen Managementkonzeptionen aufgrund der großen Gemeinsamkeiten zwischen einem Unternehmen und einer Destination durchaus Anwendung finden können, sollten einige Aspekte beim Destinationsmanagement beachtet werden, auf die im Folgenden eingegangen wird. So sind bei der Gegenüberstellung von Unternehmen und Destinationen einige Unterschiede zu erkennen. Ein Unternehmen verfügt als strategische Geschäftseinheit über klar abgesteckte Grenzen durch einen Besitzer oder anderweitige Kontrollstrukturen,

---

[269] vgl. Laesser, 2002, S. 81f
[270] vgl. Kaspar, 1991
[271] vgl. Lehar, 2002, S. 13
[272] vgl. Beer, 1979 (zitiert aus Bieger, 2001, S. 26)
[273] Der erste lokale Verkehrsverein wurde 1864 in St. Moritz gegründet. (vgl. Bieger/Weibel, 1998, S. 176)
[274] vgl. Bieger, 2002, S. 96

wogegen eine klare Abgrenzung von Destinationen, wie bereits erwähnt, nur sehr schwer durchzuführen ist, da sie weniger anbieter- als vielmehr nachfragerseitig festgelegt wird.

Ein weiterer Unterschied zwischen beiden Konstrukten bezieht sich auf die Leistung bzw. die Leistungsziele, deren Abweichungen in den unterschiedlichen Besitzverhältnissen, den Sozialstrukturen, der Einbindung der Bevölkerung sowie den Beziehungen zu den Stakeholdern begründet liegen.[275] Daraus ergeben sich einige Implikationen für das Management der Destination, die im Zusammenhang mit der Aufteilung der zuvor gemeinsam geschöpften Kooperationsgewinne unter den beteiligten Leistungsproduzenten stehen. Hier drohen vor allem dann Konflikte, wenn die Grenzproduktivitäten der beteiligten Unternehmen voneinander abhängig sind und damit die Versuchung nahe liegt, als Trittbrettfahrer unbemerkt den eigenen Beitrag gegenüber der Destination zu vermindern. Folglich müssen die erbrachten Leistungen der einzelnen touristischen Leistungsersteller gemessen und kontrolliert werden, was den Einsatz eines Monitors nahe legt, der das Recht hat, einzelne Leistungsersteller aus dem Netzwerk auszuschließen und sich als Anreiz den Residualerlös anzueignen. Der Abschluss von Verträgen mit diesem Monitor reduziert zwar das gegenseitige Misstrauen der wechselseitig abhängigen Teammitglieder, indem sie sich partiell einer Instanz unterwerfen, führt jedoch konsequenterweise zu hierarchischeren Strukturen.[276] Dies birgt wiederum die Gefahr, dass sich touristische Leistungsersteller bevormundet fühlen, wenn sie das Gefühl bekommen, nicht mehr die völlige Kontrolle über ihr eigenes Unternehmen zu besitzen. Es folgen ein Vertrauensverlust gegenüber der DMO und dem Netzwerk sowie der Rückzug aus dem gemeinsamen Destinationsmarketing und der Destinationsentwicklung.[277]

Vor dem Hintergrund der Betrachtungen des Destinationsmanagements in Abschnitt 2.2.2 scheint es möglich, Destinationen mit Unternehmen zu vergleichen, da zwischen beiden Konzepten eine Reihe von Gemeinsamkeiten bestehen. So können Destinationen analog zu *Penroses* (1959) Definition eines Unternehmens als „bundle of resources"[278] bzw. zu *Porters* (1996) Betrachtung eines Unternehmens als „collection of interrelated economic activities"[279] gesehen werden. Dessen Anforderung nach einer Festlegung von Wertschöpfungskonfigurationen als grundlegende strategische Aufgabe kann auch für Destinationen und ihr Wettbewerbsumfeld gelten, da sowohl Destination als auch Unternehmen als Einheiten betrachtet werden können, die sich bei ihrer Wertschöpfung in einem Wettbewerbsumfeld befinden.[280]

---

[275] vgl. Flagestad/Hope, 2001, S. 450
[276] vgl. Woratschek et al., 2003
[277] vgl. von Friedrichs Grängsjö, 2003, S. 441f
[278] vgl. Penrose, 1959 (zitiert aus Flagestad/Hope, 2001, S. 449)
[279] vgl. Porter, 1996
[280] vgl. Porter, 1985

4 Kennzahlen-Controlling

Das Ziel der vorliegenden Arbeit besteht in der Weiterentwicklung strategischer Performance Measurement Systeme für den speziellen Wertschöpfungsprozess von DMOs. Performance Measurement Systeme stellen Instrumente des Kennzahlen-Controllings dar. Im Folgenden werden daher zunächst einige theoretische Überlegungen zum Kennzahlen-Controlling angestellt und ein Überblick über die wissenschaftliche Forschung zu diesem Thema gegeben. Anschließend werden Kennzahlen und Kennzahlensysteme erläutert, aus denen sich das Performance Measurement abgeleitet hat.

4.1 Gegenstand des Controllings

Führungskräfte stehen häufig vor dem Problem, nicht alle Führungsaufgaben selbst wahrnehmen zu können. Somit kommt es zu einer Delegation von Führungsverantwortung und damit zu einem hierarchischen Aufbau des Unternehmens. Das Verhalten von Vorgesetzten und den von ihnen geführten Personen ist jedoch nicht immer konform. Sie verfolgen unterschiedliche Ziele, haben unterschiedliche Risikopräferenzen und besitzen eine unterschiedliche informatorische Ausgangsbasis. Daher muss mit Asymmetrien gerechnet werden, die ein ganzheitliches Steuerungssystem erfordern, welches ein koordiniertes Verhalten auf allen Ebenen des Unternehmens garantiert. Ein solches Steuerungssystem ist das Controlling.[281]

Über den Gegenstand und die Abgrenzung des Controllings gehen die Auffassungen teilweise deutlich auseinander.[282] Unklarheiten entstehen vor allem dann, wenn versucht wird, aus den sowohl umgangssprachlich als auch fachbezogen vielfältig verwendeten Wörtern „Kontrolle" bzw. „control" abzuleiten, was Controlling ist bzw. sein sollte. Während in der deutschsprachigen Literatur Kontrolle als Durchführung eines Vergleichs verstanden wird, subsumiert die englischsprachige Managementliteratur unter „control" die Begriffe Beherrschung, Lenkung, Steuerung sowie Regelung von Prozessen. In der englischen Managementlehre ist „control" demnach wesentlich weiter gefasst als „Kontrolle" in der deutschen Betriebswirtschaftslehre.[283]

Trotz einer mittlerweile über 40jährigen Beschäftigung mit dem Thema Controlling hat sich in der wirtschaftswissenschaftlichen Forschung noch keine generell akzeptierte Auffassung zum Gegenstand dieser Führungsunterstützungsfunktion herausgebildet. In *Vahlens Controllinglexikon* wird Controlling als Gesamtheit der Teilaufgaben beschrieben, die die Führung, die Planung und die Kontrolle mit der Informationsversorgung zielorientiert koordiniert.[284]

---

[281] vgl. Ziegenbein, 2002, S. 22
[282] vgl. z.B. Eschenbach/Niedermayr, 1996a, S. 49; Preißler, 1996, S. 12
[283] vgl. Horváth, 2003, S. 26
[284] vgl. Horváth/Reichmann, 1993

Das Controlling ermöglicht demnach dem Management, ihr Unternehmen durch Planung zielbezogen an Umweltveränderungen anzupassen und die dazu erforderlichen Steuerungsaufgaben wahrzunehmen. Die Vielfalt der Aufgaben eines Controllers spiegelt sich in folgendem vielzitierten Satz von *Anthony* (1965) wider: „In practice, people with the title of controller have functions that are, at one extreme, little more than bookkeeping and, at the other extreme, de facto general management."[285]

4.2 Die Konzeption des Controllings

Die verschiedenen Sichtweisen des Controllings spiegeln sich in Controllingkonzeptionen wider. Dabei handelt es sich um die grundlegende Auffassung über das Controlling und sämtliche Grundgedanken über den Zweck, die Funktionsweise sowie das Zusammenwirken mit anderen Systemen.[286] Die Konzeption des Controllings beschreibt die funktionale, institutionale und instrumentale Gestaltung des Controllings und umfasst damit Aussagen über die Zuordnung von Aufgaben und Instrumenten zum Controlling sowie die Organisation des Controllings auf der Basis spezifischer Controllingziele.[287] Das Controlling setzt sich dementsprechend aus zielbezogenen, funktionalen, institutionalen und instrumentalen Komponenten zusammen.[288]

4.2.1 Die zielbezogene Komponente des Kennzahlen-Controllings

Die zielbezogene Komponente bildet die Grundlage einer Controllingkonzeption und dient als Merkmal zur Abgrenzung der Controllingaufgaben und der Controllinginstrumente. Darauf aufbauend stellt sich zunächst die Frage, welchen generellen Zielen das Controlling nachgeht.

Das übergeordnete Ziel des Controllings ist es, einen Beitrag zur Sicherung der Lebensfähigkeit von Unternehmen zu erbringen.[289] *Schweitzer/Friedl* (1992) schlagen aufgrund der zunehmenden Koordinations-, Reaktions- und Anpassungsprobleme in Unternehmen die Schaffung und Erhaltung bzw. Verbesserung der gesamten Unternehmensführung als Ziel vor.[290] Aus diesen generellen Zielen lassen sich unmittelbare und mittelbare bzw. direkte und indirekte Ziele ableiten. Zu den unmittelbaren bzw. direkten Zielen (Sachzielen) zählen *Eschenbach/Niedermayr* (1996) die Sicherung der Antizipations- und Adaptionsfähigkeit, die Siche-

---

[285] Anthony, 1965, S. 28
[286] vgl. Eschenbach/Niedermayr, 1996b, S. 65
[287] vgl. Schweitzer/Friedl, 1992, S. 142
[288] vgl. Küpper et al., 1990, S. 282
[289] vgl. Eschenbach/Niedermayr, 1996b, S. 65
[290] vgl. Schweitzer/Friedl, 1992, S. 147

rung der Reaktionsfähigkeit sowie die Sicherung der Koordinationsfähigkeit.[291] Diese Sachziele legen den Umfang der Controllingaufgaben und damit die Instanzen des Unternehmens fest, die das Controlling umfasst. Die indirekten Ziele beinhalten die wirtschaftlichen, technischen, sozialen bzw. logischen Unternehmensziele und präzisieren somit die Aufgaben des Controllings inhaltlich. Diese Ziele werden als „indirekt" bezeichnet, weil das Controlling zu deren Erreichung nur einen mittelbaren Beitrag leisten kann.[292]

4.2.2 Die funktionale Komponente des Kennzahlen-Controllings

Die Aufgaben, die das Controlling zur Erreichung der definierten Ziele durchzuführen hat, werden in der funktionalen Komponente der Konzeption zusammengefasst. Die Controllingfunktion ist die folglich (gedankliche) Zusammenfassung der einzelnen Controllingaufgaben eines Unternehmens[293] und besteht im Kern aus der Koordination des Führungssystems zur Sicherstellung einer zielgerichteten Lenkung. Sie bezieht sich vor allem auf die Gestaltung und Überwachung des Planungs-, Kontroll- und Informationssystems.[294] Darüber hinaus liefert die funktionale Komponente die Daseinsberechtigung für das Controlling und bildet gleichzeitig die Grundlage für die Ableitung der von ihm zu erfüllenden Aufgaben.[295] Unter funktionalen Gesichtspunkten stellt das Controlling somit einen Aufgabenkomplex dar, der in verschiedene Funktionen unterteilt wird. So hat das Controlling die Aufgabe, die Ausrichtung sämtlicher Aktivitäten an den Unternehmenszielen zu gewährleisten (**Zielausrichtungsfunktion**). Außerdem soll es die Anpassung dieser Maßnahmen an veränderte Umweltbedingungen oder deren aktive Gestaltung fördern (**Anpassungs- und Innovationsfunktion**) und die Entscheidungsträger eines Unternehmens z.B. durch die Bereitstellung von Informationen bei ihren Tätigkeiten unterstützen (**Servicefunktion**).[296]

Allgemein werden dem Controlling Aufgaben zugeordnet, die der Umsetzung von Koordinationskonzepten oder der Sicherstellung der Informationsversorgung der Unternehmensführung dienen. Funktional betrachtet unterstützt das Controlling demnach das Management und ist somit Teil des Führungsprozesses. Es hat die Aufgabe, die Unternehmensleitung mit entscheidungsrelevanten Informationen zu versorgen und die mehr oder weniger autonomen Planungs- und Steuerungseinheiten des Unternehmens zu koordinieren.[297] Folglich kann das

---

[291] vgl. Eschenbach/Niedermayr, 1996b, S. 65f. *Schweitzer/Friedl* (1996) sowie Schmidt (1995) erwähnen in diesem Zusammenhang auch das Informationsziel. (vgl. Schweitzer/Friedl, 1996, S. 143, Schmidt, 1995, S. 20f.). Laut *Baumgartner* (1980) werden die unmittelbaren Ziele häufig als Führungsziele bezeichnet, da sie im Hinblick auf die Unternehmensziele einen Mittel-Zweck-Charakter aufweisen und Gegenstand des Führungsverhaltens sind. (vgl. Baumgartner, 1980, S. 55)
[292] vgl. Schweitzer/Friedl, 1992, S. 143
[293] vgl. Horváth/Reichmann, 1992, S. 130
[294] vgl. Küpper et al., 1990, S. 283
[295] vgl. Küpper, 1987, S. 87
[296] vgl. Ewert, 1992, S. 278
[297] vgl. Baum et al., 1999, S. 5

Controlling in zwei Arten von Aufgaben unterteilt werden: die Systemgestaltung und die Prozessunterstützung.[298]

Die **systemgestaltenden Aufgaben** beziehen sich auf Entscheidungen, die zukünftig regelmäßig zu treffen sind und folglich präsituativ ausgeführt werden. Für diese Entscheidungen werden Koordinatensysteme geschaffen, die einen regelmäßigen Einsatz geeigneter Konzepte der Entscheidungskoordination und ihre koordinierende Wirkung sicherstellen. Beispiele hierfür sind Systeme zur Planung und Steuerung von Maßnahmeplänen, Budgets und Zielen sowie Lenkpreis- und Anreizsysteme. Für die Koordination von Entscheidungen sind Informationen erforderlich. Der Informationsbedarf wird durch die Gestaltung des Koordinationssystems festgelegt.

Die **prozessunterstützenden Aufgaben** umfassen alle Vorgabe- und Kontrollaktivitäten zur Abstimmung konkret zu treffender Entscheidungen (d.h. das Management von Koordinationsprozessen) sowie die problemspezifische Informationsbereitstellung. Sie beinhaltet die Informationsversorgung von Entscheidungsträgern, die durch die Informationssysteme des Unternehmens nicht routinemäßig bereitgestellt werden. Prozessunterstützende Aufgaben fallen jedoch nicht nur bei unvorhersehbaren, situationsspezifischen oder innovativen Angelegenheiten an, sie sind auch bei regelmäßig zu treffenden Entscheidungen von Bedeutung, wenn der Entwicklungsstand der Koordinations- und Informationssysteme gering ist oder Störungen mit Einfluss auf Koordinations- oder Informationsbedarf auftreten.[299]

Einen groben Überblick über die Aufgaben des Controllings verschafft Abbildung 6. Im Rahmen der Zielplanung werden zunächst Maßnahmen erarbeitet, die sich in Plandaten widerspiegeln. Nach der Koordination und Durchsetzung dieser Daten werden die Maßnahmen ausgeführt und deren Ergebnisse erfasst. Anschließend wird ein Vergleich zwischen den Planvorgaben und den tatsächlichen Ist-Daten vorgenommen. Abweichungen werden nach ihrer Ursache hin untersucht und vom Management in Form einer neuen Ziel- und Maßnahmenplanung berücksichtigt.

---

[298] vgl. z.B. Friedl, 2003, S. 54; Schweitzer/Friedl, 1992, S. 154
[299] vgl. Friedl, 2003, S. 56f

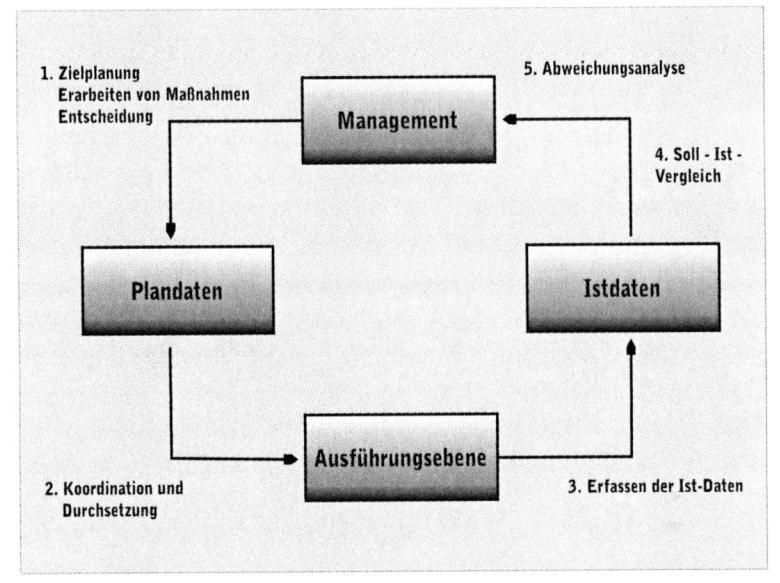

Abbildung 6: Controlling als Regelkreis
Quelle: Fiedler, 1998, S. 3

4.2.3 Die institutionale Komponente des Kennzahlen-Controllings

Die institutionelle Ausgestaltung von Controlling-Konzepten beinhaltet alle Struktur- und Prozessaspekte des Controllings[300], konkret die generelle und institutionalisierte Zuordnung der Controllingaufgaben zu organisatorischen Einheiten und deren aufbauorganisatorischer Eingliederung.[301] Die Organisation des Controllings tritt bei Regelungen in Erscheinung, mit denen die Verteilung und die Erledigung von Aufgaben präsituativ geklärt und zielwirksam gestaltet werden. Die aufbauorganisatorischen Regelungen betreffen vor allem die Zuordnung von Controllingaufgaben zu Aufgabenträgern, die Organisation des Controllingbereiches sowie die Einordnung des Controllings in die Unternehmensorganisation.[302]

Im Zuge der Aufbauorganisation des Controllings ist zunächst die organisatorische Einordnung des Controllings in die obere Führung des Unternehmens festzulegen. Der Controller gehört dabei in der Regel entweder der Topmanagement- oder der darunter liegenden Ebene an.[303] Hieraus können sich jedoch Probleme ergeben, da der Controller als Berater bzw. Informierender zum Mitentscheidenden wird und zu einem späteren Zeitpunkt von ihm mitge-

---

[300] vgl. Horváth, 2003, S. 152
[301] vgl. Fiedler, 1998, S. 3
[302] vgl. Friedl, 2003, S. 95
[303] vgl. Horváth/Reichmann, 1993, S. 40

tragenen Entscheidungen zu beurteilen hat.[304] Aus diesem Grund schlägt *Synek* (1996) vor, die hierarchische Einstufung des Controllers bzw. die Festlegung der gesamten Controllingorganisation aus den strategischen Gegebenheiten des Unternehmens abzuleiten (structure follows strategy).[305]

4.2.4 Die instrumentale Komponente des Kennzahlen-Controllings

Die instrumentale Komponente eines Controlling-Konzepts umfasst Aussagen über die Methoden und Modelle, die das Controlling zur Unterstützung der Zielerreichung bzw. Aufgabenerfüllung einsetzen kann. Methoden können in diesem Zusammenhang als geordnete Abfolge einzelner Aufgaben der Informationsgewinnung, -verarbeitung und –übermittlung zur Problemerkennung und -lösung definiert werden. Bei einem Modell handelt es sich um die Abbildung eines Teilzusammenhangs aus einem Betrachtungsgegenstand.[306]

Die Instrumente, die dem Controlling zur Verfügung stehen, beinhalten alle sachlichen bzw. reellen sowie methodischen bzw. ideellen Hilfsmittel, die im Rahmen der Erfüllung der Controllingaufgaben zur Erfassung, Strukturierung, Auswertung, Speicherung und Weitergabe von Informationen verwendet werden.[307] Während es sich bei den sachlichen Instrumenten insbesondere um die automatisierte Datenverarbeitung handelt, umfassen die methodischen Instrumente die entsprechenden Vorgehensweisen in Form von Verfahren und Modellen.[308] Diese Instrumente werden von der Unternehmensführung zur Initiierung von Entscheidungen, der Unterstützung der Entscheidungsfindung, der Kontrolle von Entscheidungen sowie ihrer Anpassung benutzt. Darüber hinaus gehören zu den Instrumenten des Controllings jene methodischen Hilfsmittel, die das Controlling bei der Wahrnehmung seiner Aufgaben einsetzt. Neben den Disziplinen der Investition und Finanzierung sowie der Kostenrechnung umfassen diese Kennzahlen und Kennzahlensysteme. Letztere stehen im Fokus dieser Arbeit, da das Forschungsziel eine auf der Wertschöpfungskonfiguration von DMOs basierende Weiterentwicklung existierender Performance Measurement Systeme darstellt.

---

[304] *Niedermayr* (1996) berichtet von einer empirischen Studie in Österreich, die zu dem Ergebnis kommt, dass 24 Prozent der Controller der ersten Hierarchieebene, 63 Prozent der zweiten und 13 Prozent der dritten zuzuordnen sind. (vgl. Niedermayr, 1996, S. 139)
[305] vgl. Synek, 1996, S. 97
[306] vgl. Friedl, 2003, S. 123
[307] vgl. Horváth, 2003, S. 152
[308] vgl. Horváth/Reichmann, 1993, S. 131

4.3 Kennzahlen

„What you measure is what you get."[309] Mit diesem einprägsamen Satz unterstreichen *Kaplan/Norton* (1992) die Bedeutung von Kennzahlen für das Controlling. Sie werden eingesetzt, um den Anforderungen der prozessunterstützenden Aufgaben des Controllings gerecht zu werden und gehören damit zu dessen klassischen Instrumenten, da mit ihrer Hilfe die Informationsversorgung des Managements in adäquater Weise erbracht werden kann.[310]

4.3.1 Konstituierende Merkmale von Kennzahlen

Bei Kennzahlen handelt es sich um Zahlen, „...die Informationen über betriebswirtschaftliche Tatbestände in konzentrierter Form beinhalten."[311] Als zahlenmäßige Wiedergabe von bestimmten planungsrelevanten Sachverhalten dienen sie primär der Unternehmensführung (im vorliegenden Fall den Destinationsmanagern) als Informationsgrundlage für Entscheidungen, indem sie eine Vielzahl anfallender Daten übersichtlich darstellen.[312] Durch die Verdichtung und Zusammenfassung von Informationen berichten Kennzahlen schnell und prägnant über ökonomische Sachverhalte[313] und übermitteln dem Management das richtige Maß an relevanten Daten.[314] Es handelt sich bei Kennzahlen also um jene Maßgrößen, die in schlecht strukturierten Entscheidungssituationen auf konzentrierte und knappe Weise Informationsaufgaben erfüllen.[315] Kennzahlen fassen Basisinformationen zu möglichst aussagekräftigen Größen zusammen, indem die Ergebnisse verschiedener Aktivitäten aufsummiert oder differenziert bzw. Informationen miteinander in Beziehung gesetzt werden.[316] Für den informationsbezogenen Kennzahlenbegriff spielen der Maßgrößencharakter[317], der Verdichtungscharakter[318] sowie der Entscheidungsbezug[319] eine wichtige Rolle, weshalb diese Punkte als die konstituierenden Merkmale von Kennzahlen betrachtet werden.[320]

---

[309] Kaplan/Norton, 1992, S. 71
[310] vgl. Horváth, 2003, S. 566
[311] Joos-Sachse, 2002, S. 281; sowie ähnlich Weber/Schäffer, 2000b, S. 2; Reichmann/Lachnit, 1976, S. 706. Eine einheitliche Definition des Begriffs Kennzahl steht bislang aus. Eine umfassende, theoretisch fundierte Begriffsdiskussion findet sich bei Geiß, 1986, S. 29ff.
[312] vgl. Heinen, 1969, S. 227
[313] vgl. Joos-Sachse, 2002, S. 281
[314] vgl. Reichmann, 1997, S. 24
[315] vgl. Geiß, 1986, S. 46
[316] vgl. Ewert/Wagenhofer, 2005, S. 525
[317] Kennzahlen müssen als **Maßgrößen**, also als quantitative Begriffe, betrachtet werden können (vgl. Carnap, 1973, S. 169). Grund hierfür ist, dass Erkenntnisse generell mit Hilfe von Aussagen über einen empirischen Sachverhalt gewonnen werden (vgl. Sturm, 1979, S. 3).
[318] Laut *Küting* (1983) handelt es sich bei Kennzahlen um hochverdichtete Messgrößen, die in einer konzentrierten Form über einen zahlenmäßig erfassbaren Sachverhalt berichten. (vgl. Küting, 1983) „Hochverdichtet" bezieht sich in diesem Zusammenhang auf den Verzicht von redundanten Informationen, wogegen durch den Begriff „konzentriert" auf die Aggregation einer Vielzahl von Daten zu einer verdichteten Messgröße hingewiesen wird. (vgl. Caduff, 1981, S. 22)
[319] Beim Entscheidungsbezug unterstützt eine zweckgerechte Auswahl von Informationen hinsichtlich Inhalt, Umfang und Struktur der Unternehmensführung bei den zu treffenden Entscheidungen. Die Informationen werden in der Regel durch das betriebliche Rechnungswesen (z.B. Buchhaltung, Jahresabschluss, Kostenrechnung) zur Verfügung gestellt. (vgl. Geiß, 1986)
[320] vgl. Geiß, 1986, S. 46

Neben einer Darstellung der konstituierenden Merkmale finden sich in der Literatur verschiedene Vorgehensweisen zur Typologisierung von Kennzahlen. *Meyer* (2002) ordnet Kennzahlen in die vier Kategorien Bewertung am Kapitalmarkt, monetäre Kennzahlen, nicht-monetäre Kennzahlen sowie Kosten ein. Die Bewertung eines Unternehmens am Kapitalmarkt leitet sich aus der Annahme ab, dass Finanzmärkte Informationen effizient verarbeiten und „…capture information pertinent to future cash flows."[321] Kennzahlen dieser Art beziehen sich jedoch nur auf das gesamte Unternehmen und lassen daher keinerlei Schlüsse auf die Leistung einzelner Abteilungen zu. Finanzielle Kennzahlen dringen dagegen etwas tiefer in die unternehmerischen Strukturen ein und geben folglich profundere Informationen. Sie sind jedoch vergangenheitsorientiert, da sie die Ergebnisse vergangener Leistungen widerspiegeln. Lediglich im Hinblick auf die künftigen Kapitalkosten sowie die Reputation des Unternehmens können Finanzkennzahlen als vorlaufende Leistungsindikatoren dienen.[322]

Diese Rolle kommt normalerweise den nicht-monetären Kennzahlen zu, die vor allem für die Frühaufklärung herangezogen werden.[323] Hierbei handelt es sich um die Erkennung bereits latent vorhandener Chancen[324] und Risiken, die möglichst frühzeitig angezeigt werden sollen, damit für Maßnahmen zur Vermeidung der Risiken bzw. zur Wahrnehmung der Chancen ausreichend Zeit bleibt.[325] Im Rahmen der kennzahlenorientierten Frühaufklärung kommt einem Zeitvergleich der jeweiligen Werte eine zentrale Bedeutung zu. Er ermöglicht dem Management positive oder negative Entwicklungen, die sich aus einer Veränderung der Kennzahlenwerte im Zeitablauf niederschlagen, rechtzeitig erkennen zu können. Sobald diese Werte einen vorher festgelegten Rahmen verlassen, werden sie identifiziert und analysiert, um möglicherweise Gegenmaßnahmen einzuleiten.

Eine Kennzahlenklassifikation, auf die in der Literatur sehr häufig hingewiesen wird, stammt von *Meyer* (1994), der betriebswirtschaftliche Kennzahlen anhand unterschiedlicher Systematisierungsmerkmale in verschiedene Kategorien einteilt. Ein Merkmal von Kennzahlen sind **statistisch-methodische Gesichtspunkte**.[326] Hierbei werden absolute Zahlen, bei denen keine Relativierung vorgenommen wird, und Verhältniszahlen (relative Zahlen), die durch die

---

[321] Meyer, 2002, S. 31f
[322] vgl. Meyer, 2002, S. 31f
[323] vgl. z.B. Ewert/Wagenhofer, 2005, S. 559
[324] In der Literatur wird häufig der Begriff Frühwarnung anstelle von Frühaufklärung verwendet. Es wird jedoch nicht nur vor Gefahren gewarnt, sondern auch auf Chancen aufmerksam gemacht, weshalb in dieser Arbeit der Begriff Frühaufklärung verwendet wird.
[325] In der Literatur haben sich verschiedene Ansätze zur Frühaufklärung etabliert, die sich in operative und strategische Frühaufklärung systematisieren lassen. Während Vertreter der operativen Frühaufklärung unterstellen, dass das Umfeld eines Unternehmens in ihren wesentlichen strukturellen Eigenschaften stabil bleibt, wird beim strategischen Ansatz davon ausgegangen, dass die Ursache für Chancen und Bedrohungen bei Diskontinuitäten (Strukturumbrüchen im Umfeld) liegen, die zwar nur schwer vorhersehbar sind, sich aber durch schwache Signale (Vorboten, Vorläufer) ankündigen (vgl. z.B. Krystek/Müller-Stewens, 1997, S. 917f.; Böhler, 1993; S. 1258, Ansoff, 1981)

Beziehung zwischen zwei absoluten Zahlen entstehen, unterschieden.[327] **Absolute Zahlen** beschreiben, aus wie vielen Elementen eine näher zu bezeichnende Menge besteht[328], und können damit eine Vorstellung von der absoluten Größe des betrachteten Sachverhalts vermitteln.[329] Nach formal-mathematischen Methoden können sie in Einzelzahlen, Summen, Differenzen oder Mittelwerte eingeteilt werden. Der zeitliche Aspekt wird durch die Einteilung der Absolutzahlen in Bestands- und Bewegungszahlen berücksichtigt. Gesamtheiten gleichzeitig nebeneinander bestehender Fälle werden durch Bestandszahlen charakterisiert, wogegen Bewegungszahlen eine Gesamtheit von zeitlich nacheinander folgenden Fällen und Ereignissen definieren.[330] Als Bestandteil einer relativen Zahl dienen absolute Zahlen letztlich als Grundlage aller Kennzahlen.

Verhältniszahlen werden durch eine mathematische Gleichung bestehend aus einer Beobachtungszahl (Zähler) und einer Bezugszahl (Nenner) ausgedrückt. Sie werden als statistische Größe definiert, die „zum Zwecke eines sachlichen, örtlichen oder zeitlichen Vergleichs zueinander in Beziehung gesetzt werden"[331]. Eine Abgrenzung zwischen den Relativzahlen erfolgt durch die Kriterien Rang (ungleichrangig vs. gleichrangig), Art (ungleichartig vs. gleichartig) und Zeit (kongruent vs. divergent), die auf die Zähler- bzw. Nennerkomponenten angewandt werden. Eine weitere Unterteilung der Verhältniszahlen erfolgt in Gliederungs-, Beziehungs- und Indexzahlen. Wird eine Teilmasse zur gleichartigen Gesamtmasse in Beziehung gesetzt, spricht man von Gliederungszahlen. Die beiden Massen stehen dann in einem Unterordnungsverhältnis zueinander. Der Zeitpunkt bzw. der Zeitraum der Erhebung muss identisch sein. Als Beispiel für eine Gliederungszahl kann der Marktanteil einer Destination bei Gästen aus einer bestimmten Nation hinsichtlich Gästezahlen genannt werden, der sich aus dem Verhältnis der Anzahl der Gäste aus dieser Nation in der Destination und der Anzahl der Gäste aus dieser Nation im vorher festgelegten Gesamtmarkt ergibt. Verschiedenartige, aber sachlich verwandte Größen werden durch Beziehungszahlen zueinander in Beziehung gesetzt, wie dies beispielsweise beim Verhältnis zwischen Werbeausgaben einer Destination und der Anzahl der Gäste in der Destination durchgeführt wird.

Ein weiteres Systematisierungsmerkmal nach *Meyer* (1994) bezieht sich auf die **inhaltliche, quantitative** sowie **zeitliche Struktur** der Kennzahlen, die für deren Beschreibung, Ermitt-

---

[326] Einige Autoren verwenden den Begriff „Kennzahlenarten" zur Bezeichnung des Ergebnisses verschiedener Ansätze zur Kennzahlensystematisierung (vgl. z.B. Meyer, 1994). Von dieser Sichtweise wird an dieser Stelle jedoch abgesehen.
[327] vgl. z.B. Reinecke, 2004, S. 8. Verhältniszahlen können nur dann angewendet werden, wenn die ihnen zugrunde liegenden absoluten Zahlen bekannt sind, da andernfalls nicht nachvollzogen werden kann, ob eine mögliche Veränderung einer Verhältniszahl auf eine Abweichung im Zähler oder im Nenner zurückzuführen ist. (vgl. Staehle, 1969, S. 54)
[328] vgl. Wissenbach, 1967, S. 21
[329] vgl. Lachnit, 1979, S. 20
[330] vgl. Staudt, 1985, S. 81
[331] Pflaumer et al., 2001, S. 81

lung und Auswertung von Bedeutung sind.[332] Die Inhaltskomponente bezieht sich hauptsächlich auf betriebswirtschaftliche Grundbegriffe aus dem finanz- und erfolgswirtschaftlichen Bereich. Neben monetären kommen hier auch nicht-monetäre Größen wie Zeit- oder Mengengrößen zum Einsatz.[333] Die Aufgaben, die Ziele sowie die zur Verfügung stehenden Daten legen den konkreten Inhalt der Kennzahl fest. Die Wertekomponente als zweite Struktur ordnet dem Kennzahleninhalt eine reelle Zahl zu. Kennzahlen müssen durch quantifizierbare Größen dargestellt werden, da sie sonst nicht in einem Kennzahlensystem erfasst werden können. Die Einteilung nach der quantitativen Struktur der Kennzahlen in Gesamt- und Teilgrößen nimmt Bezug auf die Verhältniszahlen. Absolute Zahlen können als Gesamtgröße oder – im Verhältnis zu einer übergeordneten Größe – auch als Teilgrößen auftreten.[334] Bei der dritten Dimension, der zeitlichen Struktur, unterscheidet man zwischen Zeitpunkten und Zeiträumen. Bei einer Werteausprägung, die zu seinem bestimmten Zeitpunkt gemessen wird, spricht man von einer statischen Größe, wogegen bei einer Erfassung eines Zeitraums von dynamischen Kennzahlen gesprochen wird.[335]

Im Zusammenhang mit dem Informationsgehalt einer Kennzahl und damit einhergehend mit deren **Erkenntnisgewinn** wird in der wissenschaftlichen Literatur kontrovers darüber diskutiert, ob ausschließlich Verhältniskennzahlen oder auch absolute Zahlen als Kennzahl betrachtet werden dürfen. *Geiß* (1986) hält die formal-statistische Eigenschaft einer Zahl jedoch für nicht grundlegend im Bezug auf die Frage, ob sie einen expliziten Erkenntniswert besitzt[336] und *Wolf* (1977) verweist auf in der Praxis ständig als Kennzahlen verwendeten absoluten Zahlen wie z.B. Umsatz oder Gewinn.[337] Entscheidend nach Meinung von *Lachnik* (1979) ist daher, ob die Zahl auf die Fragestellung der Untersuchung bezogen, eine signifikante Information zu geben vermag.

Allgemein wird jedoch die Ansicht vertreten, dass absolute Zahlen keinen eigenständigen Erkenntniswert besitzen, sondern erst durch einen Vergleich mit anderen Zahlen zu einer entsprechenden inhaltlichen Bedeutung gelangen.[338] Hierfür werden Kennzahlenvergleiche herangezogen, die in eigenbetriebliche und zwischenbetriebliche Vergleiche unterschieden wer-

---

[332] vgl. Meyer, 1994, S. 6; Geiß, 1986, S. 41
[333] vgl. Meyer, 1994, S. 8
[334] vgl. Leffson, 1977, S. 177f
[335] *Schott* (1988) unterteilt Zeiträume in intervallbezogene Kennzahlen, welche in periodischen Abständen ermittelt werden, und kontinuierliche Kennzahlen, die den Verlauf von Veränderungen zeigen. Letztere haben den Vorteil, dass der Einfluss des Zeitfaktors in den Hintergrund rückt, da die Frage nach der häufig ungenügenden Mengenbasis entfällt. (vgl. Schott, 1988, S. 24f)
[336] vgl. Geiß, 1986, S. 22ff
[337] vgl. Wolf, 1977, S. 11
[338] vgl. z.B. Coenenberg, 2003, S. 935; Curtis, 1994; Schott, 1988, S. 19; Wissenbach, 1967, S. 33f. Der Vergleich mit anderen Zahlen ist nicht zu verwechseln mit der Erstellung von Verhältniszahlen. Er ist auch ohne eine zusätzliche Zahlenangabe, in der das Größenverhältnis der Angaben quantifiziert wird, möglich. Der Erkenntnisgewinn bei der Einstufung von Sachverhalten resultiert nicht aus der Relativzahlform sondern aus der Gegenüberstellung. So ist auch bei relativen Zahlen eine vergleichende Betrachtung bei der Auswertung nötig, um einen sinnvollen Erkenntnisgewinn zu erlangen.

den. Beim eigenbetrieblichen Vergleich dienen entweder Daten aus der Vergangenheit (Zeitvergleich) oder von der Unternehmensführung vorher festgelegte Sollzahlen (Soll-Ist-Vergleich) als Grundlage für eine Gegenüberstellung. Bei zwischenbetrieblichen Vergleichen werden Kennzahlen aus dem eigenen Unternehmen mit jenen aus anderen Unternehmen bzw. mit dem Branchendurchschnitt verglichen.[339]

Letztlich stellt sich die Frage nach der Herkunft der Daten zur Kennzahlenbildung. Häufig handelt es sich um Sekundärdaten, die zum einen unternehmensintern aus der Buchhaltung, der Bilanz, der Gewinn- und Verlustrechnung, der Kostenrechnung oder den Ergebnissen der betriebswirtschaftlichen Statistik erhoben werden[340], und zum anderen aus unternehmensexternen Daten, die über öffentlich zugängliche oder aber käuflich erwerbbare Statistiken gewonnen werden.

4.3.2 Überblick über touristische Kennzahlen in der Literatur

Leistungskennzahlen für DMOs finden in der tourismuswissenschaftlichen Literatur vor allem in den letzten Jahren zunehmendes Interesse. Die Konferenz der Travel and Tourism Research Association (TTRA) stand 2004 unter dem Motto „Measuring the tourism experience: When experience rules, what is the metric of success?".[341] Vereinigungen und Interessenverbände wie die *World Tourism Organization*[342] oder die *Destination Marketing Association International*[343] haben Kennzahlen entwickelt, „[…] in order to provide meaningful, actionable data"[344].

Für eine valide Messung der Effektivität einer DMO schlägt *Pike* (2004) eine Einteilung der Kennzahlen in zwei Kategorien vor. Die „market performance indicators" umfassen jene Kennzahlen, die im Zusammenhang mit vergangenheitsbezogenen Gästestatistiken, quantitativen marketing- und kommunikationspolitischen Erhebungen sowie dem kundenbezogenen Markenwert stehen. Während es sich bei den ersten beiden Kennzahlengruppen um quantitative Indikatoren handelt, die objektiv gemessen werden können, stellt der Markenwert einen eher langfristigeren und subjektiven Ansatz zur Betrachtung der Effektivität der DMO dar. Die zweite Kategorie „Organisation performance indicators" bezieht sich dagegen auf die Eignung der ergriffenen Aktivitäten der Destinationsmanager, das Erreichen ihrer Ziele sowie die Effizienz der Abläufe.[345]

---

[339] vgl. Staehle, 1969, S. 60f
[340] vgl. Lachnik, 1979, S. 21
[341] vgl. http://www.ttra.com; abgerufen am 27. März 2006
[342] vgl. WTO, 2003
[343] vgl. DMAI, 2005
[344] DMAI, 2005, S. 2
[345] vgl. Pike, 2004, S. 178ff

Eine Einteilung anderer Form speziell im Hinblick auf das Destinationsmarketing nimmt die *World Tourism Organization* (2003) vor, die Kennzahlen in Verhaltenskennzahlen (behavioral measurement) und Kommunikationskennzahlen (communication measurement) einteilt. Verhaltenskennzahlen spiegeln wider, was Menschen tun. Dies kann sich zum Beispiel durch die Anzahl der Ankünfte in der Destination oder durch das Ausgabenverhalten der Gäste ausdrücken. Obwohl sich qualitative Messungen anbieten würden, kommen hier meist quantitative Erhebungen zum Einsatz, die sich in drei Gruppen klassifizieren lassen:

- „Trip or visitor numbers and profiles by type of trip, nationality, socio-economic status etc.
- Visitor revenue, calculated per head/per day/per trip, and then grossed up to exstimates of destination totals.
- Occupancy of different accommodation types by bed and room and/or attractions and events."[346]

Verhaltenskennzahlen können jedoch nicht aufdecken, ob eine DMO tatsächlich geschäftlich erfolgreich ist oder an ihrer Leistungsgrenze arbeitet. Der Erfolg der DMO ist aufgrund des bereits angesprochenen Einflusses verschiedenster Variablen auf die Buchungsentscheidung der Gäste nur sehr schwer zu beurteilen. Die zweite Kategorie Kommunikationskennzahlen verfolgt daher das Ziel, den Einfluss von Werbemaßnahmen zu messen, indem kontrolliert wird, inwieweit diese Maßnahmen die strategischen Kommunikationsziele erreichen. Hierfür ist die Entwicklung eines Modells nötig, das Auskunft über die gewünschten Ergebnisse der Maßnahmen gibt. Anschließend wird die Leistung jeder einzelnen Maßnahme bezüglich Kundenreaktionen gemessen und mit der gewünschten Leistung verglichen.[347] Kennzahlen, die dieser Kategorie zuzuordnen sind, stehen häufig im Zusammenhang mit der Destinationsbekanntheit oder dem Destinationsimage.

Eine weniger inhaltliche als eher begriffliche Gliederung von Kennzahlen schlägt die *DMAI* (2005) im Rahmen des Destinationsmarketings vor. Hier werden zunächst Aktivitätenkennzahlen (activity measure), Leistungskennzahlen (performance measure) und Produktivitätskennzahlen (productivity metrics) unterschieden. Aktivitätenkennzahlen beschreiben die tatsächlichen Handlungen der DMO, die zur Erreichung der Unternehmensziele beitragen sollen (z.B. Anzahl besuchter Messen, Anzahl durchgeführter Inforeisen etc.). Leistungskennzahlen beziehen sich auf Ergebnisse, die einzig durch Aktivitäten der DMO erzielt wurden. Davon abzugrenzen sind Leistungsindikatoren (performance indicator), die die Leistung der gesamten Tourismusindustrie bzw. einzelner Bereiche widerspiegeln.[348] Produktivitätskennzahlen beleuchten das Verhältnis zwischen der Leistung einer DMO und ihrer Ressourcen. Sie wer-

---

[346] WTO, 2003, S. 14
[347] vgl. WTO, 2003, S. 33
[348] Kennzahlen dieser Art können z.B. Hotelauslastung, Ankünfte an Flughäfen, Besucherzahlen bei Attraktivitäten oder Angestelltenzahl in Restaurants sein.

den in der Regel als Verhältniszahl ausgedrückt und unterstützen die Destinationsmanager dabei, die Ressourcen so kosteneffektiv und –effizient wie möglich einzusetzen.[349]

4.4 Kennzahlensysteme

Unabhängig von ihrer Typologisierung stellt eine isolierte Betrachtung einzelner Kennzahlen jedoch noch kein geeignetes Hilfsmittel zur Steuerung, Koordination und Kontrolle eines Unternehmens dar. Aufgrund der vielfältigen Funktionen von Kennzahlen[350] hat die Betrachtung einer einzelnen, isolierten Kennzahl eine nur sehr begrenzte Aussagefähigkeit.[351] Hierfür ist eine integrative Erfassung der Kennzahlen durch ein Kennzahlensystem nötig.[352]

Unter Kennzahlensystemen versteht man die Zusammenstellung von quantifizierbaren Variablen (Kennzahlen), die in einer logischen, empirischen oder hierarchischen Beziehung zueinander stehen und auf ein gemeinsames übergeordnetes Ziel ausgerichtet sind.[353] Je nach ihrem Ziel treten Kennzahlensysteme in verschiedenen Erscheinungsformen auf. In einem Rechensystem sind die Kennzahlen rechnerisch miteinander verknüpft, in einem Ordnungssystem dagegen stehen sie in einem bestimmten Systematisierungszusammenhang.[354]

Die Operationalisierung von Zielen ist eine notwendige Voraussetzung zur Gewährleistung einer erfolgreichen Planung. Diesem Anspruch wird Rechnung getragen, indem die Ziele in Form von Kennzahlen dargestellt werden und damit einen messbaren und vor allem kontrollierbaren Sollzustand (bestimmter Bereiche) des Unternehmens ausdrücken. *Lachnit* (1976) sieht in einem Kennzahlensystem daher eine geordnete Gesamtheit von Kennzahlen, die in einem sachlich sinnvollen Zusammenhang stehen, sich gegenseitig ergänzen und als Gesamtheit dem Zweck dienen, den Betrachtungsgegenstand möglichst ausgewogen und vollständig zu erfassen.[355] Die bislang eher eingeschränkte Aussagekraft lose nebeneinander stehender Kennzahlen wird durch ein Kennzahlensystem erhöht.[356]

Dabei werden im Rahmen der Entscheidungsdurchsetzung die obersten Ziele der Unternehmensführung durch Unterziele an nachgeordnete Instanzen weitergegeben, um das Handeln

---

[349] vgl. DMAI, 2005, S. 4
[350] vgl. z.B. Weber, 1993, S. 202; Siegwart, 1998, S. 16ff.; Neely, 1998
[351] vgl. Wolf, 1977, S. 36
[352] vgl. Joos-Sache, 2002, S. 282; Horváth, 1998, S. 548
[353] Logische Beziehungen entstehen entweder durch Definition oder mathematische Transformation, empirische Beziehungen beruhen auf Beobachtungen der Realität und hierarchische Beziehungen werden durch eine Rangordnung der Kennzahlen charakterisiert, die entweder sachlich oder subjektiv begründet sein kann (vgl. Reichmann/Lachnit, 1977, S. 45). Reichmann (1997) unterscheidet zusätzlich empirisch-induktive Beziehungen, die sich aus den intersubjektiv nachvollziehbaren Vorstellungen des Verfassers eines Kennzahlensystems ergeben. (vgl. Reichmann, 1997, S. 23)
[354] vgl. Joos-Sachse, 2002, S. 282; Horváth, 1998, S. 548
[355] vgl. Lachnit, 1976, S. 216
[356] vgl. Staehle, 1969, S. 69

aller Unternehmenseinheiten auf das Unternehmensziel hin auszurichten.[357] Als geeignete Hilfsmittel im Rahmen der Zielbildung haben sich Kennzahlensysteme etabliert, mit denen Oberziele systematisch in untergeordnete Ziele der verschiedenen Unternehmensbereiche zerlegt werden. Dabei stellen die Unterziele gleichzeitig das Mittel zur Zielerreichung der übergeordneten Ziele dar, so dass eine so genannte Kausalkette entsteht. Diese Ursache-Wirkungszusammenhänge können mittels Kennzahlensystem dargestellt werden, wodurch das gesamte Zielsystem eines Unternehmens abgebildet wird.[358]

Das Kennzahlensystem zeigt folglich eine Ansammlung von Sollzuständen an, die das Unternehmen zunächst zu erreichen hat. Um dies zu gewährleisten, werden im Rahmen der Kontrolle die Kennzahlen herangezogen, um in regelmäßigen Abständen Istwerte zu erfassen. Durch den Vergleich von Soll- und Istwerten können Abweichungen genau ermittelt und Korrekturmaßnahmen eingeleitet werden. Legen die Kennzahlensysteme das Beziehungsgeflecht zwischen den Kennzahlen offen und sind die Kennzahlen so angeordnet, dass sie den Betrachtungsgegenstand als Ganzes strukturieren und damit bestehende Zusammenhänge darstellen[359], ermöglichen die Ursache-Wirkungszusammenhänge zwischen den einzelnen Kennzahlen eine Ursachenanalyse.[360]

Bis zum Anfang der 1980er Jahre wurden bei Kennzahlensystemen vor allem finanzwirtschaftliche Kennzahlen eingesetzt, um die Leistung eines Unternehmens zu messen.[361] Aufgrund der sich stark veränderten betriebswirtschaftlichen Rahmenbedingungen, der wachsenden Komplexität sowohl der Unternehmen als auch der Märkte, auf denen die Unternehmen konkurrieren[362], sowie der wachsenden Kritik an klassischen Controllingsystemen, die überwiegend auf finanz- und rechnungswesenorientierten Kennzahlen basieren, haben sich seit Ende der 1980er Jahre neue Konzepte etabliert. Diese werden in der Controllingliteratur unter dem Begriff „Performance Measurement" zusammengefasst. Im Hinblick auf die Zielsetzung des Dissertationsprojekts soll zunächst der Begriff des Performance Measurements kurz abgegrenzt und anschließend die Entwicklung dieser Disziplin erläutert werden.

4.4.1 Entwicklung des Performance Measurements auf der Basis der Kritik an herkömmlichen Kennzahlensystemen

Das Thema Performance Measurement wird in der Literatur seit dem Beginn der 1990er Jahre intensiv behandelt. Einer der ersten, weithin anerkannten Arbeiten zu diesem Thema stammt

---

[357] vgl. Horváth, 1998, S. 565
[358] vgl. Lachnit, 1979, S. 77
[359] vgl. Lachnit, 1979, S. 24f
[360] vgl. Küting, 1983, S. 239
[361] vgl. Otley, 1999, S. 363
[362] vgl. Kennerley/Neely, 2002, S. 1223

von *Eccles* (1991), der darin die traditionellen Messsysteme erheblich kritisiert.[363] Als Ergebnis ihrer Zusammenfassung der Literatur zum Thema Performance Measurement definieren *Neely et al.* (1995) diesen Begriff im weitesten Sinne als die Quantifizierung der Effizienz und Effektivität von Handlungen.[364] Es handelt sich im Kern „…um den Aufbau und Einsatz meist mehrerer quantifizierbarer Maßgrößen verschiedener Dimensionen (z.b. Kosten, Zeit, Qualität, Innovationsfähigkeit, Kundenzufriedenheit), die zur Beurteilung der Effektivität und der Effizienz der Leistung und Leistungspotentiale unterschiedlichster Objekte im Unternehmen (z.b. Organisationseinheiten unterschiedlichster Größe, Mitarbeiter, Prozesse) herangezogen werden."[365]

Das Performance Measurement ist eng an die Führungsphasen des Planungs- und Kontrollsystems angelehnt, beinhaltet jedoch als Ganzes den Zielbildungs- und den Feedbackprozess im Sinne eines kybernetischen Regelkreises sowie die Komponenten Anreiz, Belohnung und Sanktion.[366] Der Anbindung an die Informationsversorgungssysteme wird durch die besondere Beachtung der Kennzahlensysteme sowie der Kennzahlenpflege große Aufmerksamkeit gewidmet. Die transparente Darstellung der Leistungsentwicklung des Unternehmens durch Kennzahlen und Kennzahlensysteme ist der wichtigste Bestandteil eines Zielplanungs- und Zielsteuerungssystems, weshalb sich das Performance Measurement aus folgenden Komponenten zusammensetzt:

- „individual performance measures that quantify the efficiency and effectiveness of actions,
- the set of performance measures that combine to assess the performance of an organisation as a whole, [and]
- a supporting infrastructure that enables data to be acquired, collated, sorted, analysed, interpreted and disseminated."[367]

Neben Elementen aus dem Rechnungswesen, die bereits in traditionellen Kennzahlensystemen eine wichtige Rolle spielten, werden beim Performance Measurement Elemente aus der Strategie, der Betriebsführung sowie dem Human Ressource Management verschmolzen. So wird zum Beispiel in wissenschaftlichen Arbeiten unter Bezugnahme des häufig verwendeten Sprichworts „What gets measured gets done" die Entwicklung von Zielen und Strategien sowie die Durchführung von Handlungen zur Verbesserung der Unternehmensleistung in die Leistungsmessung einbezogen.[368]

Die Entwicklung von Performance Measurement Systemen basiert auf einer Reihe von Kritikpunkten an traditionellen Kennzahlensystemen. Diese werden im Folgenden beleuchtet, um

---

[363] vgl. Eccles, 1991
[364] vgl. Neely et al., 1995, S. 80
[365] Gleich, 1997a, S. 350
[366] vgl. Gleich, 2001, S. 22
[367] vgl. Neely, 1998; zitiert aus: Kennerley/Neely, 2002, S. 1237
[368] vgl. Centre for Business Performance, S. 4

daraus im weiteren Verlauf der Arbeit die Anforderungen für ein Controlling-Konzept für DMOs abzuleiten.

4.4.2 Finanzkennzahlenlastigkeit

Aufgrund einer steigenden Anzahl feindlicher Unternehmensübernahmen in den 1980er Jahren in den USA geriet die Unternehmenswertorientierung zunehmend in den Fokus der Betriebswirtschaftslehre. Die Leistungsfähigkeit des Unternehmens wurde durch kapitalmarktorientierte Größen bestimmt. In diesem Zusammenhang wurden Begriffe wie z.B. „Shareholder Value"[369] geprägt. Schwerpunkt der Theorie der Unternehmenswertsteigerung sind zum einen die regelmäßige Bestimmung des Unternehmenswerts und zum anderen das Wertmanagement, das sich in einer systematischen Suche nach neuen Möglichkeiten zur Schaffung von Zusatzwert subsumiert.[370] Im Mittelpunkt der Diskussion stand lange Zeit die korrekte Ermittlung des Unternehmens- bzw. Eigentümerwerts. Es wurde eine Vielzahl von Rechenkonzepten des Shareholder Value entwickelt, die Zahlungsstrom- oder Renditegrößen, Kapitalkosten, Steuern sowie Abschreibungsmodalitäten unterschiedlich berücksichtigen. Die Konzepte befassten sich also stark mit ökonomischen Größen wie der Kapitalmarkt- und Rechnungsorientierung, eine Vorgehensweise, die von *Otley* (1999) kritisiert wird: „However, the discipline of economics does not provide sufficiently rich picture of the internal activities for organizations to provide reliable guidance to the designers of management control systems."[371] *Weber/Schäffer* (2000a) ergänzen, dass Ergebniskennzahlen ohne Leistungstreiber nicht vermitteln können, wie die Ergebnisse erreicht werden sollen. Umgekehrt ermöglichen Leistungstreiber in Form nicht-monetärer Kennzahlen ohne Finanzkennzahlen zwar die Erreichung kurzfristiger Verbesserungen für die Geschäftseinheit, lassen jedoch nicht erkennen, ob diese Verbesserungen zu einer höheren Finanzleistung geführt haben.[372]

Aus diesem Grund begannen Unternehmen neben monetären Kennzahlen auch nicht-monetäre Kennzahlen wie Produktqualität, Kundenzufriedenheit oder Marktanteil in ihre Controllingsysteme einzubauen. Hauptgrund hierfür war die Annahme, dass nicht-monetäre Indikatoren einen besseren Gradmesser für zukünftige finanzielle Ergebnisse darstellen als Kennzahlen aus dem Rechnungswesen.[373] Die Kausalbeziehungen zwischen nicht-monetären Zielgrößen („process measures") und monetären Messgrößen der Eigentümerrendite („ROE measures") zeigt *Ramanthan* (1997).[374] Die gleiche Meinung vertritt *Hachmeister* (1997), für den Wertsteigerungspotentiale vor allem im operativen Geschäft und nicht auf Finanzmärkten

---

[369] "The value that a shareholder is able to obtain from his/her investment in a company. This is made up of capital gains, dividend payments, proceeds from buyback programs and any other payouts that a firm might make to a shareholder." (http://www.investorwords.com/5960/shareholder_value.html; abgerufen am 9. Februar, 2006)
[370] vgl. Guatri, 1994, S. 7
[371] Otley, 1999, S. 363. Siehe ähnlich auch z.B. Johnson/Kaplan, 1987; Kaplan, 1984; Johnson, 1983
[372] vgl. Weber/Schäffer, 2000a, S. 5
[373] vgl. Banker, et al., 2000, S. 66; Kueng/Krahn, 2000, S. 6
[374] vgl. Ramanthan, 1997, S. 16f.

zu suchen sind und damit eine Verbindung zwischen dem Shareholder Value und dem strategischen Management unverzichtbar ist.[375] Der Grund für diese Annahme basiert auf dem Ursache-Wirkungsprinzip, wonach sich die Handlungen und Entscheidungen des Managements in Innovationen, Qualität oder Kundenzufriedenheit widerspiegeln. Diese Ergebnisse beeinflussen wiederum das künftige finanzielle Ergebnis des Unternehmens.[376] Aktuelle monetäre Kennzahlen können diese langfristig ausgerichteten Aktivitäten des Managements nicht reflektieren, weshalb nicht-monetäre Kennzahlen die Aufmerksamkeit der Manager auf die Langfristigkeit ihrer Entscheidungen lenken sollen.[377]

Die Annahme, dass nicht-monetäre Kennzahlen das finanzielle Unternehmensergebnis beeinflussen, wurde allerdings bislang durch nur wenige Untersuchungen überprüft. Die empirischen Ergebnisse dieser Studien liefern keine eindeutigen Ergebnisse. So stellen *Ittner/Lacker* (1998) fest, dass die Verbindung zwischen nicht-monetären Kennzahlen und deren Einfluss auf das künftige Rechnungswesen (bzw. den Börsenkurs des Unternehmens) den Entscheidungsträgern in Organisationen Schwierigkeiten bereitet.[378]

Das Ziel von Performance Measurement Systemen leitet sich folglich dahingehend ab, sowohl auf Unternehmensebene als auch in den einzelnen Geschäftsbereichen durch eine detaillierte Werttreiberanalyse die Prognoseproblematik der finanziellen Größen zu lösen.[379] Grundlegender Anspruch von Performance Measurement Systemen ist daher eine Transparenz der Unternehmensziele auf nachgeordneten Ebenen.[380] Aus diesem Grund fordern *Fechtel/Stelter* (1997), detaillierte operative Zwischenzielgrößen aus den Kennzahlen zur Steuerung strategischer Geschäftseinheiten für jede Unternehmensebene abzuleiten.[381] Die Kennzahlen sollen hierbei in konzentrierter Form über einen quantifizierbaren Sachverhalt informieren und dienen dem Management damit als Signalfunktion, wenn durch Abweichungen von Soll-Vorgaben ein Handlungsbedarf in bestimmten Bereichen entsteht (siehe Abschnitt 4.2.2).[382]

Es ist festzuhalten, dass der Ertrag zwar das vorrangige Ziel der Unternehmung bleibt, als Kennzahl zur Leistungsmessung jedoch ungeeignet ist. Kennzahlen sollen jene Sachverhalte widerspiegeln, die von der Unternehmensführung gesteuert werden können, um den Ertrag zu erzielen. Kostenorientierte Kennzahlensysteme bieten lediglich eine vergangenheitsorientierte

---

[375] vgl. Hachmeister, 1997, S. 829
[376] vgl. Hauser et al., 1994, S. 330; Im Zusammenhang mit produzierenden Unternehmen zitieren *Kaplan/Norton* (1992) Manager und Wissenschaftler: „Forget the financial measures. Improve operational measures like cycle time and defect rates; the financial results will follow." (Kaplan/Norton, 1992, S. 71)
[377] vgl. Hemmer, 1996, S. 87f. (zitiert aus Banker et al., 2000, S. 66)
[378] vgl. Ittner/Larcker, 1998, S. 218; Brancato, 1995
[379] vgl. Currle, 2001, S. 12
[380] vgl. Klingebiel, 1999, S. 13
[381] vgl. Fechtel/Stelter, 1997, S. 32f
[382] vgl. Woratschek, 2004a

Sichtweise, welche keinerlei Rückschlüsse auf zukünftige Unternehmensleistungen zulässt und zu kurzfristigen Denkweisen bzw. Handlungen führt.[383]

4.4.3 Mangelhafte strategische Orientierung

Ein weiterer Kritikpunkt an herkömmlichen Kennzahlensystemen, der bei Performance Measurement Systemen aufgegriffen wird, ist die von einer Reihe von Wissenschaftlern bemängelte fehlende Berücksichtigung der **Geschäftsstrategie und der Maßnahmenplanung**. Durch die Festlegung der Ziele des Unternehmens sowie der Maßnahmen diese Ziele zu erreichen wird das traditionelle Kennzahlensystem um eine strategische Komponente erweitert. In diesem Zusammenhang sprechen einige Wissenschaftler von „strategischen Kontrollsystemen" bzw. „strategic control system".[384] *Bungay/Goold* (1991) stellen dazu fest: „A strategic control system ensures that the immense effort often put into preparing lengthy and detailed strategic plans is in fact translated into action, and the learning process is consolidated."[385] Vor diesem Hintergrund lassen sich die Aufgaben eines strategischen Performance Measurement Systems in drei Kategorien teilen. Neben der strategischen Komponente, die die Strategieimplementierung selbst sowie das in Frage stellen von Hypothesen umfasst, sind dies die Kommunikation und die Mitarbeitermotivation.

4.4.4 Vernachlässigung des kommunikativen Aspekts

Der kommunikative (bzw. interaktive) Aspekt bezieht sich unter anderem auf Forschungsergebnisse von *Simons* (1991), der anhand einer zweijährigen Studie nachwies, dass interaktive Managementkontrollprozesse zur Steuerung von neuen Strategien eingesetzt werden können: „rather than focusing on what the organization already understands and does well, these systems direct organizational attention to emerging threats and opportunities."[386] Dazu müssen die auf allen hierarchischen Ebenen des Unternehmens erhobenen Daten interpretiert und diskutiert werden. Dem Anspruch der Interaktivität ist dann genüge getan, wenn sich das Topmanagement regelmäßig und persönlich an der Entscheidungsfindung ihrer Mitarbeiter beteiligt, was vier Konsequenzen zur Folge hat:

- „Information generated by the management control system is an important and recurring agenda addressed by the *highest levels of management*;
- the process demands *frequent and regular attention* from *operating managers* at all levels of the organization;

---

[383] vgl. Bruns, 1998; *Hayes/Abernathy* (1980) geben gar dem kurzfristigen Finanzcontrolling die Schuld am wirtschaftlichen Abschwung der USA in den 1970er Jahren. (vgl. Hayes/Abernathy, 1980)
[384] z.B. Neely, 1998; Muralidharan, 1997; Bungay/Goold, 1991; Schreyögg/Steinmann, 1987. *Simons* (1991) definiert Managementkontrollsysteme „... as the formalized routines and procedures that use information to maintain or alter patterns in organizational activity". (vgl. Simon, 1991, S. 49)
[385] Bungay/Goold, 1991, S. 32
[386] vgl. Simons, 1987, S. 351f. (zitiert aus Simons, 1991, S. 140)

- data interpreted and discussed in face-to-face *meetings of superiors, subordinates, and peers*; and
- the process relies on the *continual challenge and debate* of underlying data, assumptions, and action plans."[387]

4.4.5 Mangelhafte Mitarbeitermotivation

Neben der Interaktivität ist die Mitarbeitermotivation ein weiteres Element von strategischen Performance Measurement Systemen und gleichzeitig ein kritischer Faktor für deren Effektivität.[388] Damit wird einheitlich das Ziel verfolgt, das Verhalten der Organisationsmitglieder, besonders der Unternehmensführung und der Manager so zu steuern und zu beeinflussen, dass die Wahrscheinlichkeit der Zielerreichung der Unternehmung steigt.[389] *Klingebiel* (1999) stellt fest, dass sich eine optimale Nutzung aller personellen Ressourcen sowie deren Verknüpfung mit den jeweiligen Prozessen und (Teil-)Systemen als Basis für eine langfristige Verbesserung der Unternehmensleistung erweisen.[390]

Das Performance Measurement soll eine erhöhte Mitarbeitermotivation anregen sowie zusätzliche Lerneffekte erzeugen[391], indem es als Motivationsinstrument in das Vergütungssystem des Unternehmens eingebettet ist. Der Einsatz von Kennzahlen zur Beurteilung der Leistung ist zwar nicht neu, doch wurden vor der Entwicklung von Performance Measurement Systemen fast ausschließlich Kennzahlen aus dem Rechnungswesen als Bewertungsgrundlage herangezogen. Vor allem das Management des Unternehmens wurde auf der Basis von Finanzkennzahlen wie den Nettoeinnahmen oder dem Return on Investment beurteilt und auch entlohnt. Erst später begannen zunächst innovations- und qualitätsorientierte Unternehmen, nicht-monetäre Kennzahlen wie Produktqualität, Kundenzufriedenheit oder Marktanteil bei der Mitarbeiterbeurteilung einzusetzen.[392]

Ähnlich wie bei dem Einfluss auf den Unternehmenserfolg blieb auch die Erforschung des Einflusses von nicht-monetären Kennzahlen als Motivationsinstrument auf das Verhalten und die Leistung der Mitarbeiter lange Zeit vernachlässigt und die wenigen Studien zu diesem Thema kamen zu unterschiedlichen Ergebnissen.[393] Auf der einen Seite stellten *Maisel* (2001) und *Kaplan/Norton* (1999)[394] fest, dass ein Vergütungssystem, das an Kennzahlen im Performance Measurement Systeme gekoppelt ist, positive Effekte sowohl beim Verhalten der Mitarbeiter als auch innerhalb der Organisation hat.[395] Im Gegensatz dazu kommen sowohl *Ittner*

---

[387] vgl. Simons, 1991, S. 50
[388] vgl. z.B. Otley, 1999; Kaplan/Norton, 1996; Eccles, 1991
[389] vgl. Flamholtz, 1996, S. 597
[390] vgl. Klingebiel, 1999, S. 14
[391] vgl. Hiromoto, 1988, S. 22f
[392] vgl. z.B. Banker et al., 2000; Ittner et al., 1997, S. 251f
[393] Centre for Business Performance, S. 7
[394] Hier sind die Fallstudien aus dem Buch „Balanced Scorecard – Strategien erfolgreich umsetzen" gemeint.
[395] vgl. Maisel, 2001; Kaplan/Norton, 1999

et al. (2003) als auch *Ho/McKay* (2003) zu dem Ergebnis, dass der Einsatz von Kennzahlen aus dem Performance Measurement System zu ungewünschten Verhaltensweisen führen kann und sich damit langfristig kontraproduktiv auf das Unternehmensergebnis auswirkt.[396] Es besteht die Gefahr, dass Entscheidungsträger durch subjektive Entscheidungen wie z.b. dem Ändern der Beurteilungskriterien in kurzen Zeitabständen, einer zu starken Gewichtung von monetären Kennzahlen oder der Berücksichtigung von Kennzahlen, die keinen Einfluss auf das Unternehmensergebnis haben, zu Unzufriedenheit bei den beurteilten Mitarbeiter führt.[397] Zudem stellt sich die Gewichtung der einzelnen Kennzahlen als schwierig dar. Dies kann dazu führen, dass Boni auch dann ausbezahlt werden, wenn die Leistung unausgeglichen ist.[398] Eine Berücksichtigung aller relevanten Faktoren der Mitarbeiterleistung bei den ausgewählten Kennzahlen wird außerdem in Zweifel gezogen.[399]

4.4.6 Vernachlässigung von Stakeholdern

Ein weiterer Kritikpunkt an herkömmlichen Kennzahlensystemen ist die **Vernachlässigung existierender Anspruchsgruppen** (Stakeholder).[400] Aus der Marketingperspektive betrachtet erreichen Unternehmen dann ihre Ziele, wenn sie ihre Kunden effizienter und effektiver zufrieden stellten als die Konkurrenten.[401] Die Effektivität bezieht sich dabei auf das Ausmaß, zu dem die Erwartungen der Kunden erfüllt werden konnten, wogegen die Effizienz beschreibt, wie ökonomisch das Unternehmen seine Ressourcen eingesetzt hat, um die Kunden zufrieden zu stellen. Ein rein monetär orientiertes Kennzahlensystem würde den ersten Punkt nicht berücksichtigen und damit eine wesentliche Determinante für den Unternehmenserfolg vernachlässigen. Durch die zunehmende Ausgliederung von Leistungen aus dem Unternehmen (Outsourcing) steigt die Abhängigkeit von externen Leistungserstellern, weshalb eine Berücksichtigung dieser Gruppen im Performance Measurement System notwendig zu werden scheint.[402] *Neely* (2005) erwähnt im Hinblick auf das externe Controlling Kapitalgeber und Aufsichtsbehörden als eine weitere relevante Stakeholdergruppe, die ins Performance Measurement einzubeziehen sind.[403]

Für die Berücksichtigung der Stakeholder schafft das Wertmanagement Abhilfe, welches eine über die Steigerung des Shareholder Value hinausgehende Nutzenmehrung für unterschiedliche Stakeholder umfasst.[404] Letztendlich bestimmt deren Interessenlage im Wesentlichen,

---

[396] vgl. Ittner et al, 2003; Ho/McKay, 2003
[397] vgl. Ittner et al., 2003, S. 726
[398] Zum Beispiel wenn eine sehr gute Leistung bei einer Kennzahl eine sehr schlechte Leistung bei einer anderen Kennzahl ausgleicht. (vgl. Ittner et al., 2003, S. 726)
[399] vgl. z.B. Baker et al.; 1994, S. 1127
[400] vgl. Currle, 2001, S. 10
[401] vgl. Kotler, 1984
[402] vgl. Beamon, 1999
[403] vgl. Neely, 2005, S. 1272
[404] vgl. Gomez, 1993, S. 23

was die Erfolgsfaktoren einer Organisation sind.[405] Daher sind verschiedene Interessen- und Zielgegensätze zu bereinigen und zwecks gemeinsamer Zielerreichung einheitlich zu formen.[406] Ferner sollen mit einem Performance Measurement mehr leistungsebenenbezogene und –übergreifende Kommunikationsprozesse erzeugt werden.[407]

4.4.7 Zusammenfassende Bemerkungen zum Vergleich zwischen traditionellen Kennzahlensystemen und Performance Measurement Systemen

Zusammenfassend ist zu konstatieren, dass traditionell stark finanzorientierte Kennzahlensysteme in der Unternehmenspraxis zwar bereits sehr lange Anwendung finden, ihre Wertschätzung als Instrument der Unternehmensführung jedoch nicht unumstritten ist.[408] Die Kritik bezieht sich auf diverse Aspekte, unter anderem werden neben der Missachtung nichtmonetärer Größen eine fehlende Anbindung an die strategische Planung, eine zu starke Vergangenheitsorientierung und Kurzfristigkeit, eine wenig ausgeprägte Kundenorientierung sowie falsche Anreizbezugspunkte genannt.[409]

Mit der Berücksichtigung der genannten Kritikpunkte werden Performance Measurement Systeme den veränderten Ansprüchen des Informationszeitalters gerecht. Während im Industriezeitalter die Wirtschaftlichkeit eines Unternehmens vor allem auf der Massenproduktion basierte, sind für Unternehmen im Informationszeitalter immaterielle und intellektuelle Vermögenswerte[410] weitaus erfolgskritischer als materielles Anlagevermögen. Dementsprechend sollte das neue Kennzahlensystem nicht ausschließlich finanzielle Messgrößen enthalten, die lediglich vergangene Ereignisse reflektieren. Dies würde eine zu starke Vergangenheitsorientierung sowie Kurzfristigkeit und folglich eine fehlende Anbindung an die strategische Planung des Unternehmens mit sich bringen.[411] Das nicht-finanzielle Controlling der Produktivität in ihren vielen Ausprägungen gibt dagegen schon früh wesentliche Informationen auf spätere Erfolgswirkungen.[412] Daher wurden die herkömmlichen finanziellen Kennzahlen um treibende Faktoren zukünftiger Leistungen ergänzt. Zielsetzung dieser Vorhaben war der Aufbau sowie der Einsatz mehrerer, oft zusammenhängender, quantifizierbarer Messgrößen verschiedener Dimensionen (wie z.B. Kosten, Zeit, Qualität oder Kundenzufriedenheit), die zur Diagnose der Effizienz und Effektivität der Unternehmensleistung herangezogen werden können. Daraus ergibt sich die Möglichkeit, andere Objekte des betrieblichen Leistungsgeschehens, wie beispielsweise Prozesse und Mitarbeiterleistungen anhand ihrer Effizienz zu

---

[405] vgl. Klingebiel, 1999, S. 7
[406] vgl. Gleich, 2002, S. 57
[407] vgl. Dhavale, 1996, S. 52
[408] vgl. Weber/Schäffer, 2000a, S. 1
[409] vgl. Gleich et al., 2002, S. 51
[410] Als Beispiel können hier Qualitätsprodukte, motivierte und gut ausgebildete Mitarbeiter, schnelle und kalkulierbare interne Prozesse sowie treue und zufriedene Kunden genannt werden.
[411] vgl. Klingebiel, 2001, S. 19
[412] vgl. Armitage/Atkinson, 1990

beurteilen.[413] Die Unternehmensführung erhält folglich Informationen über zukünftige Potentiale, den aktuellen Zustand sowie die jüngste Vergangenheit des Unternehmens.[414]

---

[413] vgl. Gleich, 1997a, S. 51f
[414] vgl. Gleich, 1997b, S. 364

5 Kritische Würdigung bestehender Performance Measurement Systeme und ihre Übertragbarkeit auf DMOs

Die im vorangegangenen Abschnitt besprochenen Kritikpunkte an traditionellen Kennzahlensystemen wurden in den vergangenen beiden Jahrzehnten von einer Reihe von Praktikern, Unternehmensberatern und Wissenschaftlern aufgegriffen und in einer großen Anzahl neuer Performance Measurement Systeme umgesetzt.[415] Der Fokus dieser Konzepte liegt auf der Beantwortung der Frage, wie Unternehmen ihre bestehenden, traditionell kostenbasierten, Kennzahlen- und Managementsysteme durch Performance Measurement Systeme ersetzen können, die sowohl die Unternehmensziele als auch das Unternehmensumfeld besser widerspiegeln.[416]

Die bekanntesten Vertreter dieser neuen Konzepte sind die Balanced Scorecard von *Kaplan/Norton* (1999)[417], die Performance Pyramid von *Lynch/Cross* (1991) sowie das Performance Measurement in Dienstleistungsunternehmen nach *Fitzgerald et al.* (1991).[418] Um den aktuellen Bedarf an einem modifizierten Controlling-Konzept für DMOs darzulegen, werden im Folgenden diese Performance Measurement Systeme kritisch gewürdigt.

Neben diesen allgemeinen Performance Measurement Systemen haben sich in der Tourismusbranche und speziell für Destinationen eigene praxisorientierte Controllingsysteme entwickelt. Wichtige Vertreter auf internationaler Ebene sind das Handbuch für Leistungsberichterstattung von der „Destination Marketing Association International"[419] sowie der Leitfaden für die Beurteilung von Marketingaktivitäten der World Tourism Organization (WTO)[420]. Auf nationaler Ebene erreicht das Tourismusbarometer des Ostdeutschen Giro- und Sparkassenverbandes[421] die größte Bekanntheit. Darüber hinaus wurden weitere Benchmarkingsysteme für Destinationen entworfen, die speziell die Leistung bzw. die Ergebnisse der Destination als Produkt reflektieren und an Vergleichswerten messen.[422]

---

[415] vgl. Gleich, 2001, S. 45ff; *Neely* (1999) spricht in diesem Zusammenhang von einer „performance measurement revolution". (vgl. Neely, 1999)
[416] vgl. Neely, 2005, S. 1266; Centre of Business Performance, S. 9
[417] In einer Untersuchung der bisherigen Forschung zum Thema Performance Measurement kommt *Neely* (2005) zu dem Ergebnis, dass zwischen 30 und 60 Prozent aller Unternehmen die Balanced Scorecard einsetzen. Zudem werden Arbeiten zum Thema Balanced Scorecard mit Abstand am häufigsten in der Literatur zum Performance Measurement zitiert. So vereinen die zehn am häufigsten zitierten Arbeiten zu diesem Themengebiet 514 Zitationen auf sich. Davon fallen knapp 57 Prozent auf Arbeiten über die Balanced Scorecard. (vgl. Neely, 2005, S. 1267)
[418] Einen umfassenden Überblick über verschiedene Kennzahlensysteme, Performance Measurement Systeme sowie veranschaulichende Bezugsrahmen liefern *Rouse/Putterill* (2003). (vgl. Rouse/Putterill, 2003, S. 791ff.)
[419] vgl. DMAI, 2005
[420] vgl. WTO, 1993
[421] vgl. OSGV, 2004
[422] vgl. z.B. Beritelli et al.; 2004; Larbig et al., 2004; Richter/Feige, 2004; Fuchs, 2002; Kozak/Rimmington, 1997

Die genannten Konzepte verfolgen das Ziel, dem Management einen Überblick über vergangene Leistungen des Unternehmens zu liefern sowie die Unternehmensführung bei seinen Entscheidungen zu unterstützen. Hierfür ist die Berücksichtigung der Wertschöpfung von grundlegender Bedeutung. Wertschöpfungsanalysen dienen der Entwicklung einer erfolgreichen Unternehmensstrategie, indem sie aufdecken, wo ein Unternehmen Werte schafft. Speziell Dienstleistungen verfügen über eigene Formen von Wertschöpfungskonfigurationen, die nun betrachtet werden.

5.1 Anwendbarkeit existierender Performance Measurement Systeme

Die Ausführungen über die verschiedenen Wertschöpfungskonfigurationen von Dienstleistungsunternehmen (vgl. Kapitel 3) haben gezeigt, dass sich für das Controlling und die Leistungsmessung bei Unternehmen, die nicht der Wertkette als Wertschöpfungskonfiguration folgen, unterschiedliche Probleme ableiten lassen. Die Vielfalt und Komplexität von Dienstleistungen bereiten schon bei der Erstellung einer Grundstruktur zur Performancemessung Schwierigkeiten. Darüber hinaus führen die dienstleistungsspezifischen Elemente Immaterialität, Heterogenität, Simultanität von Produktion und Konsum der Leistung sowie Nichtlagerbarkeit zu neuen Herausforderungen. Diese beziehen sich weniger auf die Frage, was gemessen wird, sondern wie Dinge gemessen werden.[423] Einerseits wird die Leistungsmessung bei Dienstleistungsunternehmen durch Gesichtspunkte wie dem Wegfallen der Lagerproblematik vereinfacht, andererseits sind die Leistungen von Wertnetzwerken so heterogen, dass sich herkömmliche Vorgehensweisen der Leistungsmessung kaum noch anwenden lassen.[424] Die Immaterialität sowie die Simultanität von Produktion und Konsum der Leistung erschweren eine objektive Leistungsbewertung, anhand derer vor dem Absatz Aussagen über die Leistungsqualität getroffen und Kennzahlen abgeleitet werden können.

In den letzten Jahren wurden von verschiedenen Fachleuten aus der Wissenschaft und aus der Praxis Ansätze und Ideen zum Aufbau und der Anwendung von Performance Measurement Systemen bei Dienstleistungsunternehmen gebildet. Diese werden jedoch den Anforderungen von Unternehmen, die dem Wertshop oder der Wertkette folgen, nur bedingt gerecht. Die nun folgende Kritik an einer Auswahl dieser Performance Measurement Systeme im Hinblick auf ihre Eignung bei unterschiedlichen Wertschöpfungskonfigurationen soll die Grundlage für ein modifiziertes Controllingsystem schaffen, das den Ansprüchen von DMOs Genüge leistet. Im Fokus wird zunächst die Balanced Scorecard stehen. Anschließend werden die Performance Pyramid von *Lynch/Cross* (1991) sowie das Performance Measurement in Dienstleistungsunternehmen nach *Fitzgerald et al.* (1991), das speziell für Dienstleistungsunternehmen konzipiert wurde, einer kritischen Untersuchung unterzogen.

---

[423] vgl. Fitzgerald et al., 1991, S. 3

5.1.1 Balanced Scorecard

5.1.1.1 Beschreibung der Balanced Scorecard

Die Balanced Scorecard, die als wohl erfolgreichstes Performance Measurement System der letzten Jahre häufig fälschlich als Synonym für Performance Measurement verwendet wird[425], entstand Anfang der 1990er Jahre im Rahmen einer Studie des Nolan Norton Institute. Diese beruhte auf dem Gedanken, dass „Performance Measurement Ansätze", die auf Finanzkennzahlen basieren, zunehmend ungebräuchlich wurden. Die Balanced Scorecard, die als Ergebnis aus dieser Studie hervorging, berücksichtigt diese Kritik. Zentrale Erkenntnis der Balanced Scorecard ist die Tatsache, dass der langfristige wirtschaftliche Erfolg eines Unternehmens vorrangig auf nicht-finanziellen Faktoren beruht und diese folglich die Grundvoraussetzung zur Realisierung von monetären Gewinnen darstellen. Daher beinhaltet die Balanced Scorecard neben finanzwirtschaftlichen auch nicht-finanzwirtschaftliche Kennzahlen, die weiter in vor- und nachlaufende Indikatoren unterteilt werden.[426]

Die Ziele und Kennzahlen der Balanced Scorecard, die aus der Vision und der Strategie der Organisation abgeleitet werden, bilden den Rahmen dieses Berichtsbogens, indem sie die Unternehmensleistung aus vier verschiedenen Perspektiven betrachten: der finanziellen Perspektive, der Kundenperspektive, der Perspektive der internen Geschäftsprozesse und der Innovationsperspektive (vgl. Abbildung 7). An dieser Stelle wird die Ausgewogenheit („balanced") der Scorecard zwischen den extern orientierten Kennzahlen für Kunden und Teilhaber und den internen Messgrößen für kritische Geschäftsprozesse, Innovation sowie Lernen und Wachstum deutlich. Darüber hinaus enthält die Balanced Scorecard eine ausgewogene Aufstellung finanzieller Kennzahlen vergangener Ereignisse und Leistungstreiber zukünftiger Leistungen, sowie objektiv messbarer Ergebniskennzahlen und subjektiv urteilsabhängiger Zielgrößen.

---

[424] vgl. Fickert/Schedler, 1995, S. 388
[425] vgl. Klingebiel, 2002, S. 5
[426] vgl. Kaplan/Norton, 1997

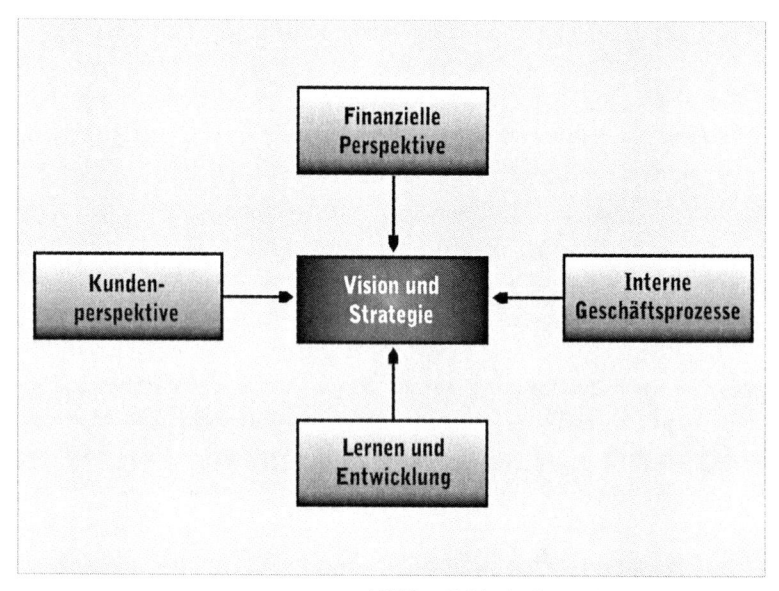

Abbildung 7: Die vier Perspektiven der Balanced Scorecard
Quelle: in Anlehnung an Kaplan/Norton, 1997, S.9

Durch die Aufnahme von Zielen, die auf nicht-finanziellen Kennzahlen basieren, kommt ein Unternehmen in den Genuss von verschiedenen Vorteilen. Die Balanced Scorecard offenbart dem Unternehmen die Werttreiber für wichtige, langfristige und wettbewerbsfähige Leistungen, während der Blick auf kurzfristig orientierte Leistungen durch die finanzielle Perspektive nicht verloren geht.

Die Balanced Scorecard verfolgt das Ziel, die vorgegebenen Strategien eines Unternehmens messbar zu machen. Dies hat den Vorteil, dass die Strategien innerhalb der Organisation konkreter kommuniziert werden können. Daher ist es für die Bildung geeigneter Kennzahlen notwendig, Ursache-Wirkungszusammenhänge zu ermitteln, die diesen Kennzahlen zu Grunde liegen.[427] Das Konzept der Balanced Scorecard basiert auf einem Hypothesensystem werttreibender Kausalketten, bei der bestimmte Kennzahlen auf vier Perspektiven als Leistungstreiber für darüber liegende Ziele fungieren, und die die Vision und Strategie für das operative Geschäft in messbare Ziele ableiten (vgl. Abbildung 8).[428] Die Kennzahlen verdichten sich im Laufe des Prozesses bis das Endziel des Unternehmens, in der Regel das Erzielen eines monetären Gewinns, erreicht wird. Daher verkörpert die finanzielle Perspektive das Endziel der Unternehmung, das durch Ursache-Wirkungszusammenhänge mit den nicht-monetären Zielgrößen der übrigen Perspektiven erreicht werden soll.

---

[427] Pfaff et al., 2000, S. 36

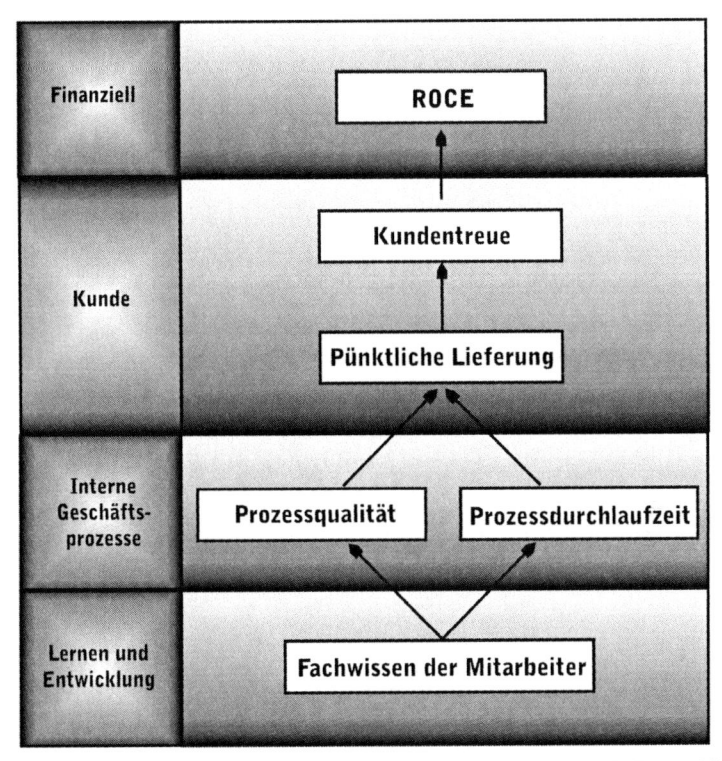

Abbildung 8: Ursache-Wirkungskette in der Balanced Scorecard
Quelle: in Anlehnung an Kaplan/Norton, 1999, S. 27

Die Strategie einer Unternehmung stellt demzufolge ein Bündel von Hypothesen über Ursache und Wirkung von Ergebniskennzahlen und Leistungstreibern dar, die sich durch alle vier Perspektiven der Scorecard ziehen. Jede Zielgröße der Balanced Scorecard sollte das Element einer Kausalbeziehung sein und die Bedeutung der Geschäftsstrategie für das Unternehmen kommunizieren. Die kausale Ausrichtung der Balanced Scorecard ermöglicht es, den Erfolg oder Misserfolg einzelner Kennzahlen zurückzuverfolgen.[428] Somit stellt die Explizierung der Ursache-Wirkungskette eine Verbesserung gegenüber der traditionell bestehenden Intransparenz über Beziehungszusammenhänge im Hinblick auf die Strategieumsetzung dar.[430]

---

[428] vgl. Kaplan/Norton, 1997, S. 27
[429] vgl. Werner, 2000, S. 456
[430] vgl. Wiese, 2000, S. 80

5.1.1.2 Eignung der Balanced Scorecard für DMOs

Die Eignung der Balanced Scorecard im Allgemeinen und für DMOs im Besonderen wird von einer Reihe von Wissenschaftlern in Frage gestellt. So hält *Gleich* (1997b) den Wahrheitsgehalt der Kausalketten aufgrund unzähliger Interdependenzen für fragwürdig.[431] Zudem ist eine fundierte empirische Kontrolle der unterstellten Kausalzusammenhänge nur sehr selten möglich.[432] Daher kann nicht überprüft werden, ob die oben beispielhaft erwähnte Kundenzufriedenheit zu einem Erreichen der monetären Ziele auf der Finanzperspektive führt.[433] Die unterstellten Zusammenhänge der Service Profit Chain sind daher in Frage zu stellen[434], weil die Richtung der dargestellten Kausalitäten nicht zwangsläufig eindeutig identifiziert werden können. Stattdessen können auch gegenläufige Beziehungen zwischen den betrachteten Größen bestehen.[435]

Ein weiterer Kritikpunkt an der Balanced Scorecard wird im Zusammenhang mit den Wertschöpfungskonfigurationen der Unternehmen erhoben, die die Balanced Scorecard einsetzen. *Möhlenbruch/Wurm* (2002) erläutern die branchenspezifischen Besonderheiten bei Kausalketten am Beispiel des Handels, bei dem der Einkauf von zentraler Bedeutung ist. Zudem sind Flexibilisierungspotentiale im Hinblick auf Lieferantenwechsel zu berücksichtigen. Die Balanced Scorecard zieht jedoch keine Verbundeffekte in Betracht, die jedoch vor allem in der Sortimentspolitik von großer Bedeutung sind.[436] Daher ist es nicht verwunderlich, dass mit Hilfe der Balanced Scorecard auch falsche Strategien umgesetzt werden können.[437]

Durch die Abbildung der strategierelevanten Kennzahlen und der sie verbindenden Kausalbeziehungen in den Perspektiven der Balanced Scorecard wird letztlich die betriebliche Wertschöpfungskette nach *Porter* (1980) abgebildet. Die Lern- und Entwicklungsebene bezieht sich auf die Mitarbeiter und damit einen wesentlichen Faktorinput, die Prozessperspektive auf den eigentlichen Transformationsprozess, die Marktperspektive auf den Output der Produktionsfunktion und die finanzielle Perspektive auf aus unternehmerischer Sicht eigentlich ausschlaggebenden Outcome.[438] Dieser sequentielle Ablauf der primären Aktivitäten kann jedoch bei den anderen genannten Wertschöpfungskonfigurationen nicht aufrechterhalten werden, da hier die primären Aktivitäten simultan bzw. zyklisch durchgeführt werden.[439] Damit kann die Balanced Scorecard bei Unternehmen, die der Wertschöpfungskonfiguration

---

[431] vgl. Gleich, 1997c, S. 432
[432] vgl. Wall, 2001; Pfaff et al., 2000
[433] Eine empirische Überprüfung der angesprochenen Kausalitäten deckt teilweise kontra-intuitive Zusammenhänge auf. Eine höhere Kundenzufriedenheit führt zum Beispiel nicht automatisch zu höheren Erlösen. (vgl. Woratschek/Horbel, 2003; Nørreklit, 2000)
[434] vgl. Kamakura et al., 2002; Heskett et al., 1994
[435] vgl. Wall, 2001
[436] vgl. Möhlenbruch/Wurm, 2002
[437] vgl Horváth/Gaiser, 2000
[438] vgl. Weber/Schäffer, 1999, S. 7
[439] vgl. Stabell/Fjeldstad, 1998, S. 429

eines Wertnetzwerks oder eines Wertshops folgen, schon in dieser Hinsicht nicht optimal eingesetzt werden.[440]

Weiterhin wird an der Balanced Scorecard die mangelnde Stakeholderorientierung kritisiert, die besonders bei Wertnetzwerken eine essentielle Rolle spielt. Die Balanced Scorecard bietet keine Möglichkeit, Aktivitäten in Kooperationen, Allianzen oder Netzwerken zu erfassen.[441] Obwohl diese Organisationsform bei Dienstleistungen besonders häufig vorkommt, fehlen dafür Ursache-Wirkungsbeziehungen.[442] Im Rahmen der Stakeholderorientierung vertreten *Brown/Laverick* (1994) die Ansicht, dass sich dieses Konzept vorwiegend auf die Shareholder des Unternehmens bezieht und damit wichtige Interessensgruppen außen vor lässt.[443] Das strategische Management sollte eine über die Steigerung des Shareholder Value hinausgehende Nutzenmehrung für unterschiedliche Stakeholder umfassen (Wertmanagement).[444] Letztendlich bestimmt deren Interessenlage im Wesentlichen, was die Erfolgsfaktoren einer Organisation sind.[445] Dies ist ganz besonders bei DMOs zu beachten, deren Kernaufgabe darin besteht, die einzelnen Leistungsersteller im Rahmen der Kooperenz zu koordinieren.

Schließlich kritisieren *Kennerley/Neely* (2000) eine mangelnde Berücksichtigung des Humankapitals, das vor allem in Dienstleistungen einen wesentlichen Erfolgsfaktor darstellt.[446] Die Mitarbeiter tragen durch ihren direkten Kontakt zu den Kunden zu deren Qualitätswahrnehmung bei. Daher ist besonders bei kontaktintensiven Dienstleistungen die Berücksichtigung des Humankapitals bei der Messung der Unternehmensleistung sowie der Festlegung künftiger Strategien von essentieller Bedeutung, die jedoch bei der Balanced Scorecard vernachlässigt wird.[447]

Zusammenfassend ist festzuhalten, dass sich die Balanced Scorecard aufgrund der angesprochenen Kritikpunkte nur suboptimal für den Einsatz bei Dienstleistungsunternehmen eignet. Zwar existieren Modifikationen dieses Controllinginstruments in Theorie und Praxis[448], die jedoch an der grundlegenden Wertschöpfungslogik der Balanced Scorecard festhalten. „Die Balanced Scorecard kann [jedoch] keinen zuverlässigen Überblick über das Geschehen in einem Unternehmen geben, wenn die der Wertschöpfung zugrunde liegenden Ursache-Wirkungszusammenhänge nicht richtig identifiziert werden können."[449]

---

[440] Vor diesem Hintergrund ist der Beitrag von *Fließ et al.* (2006) zu kritisieren, in dem der Einsatz der Balanced Scorecard in der Flughafen Stuttgart GmbH beschrieben wird (vgl. Fließ et al., 2006). Nach Auffassung des Autors dieser Arbeit handelt es sich bei einem Flughafen um ein Wertnetzwerk im eigentlichen Sinne.
[441] vgl. Bornheim/Stüllenberg, 2002; Elberenz, 2000
[442] vgl. Woratschek et al, 2006, S. 258
[443] vgl. Brown/Laverick, 1994, S. 94
[444] vgl. Gomez, 1993, S. 23
[445] vgl. Klingebiel, 1999, S. 7
[446] vgl. Kennerley/Neely, 2002
[447] vgl. Berens et al., 2000; Fink/Grundler, 1998
[448] vgl. Reichmann/Form, 2000
[449] Woratschek et al., 2006, S. 259

5.1.2 Performance Pyramid

5.1.2.1 Beschreibung der Performance Pyramid

Lynch/Cross (1991) präsentieren in ihrem Konzept der **Performance Pyramid** einen Gestaltungsrahmen für den Entwurf und den Einsatz eines Performance Measurements, der mittlerweile Berücksichtigung in verschiedenen Beraterätsätzen gefunden hat.[450] Die Performance Pyramid verfolgt den Zweck, die Zielvorgaben des Topmanagements in alle Organisationseinheiten zu tragen. Die Informationen sollen zeitnah und leistungsgerecht je Leistungsebene sowie „leistungsebenenübergreifend" zur Verfügung stehen. Gemäß den Vorgaben des Performance Measurements werden neben monetären auch nicht-monetäre Kennzahlen eingesetzt, die als Leistungskennzahlen an die internen Kunden kommuniziert und berichtet werden.[451]

Ausgangspunkt für die Ableitung von betrieblichen Leistungskennzahlen ist die Analyse des externen Unternehmensumfelds und der internen Unternehmenssituation. Im externen Unternehmensumfeld werden die Kundenbedürfnisse, die technologischen Entwicklungen sowie die Wettbewerbssituation des jeweiligen Kundensegments bestimmt. Der Stakeholdergruppe „Kunde" kommt dabei im Rahmen der Leistungsmessung eine herausragende Bedeutung zu. Die Untersuchungsobjekte der internen Unternehmenssituation sind der Produktplan, die strategischen und operativen Projektpläne sowie der Kapazitätsplan.[452]

Die vierstufige Performance Pyramid, auf der sowohl die Ziele als auch die Zielgrößen basieren, soll ähnlich wie die Balanced Scorecard eine effektive Verknüpfung der strategischen mit der operativen Ebene eines Unternehmens gewährleisten (vgl. Abbildung 9). Die qualitativen Ziele werden, orientiert an den Prioritäten der Kunden, in einem top-down-Prozess abgeleitet, wogegen die Zielgrößen von der Basis der Pyramide zu deren Spitze hin immer weiter verdichtet (bottom-up-Prozess) werden.[453] Auf der Basis einer definierten und kommunizierten Unternehmensvision werden auf der Ebene „Geschäftsbereich" marktbezogene sowie finanzielle Ziele festgelegt. Dabei müssen die Strategien auf dieser Leistungsebene einen Rückschluss darauf zulassen, wie die Ziele erreicht werden können. Auf der nachfolgenden Ebene sind die operativen Zielvorstellungen bezüglich Kundenzufriedenheit, Flexibilität und Produktivität für alle Bereiche zu formulieren. *Lynch/Cross* (1991) beziehen sich hier auf „Business Operating Systems" und nennen als Beispiele die Einführung eines neuen Produkts oder den After-Sales-Service.

---

[450] So z.B. der Ansatz von Coopers & Lybrand (C&L) (vgl. z.B. Olson et al., 1995) sowie der Ansatz von Arthur D. Little (vgl. z.B. Vantrappen/Metz, 1996)
[451] vgl. Gleich, 2001, S. 68
[452] vgl. Lynch/Cross, 1991, S. 28ff.
[453] vgl. Lynch/Cross, 1991

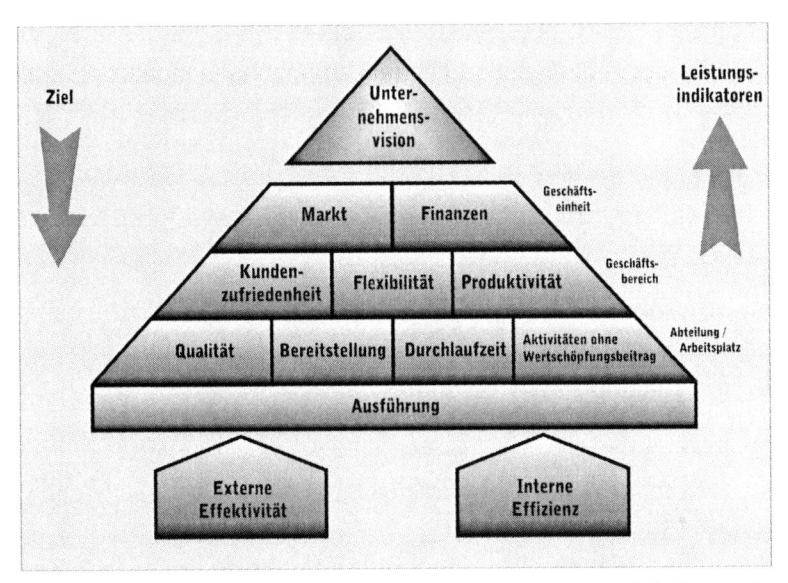

Abbildung 9: Performance Pyramid
Quelle: Lynch/Cross, 1991, S. 65

Ähnlich wie bei der Balanced Scorecard mit ihren vier Perspektiven werden bei diesem Konzept die Interessenlagen der beiden Stakeholdergruppen Shareholder und Kunden abgebildet. *Lynch/Cross* (1991) sind der Ansicht, dass die Kunden sowie die Shareholder eines Unternehmens die zu messenden Größen qualitativ bestimmen; der Wettbewerb legt dagegen die quantitativen Zielgrößen für die Ergebnisse fest.[454] Damit wird in der gewählten Struktur bereits eine vollzogene Gewichtung der möglichen Anspruchspositionen verschiedener Stakeholder unterstellt, an deren Ende die Marktanforderungen in Form der Kunden und die finanziellen Erwartungshaltungen in Form der Shareholder stehen.[455]

5.1.2.2 Eignung der Performance Pyramid für DMOs

Kennzeichnend für die Performance Pyramid ist die Identifikation von Kunden und Eigenkapitalgebern als die beiden zentralen Stakeholdergruppen des Unternehmens. Vor allem im Hinblick auf die Erstgenannten ist zu konstatieren, dass die Kundengruppen einer DMO sehr heterogen sind. So sind z.B. die Touristen aber auch das Hotel- und Gaststättengewerbe sowie diverse Dienstleistungen im Kultur- und Freizeitbereich gleichermaßen Kunden einer DMO, die zudem untereinander koordiniert werden müssen. Jede Kundengruppe verfolgt eigene Ziele und versucht, den eigenen Nutzen in der Destination zu maximieren. Diesbezüglich greift neben der Balanced Scorecard auch die Performance Pyramide in der Systematisierung der Kennzahlen viel zu kurz.

---

[454] Lynch/Cross, 1991, S. 64
[455] vgl. Klingebiel, 1999, S. 61f

Ein weiteres Kennzeichen der Performance Pyramide ist die Operationalisierung der Unternehmensvision und –strategie für die hierarchischen Ebenen Geschäftseinheit, Geschäftsbereich sowie Abteilung und Arbeitsplatz. Durch die Vorgabe der Perspektiven „Kunden" und „Eigenkapital" sowie durch die gleichgewichtete Berücksichtigung der internen und externen Unternehmenssicht kann die Performance Pyramid als Vorstufe zur Balanced Scorecard bewertet werden.[456] Die dort angesprochenen Kritikpunkte z.B. in Form einer mangelnden Berücksichtigung verschiedener Stakeholder-Interessen können folglich auf die Performance Pyramid übertragen werden. Während bei der Balanced Scorecard auf die Erfordernis einer widerspruchsfreien Ableitung der Zielsetzungen für nachgeordnete Hierarchieebenen aus den Unternehmenszielen hingewiesen wird, werden hier die Möglichkeiten zur Vorgehensweise weitgehend vernachlässigt.[457]

Ähnlich wie bei der Balanced Scorecard muss auch bei der Performance Pyramid eine mangelnde Berücksichtigung der verschiedenen Wertschöpfungskonfigurationen von Dienstleistungsunternehmen kritisiert werden. Stattdessen werden durch die Hierarchieebenen die jeweiligen Unternehmensbereiche dargestellt, in denen die Kennzahlen eingesetzt werden.[458] Hierzu stellen *Kueng/Krahn* (2000) fest, dass Prozesse und nicht Abteilungen die Leistung eines Unternehmens bestimmen.[459] Unternehmensbereiche stehen im Gegensatz zu Prozessen nur in einem indirekten Zusammenhang mit dem Kundenwert, da letztlich der Kunde den Unternehmenserfolg bestimmt. Folglich ist auch die Performance Pyramid als geeignetes Performance Measurement System für Dienstleistungsunternehmen in Frage zu stellen.

5.1.3 Performance Measurement in Dienstleistungsunternehmen

5.1.3.1 Beschreibung des Performance Measurements in Dienstleistungsunternehmen

Ende der 1980er Jahre entwickelten *Fitzgerald et al.* (1991) im Rahmen eines Forschungsprojekts des Chartered Institute of Management Accountants das „Performance Measurement in Dienstleistungsunternehmen" zur Ausgestaltung des Performance Measurements in serviceorientierten Dienstleistungsunternehmen. Anders als bei *Leong et al.* (1990), die Kennzahlen für produzierende Unternehmen auf den Dimensionen Qualität, Zeit, Preis (Kosten) und Flexibilität abbilden[460], unterscheiden *Fitzgerald et al.* (1991) bei Dienstleistungsunternehmen zwei grundlegende Typen von Kennzahlen: zum einen Ergebnisse und zum anderen bestimmende Faktoren für Ergebnisse (Determinanten).[461]

---

[456] vgl. Sturm, 2000, S. 73
[457] vgl. Klingebiel, 1999, S. 61
[458] Ein Zusatznutzen gegenüber Balanced Scorecards ist hier nur schwer erkennbar, da jene in der Praxis häufig einer Kaskade folgen, die ebenfalls an die Unternehmenshierarchie gekoppelt ist.
[459] vgl. Kueng/Krahn, 2000, S. 8
[460] vgl. Leong et al., 1990
[461] vgl. Fitzgerald et al., 1991

Ausgangspunkt dieses Performance Measurement Konzepts sind drei Basistypen von Dienstleistungsunternehmen, die sich anhand zwei Dimensionen einteilen lassen. Die erste Dimension umfasst die Anzahl der Kundenkontakte je Tag und Betrieb, die das Nachfragevolumen widerspiegeln, dem sich das Dienstleistungsunternehmen gegenübersieht. Die zweite Dimension enthält die folgenden sechs Klassifikationskriterien, die ausführlich Gesichtspunkte der Reaktion auf die Nachfrage beschreiben:

- notwendige Kontaktzeit bei der Kundenbetreuung,
- Kundenspezifizierungsgrad,
- notwendige Diskretion den Kunden gegenüber,
- Servicefokus (persönlicher Service oder Serviceleistung durch Ausstattung),
- Front- vs. Backoffice-Orientierung und
- Produkt- vs. Prozessorientierung.[462]

In Abbildung 10 sind die drei Basistypen von Dienstleistungsunternehmen mit Hilfe der Klassifikationskriterien beschrieben[463]:

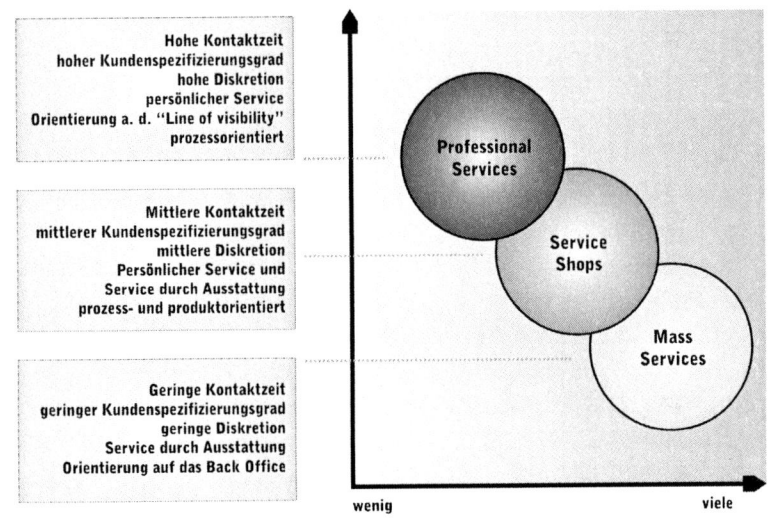

Abbildung 10: Klassifikationen von Dienstleistungen
Quelle: Fitzgerald et al., 1991, S. 12

Professional Services stellen kontaktintensive Dienstleistungsformen dar, bei denen die Kunden einen beträchtlichen Zeitraum in die Leistungserstellung eingebunden sind. Dienstleistungen solcher Art erfordern ein hohes Maß an Individualität, da die Leistungserstellung stark an den Kunden angepasst wird, um dessen individuellen Bedürfnissen gerecht zu werden. Das Personal verbringt einen erheblichen Teil seiner Arbeitszeit im Kundenkontakt, wodurch das Verhältnis zwischen Personal und Kunden sehr intensiv ist. Das Hauptaugenmerk liegt auf dem Prozess als solchem und weniger auf dem eigentlichen Produkt. Der hohe An-

---
[462] vgl. Gleich, 2001, S. 49

teil an Fachkräften, die Vielfältigkeit der Aufgaben sowie die Unschärfe der „means-end"
Beziehung erfordern ein starkes Empowerment, kurze Dienstwege sowie eine übersichtliche
Organisationsstruktur. Beispiele für Professional Services sind z.B. Wirtschaftsprüfungsgesellschaften, Unternehmensberatungen oder Ingenieurbüros.

Im Vergleich zu Professional Services kommt es bei **Service Shops** zu einem ausgeglicheneren Verhältnis zwischen Front- und Backofficetätigkeiten. Der Fokus wird zu gleichen Teilen auf Prozesse und Produkte gelegt. Zudem besteht häufig nur ein mittelbarer Kontakt zwischen dem Auftraggeber und den ausführenden Personen. Die Produkte sind gegenüber den Professional Services standardisierter, wodurch bei einem gleichen Mitarbeiterpotential mehr Kunden bedient werden können. Handel, Banken oder Versicherungen sind Beispiele für Service Shops.

Die dritte Klasse nach *Fitzgerald et al.* (1991) sind **Mass Services**, die das Gegenstück zum Professional Service bilden. Diese zeichnen sich durch eine große Anzahl an Transaktionen mit Kunden, geringer Kontaktzeit mit den Kunden sowie einem hohen Standardisierungsgrad aus. Die Qualität der zu erbringenden Leistung wird vom bereitgestellten Leistungspotential bestimmt, das sich vor allem auf eine technische Ausrüstung[464] und weniger auf die Fähigkeiten der Mitarbeiter bezieht. Diese haben klar abgegrenzte Aufgabenbereiche und verfügen insgesamt über weniger Fachwissen als Mitarbeiter von Professional Services. Beispiel für einen Mass Service ist der Betreiber eines Skilifts.

Besondere Beachtung als problembereitende Störfaktoren finden beim Performance Measurement in Dienstleistungsunternehmen die generischen Kennzeichen von Dienstleistungen: Integrativität, Immaterialität, Heterogenität, Simultanität von Produktion und Konsum sowie Nichtlagerbarkeit. *Fitzgerald et al.* (1991) berücksichtigen in ihrem Konzept die unterschiedlichen Ausprägungsgrade der Integrativität bei verschiedenen Dienstleistungen und sehen darin sowohl Chancen als auch Risiken für ein Unternehmen. Die Chancen entstehen durch die Möglichkeit von Cross-Selling auf der einen Seite sowie der Möglichkeit von korrigierenden Maßnahmen, wenn der Kunde seine Unzufriedenheit bereits während des Leistungserstellungsprozesses äußert. Dagegen besteht die Gefahr, dass die Kunden – unabhängig ihrer Zufriedenheit mit dem eigentlichen Produkt – enttäuscht sind über die Art der Leistungserstellung oder wie sie währenddessen behandelt werden.[465]

Aufgrund der Immaterialität ist es schwierig Leistungen zu messen. Es besteht die Gefahr, dass durch die Konzentration auf harte Fakten wie Profitabilität weiche Faktoren wie Kundenzufriedenheit vernachlässigt werden, obgleich die immateriellen Gesichtspunkte von

---

[463] vgl. Fitzgerald et al., 1991, S. 9ff
[464] Als Beispiel können hier Transport-, Flug- und Eisenbahngesellschaften genannt werden.
[465] vgl. Fitzgerald et al., 1991, S. 8f

Dienstleistungen eine entscheidende Quelle für einen Wettbewerbsvorteil sein können. Um dieser Gefahr zu begegnen, wurde bei der Ausgestaltung der Messdimensionen darauf Wert gelegt, dass nicht nur finanzielle Größen sondern auch wichtige nicht-finanzielle Größen Berücksichtigung finden. Es wurden die Anforderungen anderer Performance Measurement-Konzepte in die Überlegungen mit einbezogen.[466] Das „Performance Measurement in Dienstleistungsunternehmen" sollte demnach einen Bezug zur Unternehmensstrategie aufweisen und sowohl interne als auch externe Kennzahlen konzeptionell berücksichtigen.[467] Daher unterscheiden *Fitzgerald et al.* (1991) folgende sechs verschiedene Leistungsdimensionen:

- Wettbewerbsfähigkeit,
- finanzielles Ergebnis,
- Dienstleistungsqualität,
- Flexibilität,
- Kapazitätsauslastung sowie
- Innovation.[468]

Eine Übersicht strukturiert die Leistungen des Dienstleistungsunternehmens in zwei Grundkategorien mit den sechs Dimensionen und dazugehörigen Indikatoren. Der Grundkategorie „Ergebnis" werden die Dimensionen „Wettbewerbsfähigkeit" und „finanzielles Ergebnis" zugeordnet, die den Erfolg der gewählten Strategie reflektieren sollen. Die zweite Grundkategorie „Determinanten" soll die treibenden Faktoren des Ergebnisses transparent machen und ist unterteilt in die Dimensionen Dienstleistungsqualität, Flexibilität, Kapazitätsauslastung und Innovation. Während sich die Autoren über den Wunsch der Unternehmer nach Informationsbereitstellung über den erreichten Realisierungsgrad, dem Ergebnis der Strategie, noch einig sind, herrschen im Hinblick auf die Notwendigkeit der Transparenz der Einflussgrößen noch deutliche Differenzen.[469]

Der Bezugsrahmen der Leistungsmessung wird in neueren Überarbeitungen um die Module Standards sowie Belohnung erweitert. Das Modul Standards befasst sich mit der Festlegung der Zielvorgaben und berücksichtigt eine Betrachtung, wer die Standards vorgibt („Eigentümer"), wie anspruchsvoll diese gesetzt werden („Erreichbarkeit") und ob diese innerhalb der Unternehmenseinheit aussagekräftig gegenüber gestellt werden können („Vergleichbarkeit"). Das Modul Belohnung beinhaltet die Anreizfunktion des Performance Measurement Systems.[470]

Die Implementierung des Performance Measurements in Dienstleistungsunternehmen beginnt mit einer ausgewogenen Auswahl an Kennzahlen, die den Dienstleistungstyp des Unternehmens, das Wettbewerbsumfeld sowie die gewählte Unternehmensstrategie berücksichtigen.

---

[466] Es werden u.a. die bereits erwähnten Konzepte Balanced Scorecard sowie Performance Pyramid genannt.
[467] vgl. Gleich, 2001, S. 50
[468] vgl. Fitzgerald et al., 1991, S. 2ff
[469] vgl. Klingebiel, 1999, S. 32
[470] vgl. Fitzgerald/Moon, 1996, S. 12f

Anschließend werden die Mitarbeiter auf die strategischen Unternehmensziele ausgerichtet, wobei Mitwirkung und geteilte Verantwortung eine zentrale Rolle spielen. Die Leistungsanreize für die Mitarbeiter werden sowohl an die Determinanten als auch an die Ergebnisse gekoppelt.[471]

5.1.3.2 Eignung des Performance Measurements in Dienstleistungsunternehmen

Obwohl das „Performance Measurement in Dienstleistungsunternehmen" in einigen angesehenen Unternehmen[472] zum Einsatz kommt bzw. kam, sollte es nicht unkritisch betrachtet werden. Bemerkenswert ist sicherlich die sinnvolle Einteilung von Dienstleistungsunternehmen in drei Basistypen, die bei der Herangehensweise durchaus über Ähnlichkeiten mit der Einteilung nach *Stabell/Fjeldstad* (1998) verfügen. Die „Professional Services" weisen einige Übereinstimmungen mit dem Wertshop auf, da beide aufgrund der heterogenen Anforderungen durch die Kunden einen hohen Spezifizierungsgrad haben sowie einen großen Teil der Leistung bei den Kunden erbringen. Das zahlenmäßige Verhältnis zwischen Kunden und Mitarbeitern ist somit in beiden Fällen sehr hoch. Dennoch bleibt beim „Performance Measurement in Dienstleistungsunternehmen" die tatsächliche Form der Wertschöpfung unberücksichtigt, wodurch die teils massiven Unterschiede zwischen den übrigen Basistypen der jeweiligen Denkweisen zu begründen sind. Zwar wird im Konzept von *Fitzgerald et al.* (1991) das einfache „Input-Transformation-Output"-Modell abgelehnt, in dem Menschen und andere Ressourcen einen Design-, Produktions- und Lieferprozess durchlaufen und das somit sehr nahe an der Wertkette nach Porter steht. Dennoch wird eine alternative Wertschöpfungskonfiguration im eigentlichen Sinne nicht angeboten.

Die Integrativität von Dienstleistungen wird bei *Fitzgerald et al.* (1991) zwar durch die Berücksichtigung von Kunden des Unternehmens als Inputfaktor gewürdigt, dennoch bleiben andere Stakeholder unbeachtet bzw. werden nicht explizit berücksichtigt, wodurch eine ganzheitliche und wertorientierte Unternehmenssteuerung nicht gewährleistet wird. Die Ausführungen über DMOs als Wertnetzwerk (vgl. Abschnitt 6.1.9) werden die Problematik dieses Mangels nochmals verdeutlichen.

---

[471] vgl. Fitzgerald et al., 1991, S. 115ff
[472] z.B. bei TNT, Peugeot Dealership Network oder Arthur Andersen (vgl. Fitzgerald/Moon, 1996, S. 12f)

5.2 Eignung existierender Controllingkonzepte aus dem Tourismus

5.2.1 DestinationsManagement Monitor Austria

5.2.1.1 Beschreibung des DestinationsManagement Monitor Austria

Der DestinationsManagement Monitor Austria (DMMA) ist ein von 14 Tourismusregionen gebildetes und vom Bundesministerium für Wirtschaft und Arbeit initiiertes und unterstütztes Innovationsnetzwerk, das Destinationen als überbetrieblich gelagerte Leistungsnetzwerke und strategische Wettbewerbseinheiten für den internationalen Markt entwickelt. Dabei fließen auch Erfahrungen aus anderen Wirtschaftsbereichen ein, um die Entwicklung von überbetrieblichen Wettbewerbseinheiten wie Clustern und Innovationssystemen zu gewährleisten, die im globalen Wettbewerb „postfordistischer Verbundökonomien" zu entscheidenden Gestaltungseinheiten geworden sind.[473]

Ziel des DMMA ist der schnelle Wandel der DMO vom traditionellen Werbe- und Tourismusverband zur Destination als gastorientierte, strategisch gemanagte Wettbewerbseinheit. Eine effiziente, ergebnisorientierte und kooperative Form der Entwicklungsarbeit soll durch ein professionelles Management des Lern- und Innovationsnetzwerkes gesichert werden. Das DMMA wirkt dabei auf drei Ebenen. Es soll als Innovationssystem für das Destinationsmanagement, als Entwicklungsinstrument für Top-Tourismusregionen sowie als Informations- und Animationsplattform für den österreichischen Tourismus dienen.[474]

Die Vorgehensweise des DMMA-Projekts erinnert entfernt an die Implementierung der Balanced Scorecard in einem Unternehmen. Zunächst wird ein DMMA-Team als eine Art Task-Force zur Durchführung des Konzeptes gewählt. In Innovationslabors und Werkstätten werden Innovationen und Projekte entwickelt, die im Rahmen des DMMA in den einzelnen teilnehmenden Regionen umgesetzt werden. Jede von diesen ist verpflichtet, sich einem standardisierten Test zu stellen, bei dem ihr Erfolgspotential, ihre Management- und Marketingleistung sowie ihre erreichten Erfolge überprüft werden. Damit werden der Entwicklungsstand und während der Umsetzung erzielte Entwicklungsfortschritte messbar und miteinander vergleichbar. Zu Beginn, zur Halbzeit und am Ende des Projekts durchgeführte Untersuchungen beinhalten eine Überprüfung des Managements und des Marketings, eine Gäste-, Einheimischen- sowie Leistungsträgerbefragung sowie eine Analyse des Bekanntheitsgrads sowie des Images der jeweiligen Regionen in den wichtigsten Quellmärkten Deutschland und Österreich.[475]

---

[473] vgl. Bratl et al., 2002, S. 123
[474] vgl. Bratl et al., 2002, S. 129f
[475] vgl. Bratl et al., 2002, S. 133ff

Zur komprimierten Darstellung der Umsetzungserfolge sowie des regionalen Management- und Marketingstatus wurde das DMMA-Cockpit entwickelt, das 54 Benchmarks beinhaltet. Das Modell wurde für den DMMA auf die speziellen Bedingungen von Destinationen als Verbundökonomien angepasst.

5.2.1.2 Eignung des DestinationsManagement Monitor Austria für DMOs

Es ist positiv zu erwähnen, dass der DMMA Destinationen als überbetrieblich gelagerte Leistungsnetzwerke versteht und somit die Grundvoraussetzung für die Berücksichtigung der Wertschöpfungskonfiguration von DMOs gegeben ist. Es werden jedoch keinerlei Aussagen zur Infrastruktur gemacht, auf der das Netzwerk basiert. Zudem werden die konkreten Aufgaben der Destinationsmanager nur am Rande betrachtet, was eine Verknüpfung der Aktivitäten mit den Kennzahlen lediglich bedingt ermöglicht. Der Fokus auf die regionalwirtschaftliche und weniger die betriebswirtschaftliche Perspektive macht eine unternehmensbezogene Betrachtung unmöglich, die jedoch die aus der Strategie abgeleiteten Taktiken und operativen Maßnahmen beinhalten müsste.[476] Weiterhin scheinen die drei Ebenen zu kurz zu greifen, da primär Innovation und Entwicklung betrachtet werden. Der zweite große Aufgabenbereich des Destinationsmanagements, das Destinationsmarketing (vgl. Abschnitt 2.2.2.4), kommt augenscheinlich zu kurz. Ein weiterer Kritikpunkt ist der fehlende Bezug zur wirtschaftlichen Performance des Unternehmens, der aufgrund der eingangs erwähnten Veränderungen in der Tourismusbranche nicht ausgeschlossen werden sollte.

5.2.1.3 Benchmarkingorientiertes Monitoring städtischer Tourismusmarketingorganisationen

5.2.1.4 Beschreibung des Benchmarkingorientieren Monitorings

Dieser Aspekt wird von *Richter/Feige* (2004) berücksichtigt, die vor dem Hintergrund eines Bedarfs an stets aktuellem Wissen über die eigene Situation, Entwicklung und Wettbewerbslage ein benchmarkingorientiertes Monitoring entwickelten, das in städtischen Tourismusmarketingorganisationen zum Einsatz kommt. Anhand von Kennziffern wird die Tätigkeit der DMO im Vergleich zu Mitbewerbern laufend reflektiert, um daraus zielorientiert Konsequenzen für die weitere Entwicklung des Unternehmens zu ziehen. Dabei findet sowohl der Markterfolg der Destination als auch der wirtschaftliche Erfolg der Tourismusorganisation selbst Berücksichtigung, wodurch dem zunehmenden Erfolgsdruck der DMOs Rechnung getragen wird.

---

[476] vgl. Beritelli et al., 2004, S. 57

In diesem Zusammenhang bezieht sich das benchmarkingorientierte Monitoring auf drei Themenfelder bzw. Module:

1. Ziel der benchmarkingorientierten Analyse tourismuswirtschaftlicher Kennziffern ist es, kritische Entwicklungen durch die fortlaufende Erfassung angebots- und nachfrageseitiger Kennziffern der jeweiligen Städte[477] sowie Daten zum Wirtschaftsfaktor Tourismus frühzeitig zu erkennen und entsprechende tourismuspolitische Maßnahmen und Marketingmaßnahmen einzuleiten.
2. Die Verbesserung der Kundenorientierung soll durch eine benchmarkingorientierte Zielgruppenanalyse mit ständig aktualisierten Informationen zu den wichtigen Zielgruppen der Destination sowie deren Mitbewerbern erreicht werden. Dazu müssen die relevanten Zielgruppen möglichst genau quantifiziert und ihre Erwartungen sowie Verhaltensweisen ermittelt werden. Ein weiteres Ziel dieses Moduls ist die Verbesserung der Kundensicht im Hinblick auf die Wettbewerber, um die Kundenorientierung auch über diese Schiene stetig zu optimieren.
3. Das dritte Modul umfasst den Aufbau eines Betriebsvergleichs, der die Einschätzung der Effektivität und Effizienz der eigenen Arbeit anhand zweckmäßiger Indikatoren[478] ermöglicht.

5.2.1.5 Eignung des Benchmarkingorientierten Monitoring städtischer Tourismusmarketingorganisationen für DMOs

Die Berücksichtigung des monetären Aspekts ist als positive Eigenschaft dieses Konzepts zu erwähnen. Allerdings machen auch *Richter/Feige* (2004) keinerlei Aussagen über Kausalitäten, die zwischen den Kennzahlen bestehen. Zwar werden Controlling und Strategieentwicklung als das Ziel des so verstandenen Monitorings verstanden[479], dennoch ist es nicht möglich, konkrete Angaben über die Wirkung vorlaufender Leistungstreiber auf nachgelagerte Ziele zu machen. Die Interpretation der Daten und die Ableitung von Konsequenzen müssen die Destinationsmanager selbst vornehmen. Positiv anzumerken ist die Berücksichtigung verschiedener Stakeholder, die ihrerseits einen Nutzen in Form einer weiteren Optimierung ihrer Strategie erhalten. Dennoch findet bei diesem Controlling-Konzept der Netzwerkcharakter der Wertschöpfung von DMOs wenig Berücksichtigung, was für die Leistungsmessung dieser Unternehmen einen Nachteil darstellt. Es werden keinerlei Aussagen über die Aktivitäten der Destinationsmanager selbst gemacht, der Schwerpunkt liegt klar auf der strategischen Ebene, wogegen taktische oder operative Aspekte nicht berücksichtigt werden.

---

[477] z.B. Bettenintensität, Anteil der Ausländerübernachtungen an allen Übernachtungen, Betten- bzw. Zimmerauslastung etc.
[478] z.B. Personalausstattung, Ertragslage, Kostenstrukturen etc.
[479] vgl. Richter/Feige, 2004, S. 40f

5.2.2 Tourismusbarometer OSGV

5.2.2.1 Beschreibung des Tourismusbarometers OSGV

Das Tourismusbaromenter des Ostdeutschen Sparkassen- und Giroverbands (OSGV) wurde 1998 mit dem Ziel entwickelt, durch Kennzahlen tourismusrelevante Trends für die Unternehmen des Fremdenverkehrsgewerbes in den fünf ostdeutschen Bundesländern aufzuzeigen. Durch die Analyse struktureller Veränderungen der Tourismusentwicklung werden zeitliche, regionale und sektorale Vergleiche ermöglicht. Damit dient das Tourismusbarometer gleichzeitig als Frühwarnsystem, das Entscheidungen für Investitionen bzw. das Marketing in einer Destination erleichtert.[480] Die Situationsanalyse des Tourismus in Ostdeutschland basiert einerseits auf Daten der amtlichen Tourismusstatistik. Diese berücksichtigt jedoch nur das Volumen der gewerblichen Beherbergungsbetriebe und umfasst daher lediglich einen Teil des tatsächlichen Angebots und der Gesamtnachfrage. Daher wird andererseits eine Reihe weiterer, statistisch nicht berücksichtigter Segmente erfasst, die kontinuierlich quantifiziert werden, um ein möglichst vollständiges Bild über den gesamten touristischen Markt zu gestatten.[481]

5.2.2.2 Eignung des Tourismusbarometers OSGV für DMOs

Ähnlich wie die beiden bereits erwähnten Ansätze, befasst sich das Tourismusbarometer OSGV ausschließlich mit der Planungs- und Analysephase des Destinationsmanagements und lässt die Umsetzungs- und Verbesserungsphase außen vor. Auf diese Weise können sich die Untersuchungen weitgehend auf bestehende statistische Daten stützen. Eine vertiefte Auseinandersetzung mit den betreffenden Institutionen wird umgangen. Wiederum dienen die Kennzahlen vor allem der strategischen Planung des Destinationsmanagements und lassen Taktiken und operative Maßnahmen außen vor.[482] Weiterhin ist zu kritisieren, dass das Tourismusbarometer OSGV, auch wenn es nicht explizit für DMOs entworfen wurde, deren Wertschöpfungskonfiguration nicht berücksichtigt. Es werden zudem keinerlei Kausalitäten zwischen den einzelnen Kennzahlen hergestellt, wodurch die Wirkung von Leistungstreibern auf nachgelagerte Ziele nicht nachvollzogen werden kann.

Nachdem nun ein umfassender Überblick über die für diese Arbeit wesentlichen theoretischen Grundlagen gegeben wurde, soll im Folgenden basierend auf diesen gewonnenen Einsichten das Forschungsthema in den Fokus rücken. Die Kritik an den betrachteten Performance Measurement Systemen, allen voran der Balanced Scorecard, macht die Entwicklung eines Controlling-Konzepts für DMOs nötig. Grundlage hierfür soll deren spezielle Wertschöpfungskonfiguration sein. Aus den bisherigen Erkenntnissen ist nicht davon auszugehen, dass sich

---

[480] vgl. OSGV, 2004, S. 8
[481] vgl. OSGV, 2004, S. 17
[482] vgl. Beritelli et al., 2004, S. 57

DMOs an der der Balanced Scorecard zugrunde liegenden Wertkette nach *Porter* (1980) orientieren. Diese Annahme soll anhand der Erkenntnisse aus Experteninterviews mit Destinationsmanagern bestätigt werden. Zudem sind für die Herleitung eines Kennzahlensystems weitere Informationen notwendig, die nicht aus der wissenschaftlichen Literatur entnommen werden können und die folglich im Rahmen der Experteninterviews erhoben werden. Die Vorgehensweise bei diesen Interviews (Theorie qualitativer Forschung) geht der Erstellung des Leitfadens für ein Controlling-Konzept voraus.

6 Empirische Untersuchung zur Generierung forschungsrelevanter Informationen

Im folgenden Kapitel wird auf den Forschungsteil der vorliegenden Arbeit eingegangen. Da bis zum gegenwärtigen Zeitpunkt keine wissenschaftlichen Arbeiten zum betrachteten Themengebiet durchgeführt wurden und sich die notwendigen Informationen für das Erreichen der Forschungsziele folglich nicht aus der Literatur ableiten ließen, wurde eine empirische Vorgehensweise in Form von Experteninterviews gewählt. Diese sollen Aufschlüsse geben, inwieweit die bisherigen theoretischen Beurteilungen mit den Ansichten von Destinationsmanagern korrespondieren, für die letztendlich Controlling-Systeme entwickelt werden.

Zur Lösung des ersten Forschungsziels werden Antworten auf die Frage gesucht, welcher Wertschöpfungskonfiguration die Aktivitäten einer DMO folgen. Die Beantwortung dieser Frage ist wichtig, weil das Controlling generell an den zentralen Wertschöpfungsaktivitäten ansetzen sollte. Es wird daher in mehreren Schritten untersucht, welche wertschöpfenden Aktivitäten für welche Stakeholder erbracht und welche Ziele von DMOs verfolgt werden (drittes Forschungsziel[483]). Daraus lassen sich wiederum Rückschlüsse darauf ziehen, wo Destinationsmanager ihre zentralen Controllingaktivitäten sehen. In diesem Zusammenhang soll anschließend geklärt werden, welche Kennzahlensysteme Destinationsmanager von DMOs in der Praxis einsetzen (viertes Forschungsziel).[484]

Zunächst werden das explorative Forschungsdesign und die Vorgehensweise bei der empirischen Untersuchung erläutert. Im anschließenden Kapitel werden die erhobenen Informationen dargestellt und die für die Forschungsziele relevanten Konsequenzen abgeleitet.

6.1 Vorgehensweise bei der empirischen Untersuchung

6.1.1 Exploratives Forschungsdesign als Grundlage der Empirie

Forschungsvorhaben lassen sich generell nach ihren Zielen und den angewendeten Untersuchungsmethoden unterscheiden. Hierbei grenzt man die experimentelle bzw. quasi-experimentelle, die deskriptive sowie die explorative Forschung voneinander ab.[485] Das Ziel der experimentellen bzw. quasi-experimentellen Forschung ist das Aufdecken von kausalen Zusammenhängen (Ursache-Wirkungszusammenhängen). Bei der deskriptiven Forschung

---

[483] Das zweite Forschungsziel, nämlich die Beantwortung der Frage, ob bestehende Kennzahlensysteme für DMOs aus theoretischer Sicht geeignet sind bzw. wo hierbei ein Verbesserungspotential zu finden ist, wurde bereits in Kapitel 5.2 beantwortet.
[484] Ein genauer Überblick über die Ziele, die mit der Beantwortung der einzelnen Fragen des Interviewleitfadens erreicht werden sollen, findet sich im Abschnitt 6.1.5.
[485] vgl. Böhler, 2004, S. 37

wird von einem genau festgelegten Forschungsziel ausgegangen. Explorative Forschungsdesigns sollen Forschungsvorhaben präzisieren, über die noch keine befriedigenden Kenntnisse vorliegen.[486]

Hinsichtlich des hier behandelten Themengebiets ist zu betonen, dass bislang keine empirischen Studien zum Kennzahlen-Controlling von DMOs durchgeführt wurden, womit der allgemein geringe wissenschaftliche Kenntnisstand in diesem Forschungsbereich zu begründen ist. Aus diesem Grund ist zunächst eine Sekundärforschung durchzuführen. Dabei werden bereits existierende Daten aus ähnlichen Untersuchungsfeldern analysiert, um zusätzliche Informationen über den Forschungsgegenstand zu erhalten und zudem weitere Einsichten für die Gestaltung des Forschungsvorhabens zu gewinnen.[487] Die Analyse bereits existierender Daten ist für die Erforschung neuartiger Untersuchungsfelder häufig nicht ausreichend; es bietet sich in diesen Fällen die Durchführung einer empirischen Studie an.

Eine detaillierte Sichtung und Untersuchung der bisher erschienenen Literatur zum Thema Controlling von DMOs macht deutlich, dass dieser Forschungsbereich bislang nur am Rande behandelt wurde und erst in jüngster Zeit vereinzelt zum Gegenstand intensiverer Analysen gemacht wurde. Der Kenntnisstand auf diesem Gebiet ist folglich so gering, dass das Ziel dieser Untersuchung zunächst das Erzielen zusätzlicher Erkenntnisse zum Forschungsgegenstand sein soll. Aus diesem Grund wurde ein explorativer, erkundender Ansatz gewählt, der häufig auf qualitativen Analyseverfahren basiert.

6.1.2 Qualitative Analyseverfahren

Explorative Forschungsanordnungen basieren häufig auf qualitativen Methoden, bei denen die Hypothesenentwicklung ein konstitutives Element des Forschungsprozesses ist.[488] Demgegenüber werden bei der quantitativen Forschung, dem methodologischen Gegenstück zur qualitativen Forschung, bereits existierende Hypothesen überprüft. Die qualitative Forschung geht der quantitativen Forschung somit voraus.[489] Dieser Hauptunterschied zwischen qualitativer Entdeckung und quantitativer Überprüfung von Theorieaussagen ist der Ausgangspunkt für weitere Unterschiede zwischen diesen Ansätzen.[490]

Sampson (1972) definiert qualitative Forschung wie folgt: „Qualitative research is usually exploratory or diagnostic in nature. It involves small numbers of people who are not usually sampled on a probabilistic basis... In qualitative research no attempt is made to draw hard

---
[486] vgl. Böhler/Scigliano, 2005, S. 28
[487] vgl. Böhler, 2004, S. 37f
[488] vgl. Lamnek, 2005, S. 89
[489] vgl. Hoffmeyer-Zlotnik, 1992, S. 1
[490] vgl. Brüsemeister, 2000, S. 21

and fast conclusions. It is impressionistic rather than definitive."[491] Die Verfahrensweisen wissenschaftlicher qualitativer Erkenntnisgewinnung sind jedoch vielfältig. Man kann hierbei unterscheiden zwischen **Erhebungstechniken**, die der Materialsammlung dienen, **Aufbereitungstechniken**, die der Sicherung und Strukturierung des Materials dienen, sowie **Auswertungstechniken**, die eine Materialanalyse vornehmen.[492] Folgend wird die verwendete Erhebungstechnik dargestellt und im Anschluss daran die Datenaufbereitung sowie die Datenauswertung erörtert.

Zu den Erhebungstechniken der qualitativen Forschung gehören die offenen Verfahren, auf die in der vorliegenden Arbeit zurückgegriffen wurde. Dabei wurden auf die Verwendung standardisierter Erhebungsinstrumente verzichtet und keine Antwortmöglichkeiten vorgegeben. Die Erwartung des Forschers war offen und flexibel, so dass im Anschluss eine Hypothesenbildung durchgeführt werden konnte. Damit wurde versucht, „Wissen über ein Thema möglichst vollständig zu erfassen."[493] Es ist somit eine weitere Besonderheit qualitativer Forschungsmethoden, dass im Vergleich zur quantitativen Forschung mit erheblich kleineren Fallzahlen gearbeitet wird. Die Datenerhebung erfolgte stattdessen ausführlich und die gewonnenen Informationen wurden intensiv ausgewertet ohne sie auf statistische Kennwerte zu reduzieren.[494] *Bellenger et al.* (1976) ergänzen hierzu: „…qualitative research, on the other hand, involves finding out what people think and how they feel-or at any rate, what they say they think and how they say they feel. This kind of information is subjective since it involves feelings and impressions, rather than numbers."[495]

Aufgrund der geringen Standardisierung sowie der geringen Anzahl an Auskunftspersonen erheben qualitative Untersuchungen keinen Anspruch auf statistische Repräsentativität der Ergebnisse. Es handelt sich vielmehr um eine **Typisierung**, die zum Ausdruck bringen soll, dass „der Versuch einer verstehenden Zuordnung der Untersuchungseinheiten zu aussagekräftigen Kategorien"[496] im Mittelpunkt steht. Es spielt also der entdeckende Charakter der qualitativen Forschung eine tragende Rolle.

6.1.3 Interviews als qualitative Analyseverfahren – eine theoretische Betrachtung

Eine immer häufiger verwendete Erhebungsmethode in der qualitativen Forschung ist das Interview in seinen unterschiedlichen Formen, dem vor allem im Rahmen der qualitativen Marktforschung sehr viel Aufmerksamkeit gewidmet wird[497], und auf das in der vorliegenden

---

[491] Sampson, 1972, S. 7 (zitiert aus Bellenger et al., 1976, S. 2)
[492] vgl. Mayring, 2002, S. 65
[493] Früh, 1992, S 61f
[494] vgl. Diekmann, 2004, S. 445
[495] Bellenger et al., 1976, S. 2
[496] Kepper, 1994, S. V
[497] vgl. Ketelsen-Sontag, 1988, S. 51ff

Arbeit zurückgegriffen wurde. In einer sehr nahe am normativen Paradigma orientierten Definition wird Interview verstanden als „ein planmäßiges Vorgehen mit wissenschaftlicher Zielsetzung, bei dem die Versuchsperson durch eine Reihe gezielter Fragen oder mitgeteilter Stimuli zu verbalen Informationen veranlasst werden soll."[498] Das qualitative Interview wird zunächst als mündliche und persönliche Form der Befragung betrachtet, die „eine unverzerrte, nicht prädeterminierende und möglichst vollständige Sammlung von Informationen zu dem interessierenden Untersuchungsgegenstand"[499] zum Ziel hat. Dabei wird auf das Prinzip der **Offenheit** im Sinne des Verzichts auf eine vorweg getroffene theoretische Festlegung von Seiten des Forschers großen Wert gelegt[500], um zu vermeiden, dass das Gespräch durch die Sichtweise des Forschers beeinflusst wird.

Die Interviews wurden in der natürlichen Umgebung bzw. in alltäglichen Situationen der Auskunftsperson durchgeführt, damit diese möglichst wie in Alltagsgesprächen ihre Sichtweisen mit eigenen Worten darlegen konnten. Dieses Bemühen, sich einer alltäglichen Kommunikationssituation anzunähern, wird in der Literatur als **Kommunikativität** bezeichnet.[501] Durch die vertraute Gesprächsatmosphäre sollten mögliche Hemmschwellen abgebaut werden, um an valide Informationen zu gelangen. Die Kommunikation und Interaktion zwischen Forscher und Befragten wird im qualitativen Verständnis nicht als Störgröße auf das Resultat, sondern als konstitutiver Bestandteil des Forschungsprozesses betrachtet.[502] Dadurch entsteht die Möglichkeit, auch unerwartete Informationen erhalten und aufnehmen zu können, was den explorativen Charakter dieser Methodik widerspiegelt.[503]

Ein weiterer Aspekt qualitativer Forschungsmethoden ist die **Subjektbezogenheit**[504], mit der das Ziel verfolgt wird, die Sinndeutungen der Auskunftspersonen zu erfassen. Dies bezieht sich im vorliegenden Forschungsprojekt vor allem auf den ersten Teil des Interview-Leitfadens, der sich mit der Wertschöpfung und den Stakeholdern der betrachteten DMOs beschäftigt. Einige Ergebnisse besonders im Hinblick auf die Wertschöpfungskonfiguration von DMOs werden mit wörtlichen Zitaten belegt, so dass ein begründetes Bild über den Forschungsgegenstand aufgezeigt werden kann.

---

[498] Scheuch, 1967, S. 70
[499] Lamnek, 1989, S. 59f (zitiert aus Kepper, 1995, S. 33)
[500] vgl. Kepper, 1994, S. V
[501] vgl. Kepper, 1994, S. 33
[502] vgl. Flick, 1998, S. 15f; Küchler, 1983
[503] vgl. Lamnek, 1995, S. 22
[504] vgl. Brüsemeister, 2000, S. 22f

6.1.3.1 Auswahl der geeigneten Interviewform für die Entwicklung der forschungsrelevanten Hypothesen

Die Auswahl der Interviewform wird von der Art des zu realisierenden Forschungsvorhabens beeinflusst. Zunächst müssen der Strukturierungsgrad der Interviewsituation, der Standardisierungsgrad des Instruments und die Form der Fragen festgelegt werden, um eine effektive Durchführung des qualitativen Leitfadengesprächs zu gewährleisten.[505]

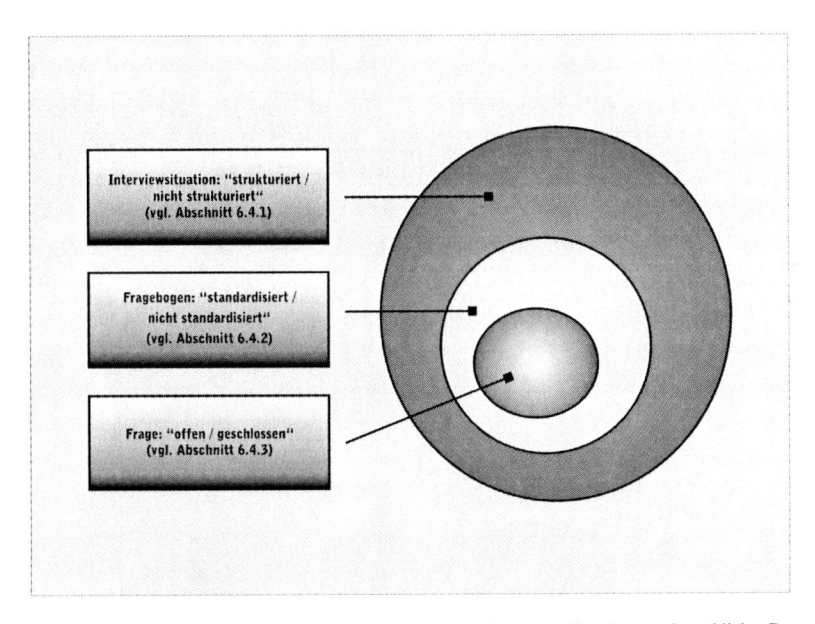

Abbildung 11: Zuordnung gebräuchlicher Bezugspaare
Quelle: in Anlehnung an Atteslander, 1995, S. 179

6.1.3.2 Struktur des Interviews

Bei der Unterscheidung zwischen strukturiertem und unstrukturiertem Interview geht es um die Freiheitsgrade des Interviewers bei der Gestaltung der Befragung und damit um die Kommunikationsform bzw. die Interviewsituation.[506] Je weniger ein Interview strukturiert ist, desto mehr wird die Last der Kontrolle dem Interviewer übertragen. Dieser verfügt bei wenig strukturierten Interviews über einen hohen Freiheitsspielraum, da er die Anordnung und Formulierung seiner Fragen dem Interviewpartner individuell anpassen kann. Wenig strukturierte

---

[505] In der Literatur werden die Begriffspaare „sturkturiertes – unstrukturiertes Interview", „geschlossene – offene Befragung" sowie „standardisiertes – nicht-standardisiertes Interview" häufig synonym eingesetzt. *Atteslander* (1995) vertritt die Ansicht, dass dies untauglich ist. Er bezieht „strukturiert – unstrukturiert" auf die Interviewsituation, „standardisiert – nicht-standardisiert" auf das Instrument (Fragebogen) und „offen – geschlossen" auf die einzelne Frage. (vgl. Atteslander, 1995, S. 179 f sowie Abbildung 11)
[506] vgl. Schnell et al., 2005, S. 322

Interviews dienen dem Ziel, Sinnzusammenhänge bzw. die Meinungsstruktur der Befragten zu verstehen.

Stark strukturierte Gespräche setzen dagegen einen Fragebogen voraus, der vor der eigentlichen Feldarbeit konstruiert wird. Hierbei werden der Inhalt, die Anzahl und die Reihenfolge der Fragen anhand der theoretischen Problemstellung festgelegt. Fragen, mit denen Verständnisprobleme angesprochen werden können, sind in der Regel unzulässig.[507]

Bei teilstrukturierten Interviews ist die Abfolge der vorbereiteten und vorformulierten Fragen offen. Es wird ein Gesprächsleitfaden verwendet, der dem Interviewer die Möglichkeit bietet, „aus dem Gespräch sich ergebende Themen aufzunehmen und sie von den Antworten ausgehend weiter zu verfolgen"[508]. Wenig strukturierte Befragungen, auch offene Konzepte genannt, werden in explorativen Studien eingesetzt. Hierbei handelt es sich um informelle Gespräche, Gruppendiskussionen sowie Expertengespräche, wie sie im vorliegenden Forschungsprojekt durchgeführt wurden. Es wurden Personen befragt, die über den zu analysierenden Forschungsgegenstand besondere Erfahrungen haben.[509]

6.1.3.3 Standardisierungsgrad

Die Variationen von Interviews im Sinne von qualitativ verbalen Erhebungsformen sind sehr vielfältig und differenziert. Sie lassen sich nach dem Grad der Standardisierung u. a. in offenes Interview, narratives Interview, qualitatives Interview, fokussiertes Interview, Intensivinterview oder einfach Leitfadengespräch einteilen.[510] Der Standardisierungsgrad des Interviews bezieht sich auf die Verwendung von Antwortkategorien und lässt sich als Kontinuum auffassen.[511] In der Regel werden jedoch nur drei typische Fälle, nämlich die standardisierte, die teilstandardisierte und die nicht-standardisierte Befragung unterschieden.

Mit Ausnahme des narrativen Interviews ist die Zugrundelegung eines vorher ausgearbeiteten und schriftlich fixierten Leitfadens eine Gemeinsamkeit aller genannten Interviewformen, weshalb sie oft verallgemeinernd als Leitfadengespräche bezeichnet werden. Sie dienen der Hypothesenentwicklung (Exploration) sowie der Ergänzung anderer Forschungsinstrumente und ermöglichen eine Untersuchung interessanter (nur in kleiner Zahl vorhandener) Zielgruppen.[512]

---

[507] vgl. Atteslander, 1995, S. 160ff
[508] Atteslander, 1995, S. 162
[509] Da niemals von vornherein feststellbar ist, wer für das Untersuchungsziel als Experte gelten kann, müssen wenig strukturierte Befragungen zur Identifizierung von Experten durchgeführt werden. vgl. Atteslander, 1995, S. 173
[510] vgl. Schnell et al., 2005, S. 386
[511] Abweichend von dieser Sichtweise wird in der wissenschaftlichen Literatur der Standardisierungsgrad häufig synonym mit dem Strukturierungsgrad verwendet. (vgl. Mayring, 2002, S. 66; Kromrey, 2002, S. 378f; Diekmann, 2004, S. 374)
[512] vgl. Schnell et al., 2005, S. 388; Bock, 1992, S. 90 f; Friedrichs, 1973, S. 226

Leitfadengespräche haben den Vorteil, „dass durch die offene Gesprächsführung und die Erweiterung von Antwortspielräumen der Bezugsrahmen des Befragten bei der Fragenbeantwortung miterfasst werden kann, um so einen Einblick in die Relevanzstrukturen und die Erfahrungshintergründe des Befragten zu erlangen."[513] Daher werden Antwortkategorien erst in der Analysephase nach Durchführung der Interviews entwickelt. Dies führt dazu, dass das Leitfadengespräch mit einem abnehmenden Standardisierungsgrad zu einem „Prozess permanenter spontaner Operationalisierung"[514] wird. Zu den Nachteilen eines Leitfadengesprächs zählen somit zum einen die hohen Anforderungen an den Interviewer und dessen Einflüsse sowie der hohe Zeitaufwand, die hohen Anforderungen an die Bereitschaft des Probanden und eine relativ geringe Vergleichbarkeit.[515]

Die einseitige Gesprächsverteilung auf den Befragten, die das Hauptproblem eines klassischen narrativen Interviews darstellt, wird durch einen umfangreichen Leitfaden weitgehend eliminiert. Dieser schränkt zudem das Gespräch auf ein vorher festgelegtes Themengebiet ein, was wiederum Merkmal des fokussierten Interviews ist. Durch die Möglichkeit des Forschers bei unzureichenden Antworten nachzufragen und Stichworte zu liefern, können wirksame Stimuli spezifiziert und Diskrepanzen zwischen dominierenden und abweichenden Fällen interpretiert werden.[516] Der Antwortspielraum des Befragten erstreckt sich bei Leitfadengesprächen vom freien Erzählenlassen (nicht-direktive Technik) bis zum autoritären Unterbrechen des Befragten, sobald er sich von der eigentlichen Frage entfernt (direktive Technik).

In den Interviews der vorliegenden Studie wird auf die Verwendung von Kategorien weitgehend verzichtet bzw. werden Kategorien erst im Nachhinein vollzogen, weshalb die Interviews in einer nicht-standardisierten Form durchgeführt werden.[517] Zwar werden im Interviewleitfaden vorformulierte Fragen fixiert, die Abfolge wird jedoch situationsadäquat variiert. Die sich aus dem Gespräch ergebenden anderen Themen können dabei ebenfalls aufgenommen und tiefgründig hinterfragt werden.[518] Somit bietet das teilstandardisierte Interview die nötige Vergleichbarkeit im Gegensatz zum nicht-standardisierten Interview und schafft die nötigen Freiheitsspielräume des Interviewers im Gegensatz zum standardisierten Interview.

6.1.3.4 Fragestellung

Der primäre Unterschied zwischen offenen und geschlossenen Fragen besteht im Antwortspielraum, der den Befragten gelassen wird. Bei geschlossenen Fragen werden durch die

---

[513] Schnell et al., 2005, S. 387
[514] Hopf, 1978, S. 111
[515] vgl. Schnell et al. 2005, S. 389
[516] vgl. Merton/Kendall, 1979, S. 173 ff
[517] vgl. u.a. Böhler, 2004, S. 86
[518] vgl. Atteslander, 1995, S. 162 f

Vorgabe von Antwortkategorien außerhalb der Fragestellung oder implizit in der Fragestellung Antwortmöglichkeiten gegeben.[519] Offene Fragen enthalten dagegen keine vorgegebenen Antwortalternativen, wodurch die Antwort in den eigenen Worten der Auskunftsperson erwartet wird. Der Befragte übernimmt die Formulierung seiner Antwort selbst. Er hat dadurch die Möglichkeit, innerhalb seines eigenen Referenzsystems zu antworten ohne zum Beispiel durch die Vorgabe von Antwortmöglichkeiten bereits in eine bestimmte Richtung gelenkt zu werden. Damit unterstützen offene Fragen jene Antworten, die den wirklichen Wissensstand bzw. den tatsächlichen Einstellungsrahmen der Auskunftspersonen reflektieren.[520]

Da das vorliegende Forschungsprojekt explorativer Natur ist, wurden hauptsächlich offene Fragen eingesetzt.[521] Der Interviewer musste unterscheiden, ob der Proband seine eigene Meinung oder die Meinung der Gesellschaft wiedergibt, sowie abwägen, ob das Gesagte für die Beantwortung der Frage ausreichend ist.

Im Hinblick auf die Art der Fragestellung kann ähnlich wie in Abschnitt 6.1.3.3 ein breites Kontinuum mit den Endpunkten „direkte" und „indirekte" Fragestellung unterschieden werden. Direkte Befragungen versuchen den Sachverhalt ohne Umschweife zu erforschen, sind jedoch nur bei relativ wenigen, unproblematischen Untersuchungsgegenständen anwendbar. Bei der indirekten Befragung werden die Fragen dagegen in einer entpersonifizierten Form gestellt.[522] Der Befragte gibt dann vermeintlich Auskunft über dritte Personen, projiziert jedoch seine eigene Meinung bzw. sein Verhalten in die Antwort hinein.[523]

Mit Ausnahme der Abfrage demographischer Merkmale werden im Interview „psychotaktisch-zweckmäßige"[524] indirekte Fragestellungen verwendet. Dadurch wird ein höherer Antwortgehalt erwartet. Aufgrund der Unkenntnis des Befragten hinsichtlich des Zwecks der Frage werden andere Antwortmöglichkeiten nicht aus dem Unterbewusstsein ausgeblendet.

6.1.4 Leitfadengespräche als geeignete Interviewform

In halb- bzw. teilstrukturierten Interviews stellt der Interview-Leitfaden eine flexible Orientierungshilfe für den Forscher dar. Interview-Leitfäden sind durch sog. Leitfadenkomplexe gekennzeichnet, die den Themenschwerpunkten entsprechen. Die dabei offen formulierten Fragen enthalten sowohl Stichpunkte als auch präzise formulierte Items.[525] Dadurch wird

---

[519] vgl. u.a. Lamnek, 2005, S. 344, Mayring, 2002, S. 66
[520] vgl. Schnell et al., 2005, S. 330ff
[521] vgl. Atteslander, 1995, S. 136-140
[522] vgl. Böhler, 2004, S. 88
[523] vgl. Mayntz et al., 1978, S. 110f
[524] Hüttner/Schwarting, 1999, S. 57
[525] vgl. Merton/Kenndall, 1979, S. 184

garantiert, dass die relevanten Themen tatsächlich angesprochen werden, was die Grundlage einer rudimentären Vergleichbarkeit der Interviewergebnisse darstellt.[526] Der Leitfaden beinhaltet im Wesentlichen Stichpunkte zu den abzuarbeitenden Themenbereichen, den Fragen, die in jedem Interview gestellt werden sollten (Schlüsselfragen), sowie den Fragen, die abhängig vom Verlauf des Interviews relevant sein können.[527] Der Interviewer kann die Reihenfolge der Fragen und die Zeit, die je Themenblock verwendet wird, selbst bestimmen, wodurch es zu einem natürlichen Gesprächsfluss kommen kann, bei dem der Interviewer nur selten eingreifen muss, um das Gespräch auf die relevanten Themen zu steuern.

Für die Konstruktion des Interview-Leitfadens wurden zunächst unter Berücksichtigung der vorhandenen Literatur zum Thema Kennzahlen-Controlling von DMOs in einem Brainstorming alle relevanten Gedanken, die für die Lösung der Forschungsfragen nützlich sein könnten, zusammengefasst und Fragen gebildet. Nach mehrmaligem Überarbeiten der Fragen wurde dem Anspruch Rechnung getragen, einen Fragebogen „sowohl nach logischen als auch nach psychologischen Gesichtspunkten zu gestalten"[528]. Anschließend wurden vier Themenkomplexe entworfen, auf die im nächsten Kapitel eingegangen wird.

Die aufgestellten Frageformulierungen wurden dem Anspruch der Offenheit gerecht, indem den Befragten keine Antwortalternativen vorgegeben wurden, so dass sie die Fragen frei beantworten konnten. Der Forscher hält sich damit die Möglichkeit offen, Antworten zu erhalten, die er selbst zunächst nicht als relevant erachtet hat.

Briggs (1986) vertritt die Ansicht, dass „The communicative structure of the entire interview affects the meaning of each utterance."[529] Folglich wurde der Leitfaden so entworfen, dass er eine logische Fortentwicklung aufweist und ein einheitliches Ganzes ergibt.[530] Der Proband wird von den einfachen Fragen zu den komplexeren und von den eher allgemeinen zu den spezielleren Fragen geführt, wodurch er sich immer stärker am Interview beteiligt.[531] Zusätzlich wurden die Fragen kurz und einfach gehalten und auf den Bezugsrahmen des Befragten bezogen. Dabei wurde eine Formulierung gewählt, die dem Probanden eine problemlose Beantwortung ermöglichte. Es wurde auf hypothetische Fragen verzichtet und durch das Stellen neutraler Fragen eine Suggestivwirkung vermieden.[532]

Die so entstandene erste Version des Interview-Leitfadens wurde in einem Pretest erprobt. Es wurden die einzelnen Fragestellungen hinsichtlich Verständlichkeit und Ergiebigkeit bei den

---

[526] vgl. Schnell et al., 2005, S. 387
[527] vgl. Friedrichs, 1973, S. 227
[528] Atteslander, 1995, S. 194
[529] Briggs, 1986, S. 102f
[530] vgl. Kaufmann, 1999, S. 66
[531] vgl. Atteslander, 1995, S. 193f; Goode/Hatt, 1976, S. 115
[532] vgl. Seidman, 1991, S. 62

Probanden überprüft und gleichzeitig der Interviewer auf seine künftige Aufgabenstellung vorbereitet. Durch den Pretest sollte zudem das Risiko von Unklarheiten und Missverständnissen während der Interviews vermieden werden, um so potentiellen Erklärungen zum Hintergrund oder Verständnisfragen entgegenzuwirken.

Als Konsequenz auf den Pretest konnten solche Fragen ausfindig gemacht werden, die den Probanden Schwierigkeiten bereiteten, einen reibungslosen Ablauf des Interviews behinderten oder mögliche Ausstrahlungseffekte hatten. Zudem konnte nachvollzogen werden, welche Fragen falsch interpretiert wurden bzw. welches Interesse die Interviewpartner den unterschiedlichen Fragen beimessen. Auftretende Probleme wurden untersucht und korrigiert[533] und der Interview-Leitfaden leicht modifiziert, bevor er schließlich in seiner finalen Version[534] im Feld eingesetzt werden konnte.

6.1.5 Aufbau und Inhalt des Leitfadens für Interviews mit Destinationsmanagern

Der Interview-Leitfaden enthält neben den statistischen Angaben über den Interviewpartner sowie die DMO vier weitere Themenbereiche: Wertschöpfung, Controlling, Kennzahlen sowie Informationsbedarf. Eingeleitet wurde das Interview mit Fragen nach der Rechtsform der DMO sowie der Position bzw. Verantwortlichkeit des/der Interviewpartner/-s im Unternehmen und deren Berufserfahrung. Damit konnte zwei Anforderungen Rechnung getragen werden. Zum einen wurde überprüft, ob die befragte Person tatsächlich der Geschäftsführer des Unternehmens bzw. der/die verantwortliche Mitarbeiter/-in im Bereich Controlling bzw. Marketing der DMO war[535], so wie es der Anspruch an das Forschungsprojekt verlangte. Zum anderen können Fragen nach statistischen Angaben von den Probanden aller Regel nach leicht beantwortet werden, so dass man hier von „Icebreaker-Fragen" sprechen kann, die die Bereitschaft und die Teilnahme der Probanden erhöhen.[536]

Der Einstieg in die Themenkomplexe des Interview-Leitfadens erfolgte mit dem Block A, der Fragen zu den Bereichen Wertschöpfung, Ziele und Stakeholder der DMO, Erlösquellen sowie Einfluss der Politik auf das Handeln der DMO umfasste. Mit jeder einzelnen Frage wurde ein bestimmtes Forschungsziel verfolgt. So diente Frage A1 der Identifizierung der Zielsetzungen von Destinationsmanagern sowie Einfluss der Politik auf diese Ziele. Mit A2 wurde die Wertschöpfungskonfiguration bestimmt, der die primären Aktivitäten der DMO folgen. Die Feststellung der Stakeholder der DMO erfolgte mit Fragen A3 und A4, an die sich die Bestimmung der Bedeutung einzelner Stakeholder anschloss (A5). A6 und A7 dienten der Beantwortung der Frage, was den Kunden der DMO Nutzen stiftet.

---

[533] vgl. Schnell et al., 2005, S. 356
[534] siehe Anhang 1 _ Interviewleitfaden
[535] Mit der Bitte um die Visitenkarte konnten letzte Zweifel ausgeschlossen werden.
[536] vgl. Meffert, 2000, S. 157

> A. Wertschöpfung
> 1. Welche Ziele verfolgt die DMO?
>   - monetär?
>   - nicht-monetär?
>   - Welchen Einfluss hat die Politik?
>   - Wie sind die Ziele gewichtet?
> 2. Bitte geben Sie einen Überblick über die zentralen Aufgaben Ihres Geschäftsbereichs?
> 3. Wer profitiert von Ihren Aktivitäten, für wen schaffen Sie Nutzen?
> 4. Nachfrage: Für wen noch?
> 5. Bitte benoten Sie die Stakeholder nach ihrer Wichtigkeit für ihr Unternehmen. (Note 1: sehr wichtig; Note 6: unbedeutend)
> 6. Bitte versetzen Sie sich in die Lage ihrer wichtigsten Kunden: Welche Werte stiftet Ihr Geschäftsbereich für sie?
> 7. Mit welchen Aktivitäten erzielen Sie Erlöse?

Themenkomplex B deckte anschließend das Thema Controlling ab. Hier wurde neben der Frage nach der Erfolgsbeurteilung die für das Forschungsprojekt sehr wichtige Frage nach möglichen angewendeten Controllingkonzepten gestellt. Frage B1 verfolgte das Ziel, die Maßgrößen des unternehmerischen Erfolgs von DMOs zu identifizieren. Mit B2 sollte analysiert werden, welche Controlling-Konzepte, falls überhaupt eingesetzt, in der Praxis von Destinationsmanagern angewendet werden. Aufgrund der erwartungsgemäß noch sehr spärlichen Anwendung dieses Führungsinstruments bei DMOs konnte dieser Block nicht nur wegen seiner geringen Anzahl an Fragen meist sehr schnell abgehandelt werden.

> B. Controlling
> 1. Wie beurteilen und messen Sie den Erfolg Ihrer DMO?
> 2. Welches Controllingkonzept wenden Sie an?

Die zentralen Fragen zum Thema Kennzahlen bei DMOs wurden im Themenblock C gestellt. Die Destinationsmanager wurden erst nach ihren eingesetzten Finanzkennzahlen (C1), dann nach den allgemeinen Kennzahlen gefragt (C2), die sie verwenden. Damit sollte eine Antwort darauf gefunden werden, welche Kennzahlen für Destinationsmanager eine wichtige Rolle spielen. Anschließend wurden die Befragten aufgefordert, die jeweiligen Kennzahlen nach ihrer Wichtigkeit hin zu benoten (C3). Damit sollte festgestellt werden, welche Kennzahlen für die Destinationsmanager wichtiger sind als andere. Die Frage nach Ursache-Wirkungszusammenhängen zwischen den eingesetzten Kennzahlen rundete diesen Frageblock ab (C4). Damit sollte untersucht werden, ob die Kennzahlen in einem sinnvollen Zusammenhang stehen und ob es Frühwarnindikatoren für den ökonomischen Erfolg gibt.

C. Kennzahlen
1. Welche Finanzkennzahlen spielen eine Rolle in Ihrem Controlling?
2. Welche Kennzahlen setzen Sie ein, um die Leistungen in Ihrer DMO zu messen?
3. Bitte benoten Sie die Kennzahlen nach ihrer Wichtigkeit für Ihr Unternehmen. (Note 1: sehr wichtig; Note 6: unbedeutend)
4. Gibt es Kausalitäten bzw. Ursache-Wirkungszusammenhänge zwischen den verwendeten Kennzahlen?

Der letzte Themenkomplex sollte schließlich Erkenntnisse über den weiteren Informationsbedarf von Destinationsmanagern liefern. Fragen D1 und D4 sollten daher aufdecken, welche Informationen für das Controlling notwendig sind, die noch nicht zur Verfügung stehen. Weiterhin wurde, falls erforderlich, der Frage nachgegangen, weshalb nicht für alle in Themenblock A genannten Ziele und Stakeholder Kennzahlen eingesetzt werden (D2 und D3). Beendet wurde das Interview mit der Frage, ob dem Interviewpartner noch ein weiterer wichtiger, bislang nicht angesprochener Punkt im Zusammenhang mit einem Kennzahlen-Controlling von DMOs einfiele. Diese sehr allgemeine und offene Frage sollte den Probanden das Gefühl geben, dass sie zum Gelingen des Forschungsprojekts ihren eigenen Teil beitragen können.

D. Informationsbedarf
1. Welche weiteren Informationen würden Sie sich zur Bewertung der Leistung ihrer DMO wünschen?
2. Wie erklärt es sich, dass nicht alle Ziele mit Kennzahlen berücksichtigt werden?
3. Wie erklärt es sich, dass nicht alle Stakeholder im Kennzahlen-Controlling berücksichtigt werden?
4. Fällt Ihnen noch irgendetwas ein, was hinsichtlich eines Kennzahlen-Controllings von Destinationsmanagementorganisationen wichtig sein könnte?

6.1.6 Auswahl der geeigneten Untersuchungspersonen unter Destinationsmanagern

Vor der Auswahl der Untersuchungspersonen muss bei empirischen Untersuchungen entschieden werden, über welche Menge von Personen Aussagen gemacht werden sollen. Da es sich im vorliegenden Forschungsprojekt um eine explorative Untersuchung handelt, ist die Menge der interessierenden Personen relativ eng abgegrenzt, wodurch die Festlegung der Untersuchungsobjekte vergleichsweise unproblematisch verläuft.[537] So wird die Stichprobe nach der Relevanz der jeweiligen Auskunftspersonen, nicht jedoch nach deren Repräsentativität für die Grundgesamtheit ausgewählt. Bei qualitativen Forschungsansätzen folgt die Auswahl der Untersuchungspersonen typischerweise dem „Theoretischen Sampling", welches nach konkret-inhaltlichen und nicht nach abstrakt-methodologischen Gesichtspunkten erfolgt.

---

[537] vgl. Schnell et al., 2005, S. 265

In einer empirischen Untersuchung ist zunächst die Frage zu beantworten, aus welchen Gruppen die zu befragenden Personen entstammen sollen (Fallgruppenauswahl). Anschließend ist zu klären, welche Personen aus diesen Gruppen interviewt werden sollen (Fallauswahl).[538] Die Grundgesamtheit der zu untersuchenden Personen besteht in dieser Studie aus den Destinationsmanagern im deutschsprachigen Raum. Folglich bezieht sich die Fallgruppenauswahl auf die DMOs im deutschsprachigen Raum. Wie bereits in Abschnitt 2.1 ausführlich geschildert, können Destinationen je nach Definition sehr unterschiedlichen Ausmaßes sein: von kleinen Städten oder Dörfern bis hin zu ganzen Nationen. Dem Grundprinzip des „Theoretischen Samplings" folgend fiel die Entscheidung auf Destinationen auf örtlicher und regionaler Ebene. Dadurch sollte verhindert werden, dass das Aufgabenspektrum der Destinationsmanager durch die verschiedenen Ausdehnungsgrade der Destinationen zu heterogen wird.

Nach dieser Einschränkung bei der Auswahl wurden bereits existierende Einteilungen von örtlichen bzw. regionalen Destinationen betrachtet; wie z.b. von *Buhalis* (2000) durchgeführt, der Destinationen in die Kategorientypen städtische Destinationen, Seebäder, alpine Destinationen, ländliche Destinationen, authentische bzw. Dritte Welt Destinationen sowie einzigartige bzw. exotische Destinationen einteilt.[539] Diese Typisierung ist allerdings für die vorliegende Arbeit nur bedingt geeignet, da es sich um eine international orientierte Kategorienbildung handelt. In Deutschland findet eine Einteilung von Destinationen lediglich in der Bädersparte statt. Der *Deutsche Heilbäderverband* unterscheidet zwischen Mineral- und Moorheilbädern, heilklimatischen Kurorten, Kneippheilbädern und Kneippkurorten sowie Seeheilbädern und Seebädern.[540] Eine weitere Einteilung bzw. Kategorisierung aller Städte und Regionen, die über eine DMO verfügen, steht bislang aus. Damit werden Destinationen außen vor gelassen, die aufgrund besonderer Eigenschaften über ein großes Tourismuspotential verfügen.

Bei der Auswahl der Destinationsmanager als Interviewpartner wurde basierend auf diesen Erkenntnissen auf vier Punkte geachtet: Erstens wurden mit Ausnahme der authentischen und der exotischen Destinationen alle Kategorien von *Buhalis* (2000) einbezogen.[541] Zweitens wurden die vom *Deutschen Heilbäderverband* genannten Bädersparten berücksichtigt.[542] Drittens wurden Destinationen ausgewählt, die über Institutionen wie Messe (Köln), Universität (Trier, Bayreuth, Köln), Festspiele (Bayreuth, Oberammergau, Baden-Baden), kulturhis-

---

[538] vgl. Flick, 1998, S. 78
[539] vgl. Buhalis, 2000, S. 101f
[540] vgl. o.V.: http://www.baederkalender.de/lang25/cat327/cat329/cat428/art964.php, abgerufen am 16. November 2005. Nähere Informationen dazu sind in den Definitionen des Deutschen Heilbäderverbandes „Begriffsbestimmungen – Qualitätsstandards für die Prädikatisierung von Kurorten, Erholungsorten und Heilbrunnen" und beim Deutschen Heilbäderverband zu finden.
[541] städtische Destinationen: z.B. Köln, Trier, Bayreuth; Seebäder: z.B. Graal-Müritz, Boltenhagen, Binz auf Rügen; alpine Destinationen: z.B. Lech/Zürs, Garmisch-Partenkirchen, Montafon; ländliche Destinationen: Pottenstein, Baiersbronn
[542] Mineralheilbad: Baden-Baden; heilklimatischer Kurort: Bad Tölz, Garmisch-Partenkirchen; Kneippkurort: Baiersbronn; Seeheilbad bzw. Seebad: Graal-Müritz, Binz auf Rügen, Boltenhagen, Kühlungsborn

torische (Karlsbad, Rothenburg ob der Tauber, Trier) oder kulinarische bzw. lukullische Höhepunkte (Baiersbronn) verfügen und somit viele Touristen anziehen. Viertens wurde versucht, den deutschsprachigen Raum geographisch grob abzudecken. So wurden Destinationsmanager von Orten und Regionen an der Ostsee (z.B. Binz auf Rügen, Kühlungsborn, Boltenhagen, Graal-Müritz, Kaiserbäder Usedom), von Wintersportdestinationen in Südbayern und Österreich (z.B. Garmisch-Partenkirchen, Oberammergau, Bad Tölz, Lech-Zürs, Montafon), von Destinationen im Schwarzwald (Baden-Baden, Baiersbronn) sowie von westlich gelegenen Großstädten (Trier, Köln) und süd-östlicher gelegenen Destinationen (Bayreuth, Pottenstein, Karlsbad) interviewt.[543] Durch diese Auswahl konnten möglicherweise bestehende Unterschiede zwischen dem Management verschiedenartiger Destinationen aufgedeckt werden, die auf destinationsspezifischen oder auf geographischen Gründen beruhen.[544]

Letztendlich handelt es sich bei der durchgeführten Fallgruppenauswahl um eine willkürliche Auswahl („convenience sample"), bei der die Entscheidung über die Aufnahme einer Person oder eines Objekts der Grundgesamtheit in die zu untersuchende Stichprobe allein dem Interviewer und nicht einem Auswahlplan obliegt.[545] Diese Form der Stichprobenauswahl kann nur in wenigen Fällen als akzeptabler Ersatz dienen, so z.B. in der explorativen Phase des Forschungsvorhabens.[546]

Bei der anschließend durchgeführten Fallauswahl handelt es sich um eine bewusste Auswahl, die nach einem Auswahlplan erfolgt. Diesem Plan zugrunde liegende Kriterien sind meist bestimmbar und überprüfbar. Im vorliegenden Fall kamen nur Gesprächspartner in Frage, die in den ausgewählten DMOs die Position des Geschäftsführers (oder eine äquivalente Position) bzw. des Leiters des Controllings oder Marketings innehaben. Basierend auf der Annahme, dass sich diese Personen am besten mit den untersuchten Forschungsthemen auskennen, sollte gewährleistet werden, dass die kompetenteste Person in der DMO als Gesprächspartner zur Verfügung steht. Die exakte Bezeichnung der Position hängt von der Rechtsform des Unternehmens ab. Von den 18 DMOs waren sechs davon kommunale Eigenbetriebe bzw. Eigenbetriebe der Gemeinde.[547] Vier waren Regiebetriebe bzw. Abteilungen der Stadtverwaltung, in denen jeweils der Tourismus-, Verkehrs- bzw. Kurdirektor interviewt wurde.[548] Fünf DMOs waren Gesellschaften mit beschränkter Haftung (GmbH). Hier war in drei Fällen der

---

[543] Eine genaue Übersicht über die durchgeführten Interviews kann der Interviewübersicht im Anhang entnommen werden. (siehe Anhang 2 _ Transkript der Interviews)
[544] In diesem Fall geht die Auswahl mit einer gewissen Subjektivität des Forschers einher.
[545] vgl. Schnell et al., 2005, S. 297;
[546] vgl. Böhler, 2004, S. 135
[547] Die Kongress- und Tourismuszentrale einer betrachteten Destination ist zwar ein unternehmerisch geführter, eingetragener Verein, der jedoch ins Wirtschaftsreferat der Stadt eingegliedert ist. Daher wurde diese DMO den kommunalen Eigenbetrieben zugeordnet.
[548] In einer Destination war die Berufsbezeichnung Abteilungsleiter und in einer anderen Destination war zusätzlich die Abteilungsleiterin für Marketing beim Interview anwesend.

Geschäftsführer und in zwei Fällen der Leiter der Marketingabteilung (einmal gemeinsam mit der Leiterin der Controllingabteilung) der Gesprächspartner. Bei den beiden als Verein geführten DMOs war jeweils der Geschäftsführer der Interviewpartner.

Die Kontaktaufnahme mit den Destinationsmanagern geschah zunächst telefonisch zwecks Terminvereinbarung. Hierbei ist festzuhalten, dass Interviews natürlich nur mit jenen Personen durchgeführt werden können, die sich dazu auch bereit erklären. Insofern geschieht meist eine Art Selbstauswahl.[549] Es zeigten jedoch lediglich drei Destinationsmanager vor allem aus Zeitgründen kein Interesse an einem Interviewtermin.

Bei der telefonischen Kontaktaufnahme erhielten die kontaktierten Personen zunächst einen Überblick über den Befragungszweck. Auf Wunsch wurde ihnen per Email eine ausführlichere Beschreibung des Forschungsprojekts zugesendet, aufgrund dessen sie über ihre Bereitschaft zum Gespräch entschieden.[550] Sobald die potentiellen Interviewpartner ihre Zusage signalisierten, wurde ein Termin in den Räumlichkeiten der jeweiligen DMO vereinbart.

6.1.7 Durchführung der Befragung mit Destinationsmanagern

Bei den durchgeführten Interviews handelte es sich ausschließlich um mündliche Befragungen[551], die vom Autor dieser Arbeit persönlich durchgeführt wurden. Dazu wurde der Interviewpartner an seinem Arbeitsplatz aufgesucht und in einem ein- bis eineinhalbstündigen Interview zu den Forschungsthemen befragt. Die Interviews wurden mit einem digitalen Diktiergerät[552] aufgezeichnet, welches über eine Konferenzfunktion verfügt. Dadurch konnte eine gute Aufnahmequalität erzielt werden.[553] Bei allen Interviews wurde neben der digitalen Aufzeichnung stichpunktartig mitgeschrieben, was sich vor allem bei der Benotung der Stakeholder, der Ziele sowie der Kennzahlen als vorteilhaft erwies, da alle zu bewertenden Punkte zur Nachprüfung vor Ort nochmals vorgelesen und somit kontrolliert werden konnten.

Bei Fragen, deren Antwort aus einer Aufzählung von Fakten bzw. Stichpunkten besteht (z.B. Fragen nach Zielen, Stakeholdern oder Kennzahlen der DMO), wurde jeweils nach dem letzten genannten Stichpunkt nachgehakt, ob dem Interviewer noch weitere Punkte einfallen. Wenn der Befragte auf die gestellte Frage nur unzureichend antwortete oder Punkte unbeantwortet ließ, wurde nachgefragt, möglichst ohne den Befragten dabei zu beeinflussen. Zusam-

---

[549] vgl. Seidman, 1991, S. 41f
[550] vgl. Lueger, 2000, S. 193
[551] Obwohl bei der Darstellung von Befragungstechniken zumeist von mündlichen Interviews ausgegangen wird, können offene Befragungen auch schriftlich erfolgen. (vgl. Laatz, 1993, S. 107)
[552] Olympus DS 2300
[553] Ausnahmen bildeten ein Interview, bei dem ein Diktiergerät ohne Konferenzfunktion (Sony ICD-P17) verwendet wurde und die Aufzeichnungen dadurch sehr schlecht verständlich sind, sowie ein weiteres Interview, wo sich der Interviewpartner gegen eine Aufzeichnung des Gesprächs aussprach. Hier wurde das Interview schriftlich fixiert.

menhänge zwischen einzelnen Passagen wurden oft erst später hergestellt. Dadurch wurde die Unterbrechung des Befragten vermieden und auf Stichworte später zurückgekommen.[554] Griff der Interviewer Antworten des Befragten auf, reflektierten diese das zuvor Gesagte des Befragten. Zusätzliche Sachverhalte wurden so selten wie möglich induziert, wodurch im Interview weitgehende Neutralität herrschte.[555]

6.1.8 Auswertung der Interviews

Nach dem Abschluss der Interviewphase wurden die erhobenen Daten einer inhaltlichen Analyse unterzogen. Bei dieser **Inhaltsanalyse** handelt es sich um „[...] an observational research method that is used to systematically evaluate the symbolic content of all forms of recorded communications. These communications can also be analyzed at many levels (image, word, roles, etc.), thereby creating a realm of research opportunities."[556] Die Inhaltsanalyse verfolgt das Ziel, inhaltliche und formale Merkmale von Mitteilungen systematisch und intersubjektiv nachvollziehbar zu beschreiben.[557] Kennzeichnend für die Vorgehensweise ist die streng regelgeleitete Untersuchung des bestehenden Materials. Durch die Dokumentation der systematischen Zergliederung und schrittweisen Bearbeitung der Befragungen soll das Ziel verfolgt werden, die intersubjektive Nachvollziehbarkeit der Ergebnisse zu erhöhen.[558]

Hierfür hält die wissenschaftliche Literatur eine Reihe von methodischen Ansätzen bereit. So unterscheidet *Mayring* (1985) beim Verfahren der qualitativen Inhaltsanalyse die Techniken Zusammenfassung, Explikation und Strukturierung. Die **Zusammenfassung** reduziert das erhobene Material auf die wesentlichen Bestandteile, um einen besseren Überblick zu erhalten. Mit der **Explikation** sollen unter der zu Hilfenahme zusätzlichen Interpretationsmaterials einzelne Passagen verständlicher gemacht werden. Die **Strukturierung** filtert bestimmte Passagen unter vorher festgelegten Bedingungen aus dem Datenmaterial heraus, um jene gesondert einschätzen zu können.[559] Mit dieser Technik können aus unterschiedlichen Antworten der einzelnen Interviewpartner gemeinsame Inhalte identifiziert und gegenüber gestellt werden, da hier im Rahmen der Paraphrasierung eine Sammlung der inhaltlich wichtigsten Textstellen stattfindet, die daran anschließend geordnet werden. Zudem werden verstreute Textpassagen zusammengefügt.[560]

---

[554] vgl. Seidman, 1991, S. 59 ff
[555] vgl. Holstein/Gubrium, 1995, S. 38; Sheatsley, 1976, S. 127 ff
[556] Kolbe/Burnett, 1991, S. 243
[557] vgl. Früh, 2001, S. 119
[558] Der Anspruch auf intersubjektive Überprüfbarkeit kann bei der qualitativen Forschung nicht erhoben werden, da eine identische Replikation einer Untersuchung alleine aufgrund der begrenzten Standardisierbarkeit des Vorgehens nicht möglich ist. Daher wird bei einem qualitativen Vorgehen der Anspruch auf Herstellung einer intersubjektiven Nachvollziehbarkeit als angemessen erachtet, auf deren Basis eine Beurteilung der Ergebnisse erfolgen kann. (vgl. Steinke, 2004, S. 324)
[559] vgl. Mayring, 1985, S. 193ff

Ein Auswertungsverfahren speziell für Experteninterviews legen *Meuser/Nagel* (1991) vor. Die Forscher orientieren sich ähnlich wie bei der Technik der Zusammenfassung von *Mayring* (1985) „an thematischen Einheiten, an inhaltlich zusammengehörigen, über die Texte verstreuten Passagen – nicht an der Sequenzialität je Interview."[561] Der Auswertungsprozess gliedert sich bei dieser Methode in die Transkription, die Paraphrasierung, das Formulieren von Überschriften, das Erstellen eines thematischen Vergleichs, der soziologischen Konzeptionalisierung und der theoretischen Generalisierung. Im vorliegenden Forschungsprojekt dient die Paraphrasierung zunächst dem Verdichten und der inhaltlichen Gliederung der erhobenen Daten, wobei textnah vorgegangen und die Terminologie der Interviewpartner übernommen wird. Zudem werden die Interviews jeweils nach ähnlichen Textpassagen überprüft. Im Rahmen der soziologischen Konzeptualisierung wird die Terminologie der Interviewpartner durch allgemein gültige Fachbegriffe ersetzt. Im letzten Schritt der theoretischen Generalisierung erfolgt der Vergleich zwischen den empirisch gewonnenen Informationen aus den Interviews und den theoretischen Zusammenhängen.[562] Dieses Verfahren hat den Vorteil, dass unterschiedliche Aussagen unverfälscht inhaltlich zusammengefasst werden können, was letztendlich das Ziel des Forschungsprojekts ist.

Auch die angelsächsische Literatur hält eine Reihe von Vorgehensweisen für die Auswertung von Textmaterial bereit. Hierbei wird vor allem zwischen der „Content Analysis"[563] und der „Critical Incident Technique"[564] unterschieden. Nach *Kassarjian* (1977) stellt die **Content Analysis** eine wissenschaftliche, objektive, systematische, quantitative[565] und verallgemeinernde Beschreibung des Inhalts eines Gesprächs dar.[566] Parallelen zur oben beschriebenen qualitativen Inhaltsanalyse ergeben sich aus der gemeinsamen Aufgabe beider Methodiken, eine inhaltliche Analyse von Textmaterial durchzuführen. Bei der Content Analysis wird zunächst eine Auswahl aus dem gesamten Datenmaterial getroffen, die anschließend analysiert werden soll. Danach wird festgelegt, auf welcher inhaltlichen Ebene (einzelne Worte, übergeordnete Themen oder andere Kriterien) die Analyse durchgeführt wird. Anschließend wird die Auswahl von mehreren Forschern unabhängig von einander kategorisiert und bewertet.[567] Um zu vermeiden, dass es zu Verzerrungen aufgrund subjektiver Sichtweisen der beteiligten Forscher kommt und folglich keine zuverlässigen Ergebnisse erzielt werden können, müssen zunächst exakte Regeln für die Auswertung bestimmt werden.

---

[560] vgl. Mayring, 1985, S. 197ff
[561] Meuser/Nagel, 1991, S. 453
[562] vgl. Meuser/Nagel, 1991, S. 455ff
[563] vgl. z.B. Kolbe/Burnett, 1991; Kassarjian, 1977
[564] vgl. z.B. Gremler, 2004; Keaveney, 1995
[565] Quantität bezieht sich bei *Kassarjian* (1977) darauf, dass das gewonnene Material eine gültige Ausgangsbasis für weitere Interpretationen und Schlussfolgerungen darstellen sollte. (vgl. Kassarjian, 1977, S. 9f)
[566] vgl. Kassarjian, 1977, S. 9f
[567] vgl. Kassarjian, 1977, S. 11

Im Gegensatz zur Content Analysis untersucht man mit Hilfe der **Critical Incident Technique** anhand von Interviews die Reaktionen von Untersuchungsteilnehmern auf ein bestimmtes Ereignis. Häufigste Anwendung findet diese Methodik bei der Untersuchung des Kundenverhaltens im Dienstleistungssektor.[568] Im Anschluss an die Datenerhebung wird eine Inhaltsanalyse durchgeführt, in der die Daten in verschiedene Kategorien unterteilt und beschrieben werden.[569] Auch hier sind genaue Regeln für die Auswertung zu beachten, um die oben genannten Verzerrungen zu vermeiden. Die Güte der Untersuchung kann anhand von Beurteilungskriterien nachvollzogen werden, auf die im Folgenden eingegangen wird. In der vorliegenden Auswertung der Interviews wurde zwar die Content Analysis angewandt, dennoch fanden auch einige Elemente der Critical Incident Technique Berücksichtigung, wie in den weiteren Abschnitten zu erkennen sein wird.

6.1.8.1 Erläuterung der Beurteilungskriterien qualitativer Marktforschung

Das Ziel eines Messvorgangs ist die Erhebung möglichst exakter und fehlerfreier Messwerte.[570] Die Beurteilung über deren Erfolg wird gewöhnlich anhand verschiedener Gütekriterien überprüft.[571] Es werden Maßstäbe entwickelt, an denen die Qualität der Forschungsergebnisse gemessen werden kann.

In der Literatur werden die **Objektivität**, die **Reliabilität** sowie die **Validität** von Erhebungsmethoden als wichtigste Beurteilungskriterien qualitativer Marktforschung in den Mittelpunkt gestellt.[572] Zwar beschränken sich viele Autoren in ihren Ausführungen auf die Kriterien Reliabilität (Zuverlässigkeit) und Validität (Gültigkeit)[573], da der qualitativen Marktforschung jedoch häufig vorgeworfen wird, sie sei in hohem Maße subjektiv, soll an dieser Stelle auch der Forderung einer genaueren Betrachtung der Objektivität Rechnung getragen werden.[574]

Zuvor sei jedoch darauf hingewiesen, dass sich in aktuelleren Diskussionen über Gütekriterien bei qualitativen Untersuchungen zunehmend die Einsicht durchsetzt, dass die Anforderungen an die Methoden und Ergebnisse der Forschung in Form der oben genannten Gütekriterien durch qualitative Forschungsmethoden nur unzureichend erfüllt zu sein scheinen.[575] Dies wird vor allem damit begründet, dass qualitative Methoden keine zufrieden stellenden Validitäts- und Reliabilitätskontrollen zulassen.[576]

---

[568] vgl. Gremler, 2004, S. 65
[569] vgl. Keaveney, 1995, S. 73
[570] vgl. Schnell et al., 2005, S. 149
[571] vgl. Kepper, 1994, S. 182
[572] vgl. z.B. Böhler, 2004; Atteslander, 1995; Lienert, 1961
[573] vgl. z.B. Kerlinger, 1975-1979;
[574] vgl. Kepper, 1994, S. 182
[575] vgl. z.B. Mayring, 2002, S. 140; Kepper, 1994, S. 182, Chisnall, 1986, S. 146
[576] vgl. Lamnek, 1989, S. 143

6.1.8.1.1 Objektivität

Jede wissenschaftliche Forschung erfordert ein gewisses Maß an Objektivität. „Von ihr wird dann gesprochen, wenn eine inter-individuelle Zuverlässigkeit bzw. Nachprüfbarkeit derart gegeben ist, daß unter ceteris-paribus-Bedingungen verschiedene Forscher zu demselben empirisch gewonnenen Resultat kommen."[577]

Allerdings wird es bei der wissenschaftlichen Erhebung von Informationen nie zu einer Kopie der Realität kommen, da der Einfluss bestimmter Forschungsperspektiven nicht ausgeschlossen werden kann. *Holsti* (1968) stellt dazu fest: „objectivity implies that all decisions are guided by an explicit set of rules that minimize – although probably never quite eliminate – the possibility that the findings reflect the analyst's subjective predispositions rather than the content of the documents under analysis"[578]. Es handelt sich folglich bei Objektivität wie häufig angenommen nicht um die Übereinstimmung der Beschreibung eines Sachverhalts mit der Realität. Daher wird die Bedeutung von Objektivität als Gütekriterium von qualitativen Studien häufig eingeschränkt und als die größtmögliche Freiheit von subjektiven, als verzerrende Einflüsse durch die die Untersuchung durchführenden Personen verstanden. Das heißt, dass mehrere Personen unabhängig voneinander zum selben Untersuchungsergebnis kommen können.[579]

Üblicherweise werden in Anlehnung an den Untersuchungsablauf verschiedene Ebenen bzw. Aspekte der Objektivität unterschieden: Durchführungs-, Auswertungs- und Interpretationsobjektivität.[580] Die **Durchführungsobjektivität** bezieht sich auf die Unabhängigkeit der Erhebungssituation von den Forschern. Daraus ergibt sich die Forderung nach möglichst wenig sozialer Interaktion zwischen der Auskunftsperson und dem Forscher. Die **Auswertungsobjektivität** bezieht sich auf die Minimierung der Freiheitsgrade, die dem Forscher bei der technischen Auswertung der erhobenen Daten zugestanden werden. Dies kann durch eindeutige Regeln im Bezug auf Auswertung und Zuordnung der Informationen erreicht werden. Von einer **Interpretationsobjektivität** spricht man dann, wenn aus den Auswertungsergebnissen von verschiedenen Forschern die gleichen Schlussfolgerungen gezogen werden. Diese Forderung ist umso schwieriger einzuhalten, umso größer der Erklärungsbedarf der Informationen ist. Im Umkehrschluss gelingt dies eher, wenn die Freiheitsgrade der Interpretation geringer gestaltet werden.[581] Daraus folgt, dass die Objektivität aller drei Dimensionen umso vorteilhafter gestaltet werden kann, umso besser die Standardisierung der Untersuchungen erreichbar ist.[582]

---

[577] Lamnek, 1980, S. 104f
[578] vgl. Holsti, 1968, zitiert aus Kassarjian, 1977, S. 9
[579] vgl. Kepper, 1994, S. 184
[580] vgl. Berekoven et al.; 2004, S. 88
[581] vgl. Kepper, 1994, S. 185
[582] vgl. Berekoven et al., 2004, S. 88

Um ein gewisses Maß an Objektivität zu erreichen, haben *Kolbe/Brunett* (1991) Richtlinien festgelegt, die im Zusammenhang mit den beteiligten Forschern sowie den Regeln bzw. Vorgehensweisen bei der Klassifizierung der Daten stehen.[583] Ein wichtiges Kriterium ist die Anzahl der Forscher, die an der Studie beteiligt sind. Es kann davon ausgegangen werden, dass mit einer steigenden Anzahl an Forschern der Grad der Objektivität zunimmt. In seinem Überblick über 141 verschiedene Untersuchungen, die auf der Critical Incident Technique basieren, kommt *Gremler* (2004) zu dem Ergebnis, dass an einer großen Mehrheit der Studien (63 Prozent) zwei oder drei Forscher beteiligt waren, im Durchschnitt 2,6.[584] In der vorliegenden Forschung wurden bis zu vier Forscher eingesetzt und damit der Durchschnitt übertroffen. Allerdings war der Autor selbst als Kodierer beteiligt, ein Vorgehen, das von *Kolbe/Burnett* (1991) kritisiert wird.[585]

Dies führt zum zweiten Merkmal, das großen Einfluss auf die Objektivität der Untersuchungsergebnisse hat: die Unabhängigkeit der Kodierer, die von *Kolbe/Burnett* (1991) folgendermaßen definiert wird: „The independence of judges assesses their freedom to make autonomous judgments without inputs from the researcher(s) or other judges."[586] Diese Unabhängigkeit wurde in der vorliegenden Studie gewahrt, da die Kodierer freie Hand sowohl bei der Erstellung der Kategorien als auch bei der anschließenden Zuordnung der Daten auf die Kategorien hatten.

Ein dritter Einflussfaktor auf die Objektivität ist die Einweisung der Kodierer in den Untersuchungsgegenstand, da so deren Vertrautheit mit dem Kodierungssystem und den Arbeitsdefinitionen zunimmt und folglich die Reliabilität gesteigert werden kann. Auch diesem Kriterium wurde Rechung getragen, indem den Kodierern die Thematik und die Zielsetzung der Untersuchung in einer gründlichen Einführung näher gebracht wurden.

Für eine Gültigkeitsprüfung sowie eine Nachvollziehbarkeit der wissenschaftlichen Ergebnisse in der Zukunft ist eine exakte Beschreibung der Vorgehensweise einschließlich aller beachteten Regeln notwendig. Im Gegensatz zur quantitativen Forschung, die aufgrund ihrer Standardisierung normalerweise mit einem Hinweis auf die verwendeten Techniken und Messinstrumente auskommt, ist das Vorgehen in der qualitativ orientierten Forschung wesentlich spezifischer auf den jeweiligen Gegenstand bezogen. Folglich werden die Methoden meist speziell für diesen Gegenstand entwickelt oder differenziert.[587]

---

[583] vgl. Kolbe/Burnett, 1991, S. 245f
[584] vgl. Gremler, 2004, S. 73. *Kolbe/Burnett* (1991) kommen in einer ähnlichen Studie zu dem Ergebnis, dass 38,3 Prozent der Untersuchungen von zwei Forschern bearbeitet wurden und 30,4 Prozent von drei oder mehr Forschern. (vgl. Kolbe/Burnett, 1991, S. 246)
[585] vgl. Kolbe/Burnett, 1991, S. 246
[586] Koble/Burnett, 1991, S. 245
[587] vgl. Mayring, 2002, S. 144

6.1.8.1.2 Reliabilität (Zuverlässlichkeit)

Die Reliabilität einer Untersuchung bezieht sich auf die formale Genauigkeit des Erhebungsinstruments, also auf die Vermeidung von Zufallsfehlern bei der Datenerhebung.[588] Sie lässt sich durch die Stabilität der Messwerte bei parallelen oder wiederholten Messungen ceteris paribus feststellen[589] und bezeichnet „das Ausmaß der Streuung des Instrumentes bei wiederholtem Messen"[590].

Ein Aspekt der Reliabilität ist die zeitliche Stabilität der Messergebnisse. Sie lässt sich feststellen, indem dasselbe Messinstrument zweimal auf dasselbe Objekt angewendet wird. Eine Schätzung der Reliabilität kann dann durch die Korrelation zwischen beiden Messungen dargestellt werden. Durch diese sog. „Test-Retest-Methode" wird versucht, den Grad der Unveränderlichkeit der Messergebnisse darzustellen.[591]

Zur quantitativen Bestimmung der Reliabilität von Auswertungen aus qualitativ erhobenen Datensätzen existiert in der wissenschaftlichen Literatur eine Reihe von Ansätzen.[592] Das am häufigsten verwendete Verfahren zur Bestimmung der Reliabilität ist der sog. „percentage of agreement", der sich als Prozentsatz zwischen der Übereinstimmung der Forscher und der Gesamtanzahl der möglichen Übereinstimmungen berechnet.

$$\frac{\text{Anzahl der inhaltlichen Übereinstimmungen}}{\text{Anzahl der inhaltlichen Übereinstimmungen} + \text{Anzahl der inhaltlichen Widersprüche}} = \text{Maß an Übereinstimmung}$$

Dieses Maß bestimmt, inwiefern zwei oder mehrere Forscher ein bestimmtes Argument inhaltlich in vorher festgelegte Kategorien einordnen.[593] In der Regel werden Reliabilitätsmaße von über 0,8 als zufrieden stellend erachtet, so dass die getroffenen Klassifizierungen der Forscher als relativ zuverlässig betrachtet werden können.[594]

Ein Nachteil bei dieser Form der Reliabilitätsmessung tritt jedoch dann auf, wenn im Vorfeld eine geringe Zahl an Kategorien festgelegt wird und folglich nicht mehr gewährleistet werden

---

[588] vgl. Kepper, 1994, S. 185
[589] vgl. z.B. Böhler, 2004, S. 113; Gremler, 2004, S. 74; Schnell et al., 1999, S.145
[590] Atteslander, 1995, S. 263
[591] vgl. z.B. Berekoven, 2004, S. 89; Schnell et al., 1005, S.145. Auf eine Erläuterung der „Split-half-Methode", die Methode der äquivalenten Formen (Paralleltest) sowie die Konsistenzmethode, die alle das gleiche Ziel wie die Test-Retest-Methode verfolgen, soll an dieser Stelle verzichtet werden. Ausführliche Beschreibungen dieser Methoden finden sich z.B. bei Lamnek, 1989, S. 174
[592] Ein Überblick über die verschiedenen Berechnungsmethoden der Reliabilität von Messungen findet sich bei Gremler, 2004, S. 75
[593] vgl. z.B. Keaveney, 1995, S. 73
[594] vgl. Kassarjian, 1977, S. 14

kann, dass die Zuordnungen nicht größtenteils auf Zufall basieren. Diese Schwäche greifen *Perreault/Leigh* (1989) auf und beziehen die Anzahl der möglichen Klassifizierungen für eine Aussage in die Berechnung der Reliabilität ein.[595]

$$I_r = \sqrt{\{[(F_0/N) - (1/k)] * [k/(k-1)]\}}$$

wobei I_r = Reliabilitätsindex
F_0 = Übereinstimmung zwischen Forschern
N = Gesamtanzahl der zu kodierenden Argumente
k = Anzahl der Kategorien

Im Rahmen der Auswertung der Interviews wurden beide Methoden angewandt. Bei der Bildung von Kategorien konnte nur das Maß an Übereinstimmung berechnet werden, da für die Berechnung des Reliabilitätsindex nach *Perreault/Leigh* (1989) die Anzahl der Kategorien in die Formel einfließen und daher bekannt sein müssen. Die Einteilung verschiedener Aussagen auf die Kategorien wurde mit beiden Methoden überprüft.

6.1.8.1.3 Validität (Gültigkeit)

Als Validität bzw. Gültigkeit wird das Ausmaß bezeichnet, in dem das Messinstrument tatsächlich das misst, was es messen sollte.[596] Im Fokus steht daher der Genauigkeitsgrad, „mit dem ein Verfahren oder Messinstrument das Merkmal, das es zu messen beansprucht, auch tatsächlich misst."[597]

Die praktische Prüfung der Validität erweißt sich im Vergleich zur Reliabilität als kaum möglich, da letztendlich ein Vergleich der erhobenen Daten mit den tatsächlichen, allerdings unbekannten Merkmalen gefordert wird. Hängt die Gültigkeit dieser Indikatoren von einer unbekannten Realität ab, ist sie letztendlich nicht nachweisbar. Gewisse Gültigkeitsaussagen können jedoch durch Plausibilitätsüberlegungen aufgestellt werden.[598]

6.1.8.2 Vorgehensweise bei der Transkribierung der Interviews

Die eigentliche Inhaltsanalyse der Interviews erfolgte in enger Anlehnung an die in Abschnitt 6.1.8 beschriebenen Verfahren zur qualitativen Auswertung von Textmaterial und zur Durchführung von Reliabilitätsmessungen.[599] In einem ersten Schritt der Inhaltsanalyse wurden die Interviews transkribiert, indem der Autor der Arbeit (künftig Forscher 1, F1) die einzelnen

---

[595] vgl. Perreault/Leigh, 1989
[596] vgl. Schnell et al., 2005, S. 154
[597] Kepper, 1994, S. 187f
[598] vgl. hierzu z.B. Atteslander, 1994, S. 263; Kepper, 1994, S. 188ff

Aussagen der Interviewpartner in eine MS-Excel-Tabelle übertrug und kodierte. Die Kodierung setzt sich zusammen aus der Nummer des Interviews (erste beiden Ziffern) und der Nummer der Aussage (Ziffern nach dem Spiegelstrich), die in chronologischer Abfolge der Aussagen gemacht wurde. Auf eine wörtliche Wiedergabe der Antworten wurde weitgehend verzichtet. Ausnahmen wurden bei jenen Zitaten von Destinationsmanagern gemacht, die unter Umständen wörtlich in die Arbeit aufgenommen werden konnten.

Im Zuge der Transkribierung wurden die Interviews von F1 auf ihre für das Forschungsobjekt wichtigen Passagen reduziert, welche anschließend die Ausgangsbasis für das weitere Vorgehen darstellen (Paraphrasierung).[600] Darunter fallen vor allem ausschmückende Textstellen sowie Gesprächsbestandteile, die nach Einschätzung der Forscher keine weiteren Ergebnisse für die Untersuchung liefern. Dazu wurde zunächst festgelegt, was für das Untersuchungsgebiet relevant ist.

Das hier als Beispiel[601] vorgestellte Interview stellt insofern eine Besonderheit dar, als dass zwei Interviewpartner gleichzeitig zur Verfügung standen.[602] Dieser Umstand wurde in der Transkribierung dadurch berücksichtigt, dass die Aussagen der zweiten Interviewpartnerin kursiv dargestellt werden (vgl. Tabelle 1):

---

[599] nach Keaveney, 1995; Meuser/Nagel, 1991; Perreault/Leigh, 1989; Mayring, 1985
[600] vgl. Anhang 2 _ Transkript der Interviews
[601] Auf eine komplette Darstellung der einzelnen Interviews wird an dieser Stelle verzichtet, da dies den Rahmen der Arbeit sprengen würde. Daher wird an dieser Stelle wie im Folgenden lediglich auf beispielhafte Ausschnitte aus Interviews zurückgegriffen.
[602] Diese Besonderheit lag bei den Interviews in zwei Destinationen vor.

	Paraphrase
Interviewpartner 1	
Interviewpartner 2	

07 – Destination A

… Tourismus GmbH (07-01)

GmbH (07-02)

neues Strategiepapier mit der Änderung des Geschäftsführers (07-03)

Ziele: Stärkung der Marke … in den Kernmärkten Deutschland, Österreich und der Schweiz (07-04)

Ziele: Erschließung der Zukunftsmärkte in Zentral- und Osteuropa (07-05)

Zielgruppe, die durch Umfragen erhoben wurde: 39+ (07-06)

Hauptaugenmerk bei der Kommunikation auf die Zielgruppe 39+ (07-07)

Ziel: Auslastung der Hotels vor allem in der Vor- und Nachsaison (07-08)

Wintersaison vom 29. November bis 1. Mai: Nebensaison in den ersten vier Wochen und nach Ostern (07-09)

Sommerziele sind aufgrund des Geschäftsführerwechsels strategisch noch nicht festgelegt (07-10)

die DMO wird im nächsten Sommer mit den Produkten, die sie hat, weiterhin Werbung machen (07-11)

auf Basis einer Marktanalyse wurden die Ziele für den Winter festgelegt (07-12)

für den Sommer fehlen noch die Marktdaten, die jedoch von der Österreichwerbung bereits durchgeführt wurde (07-13)

monetäre Ziele: grundsätzlich keine Ziele, einzig in einzelnen Geschäftsbereichen werden monetäre Ziele verfolgt (07-14)

Erlösquelle: Großteil erfolgt über die Tourismusabgaben (07-15)

Erlösquelle: Erlöse aus Incomingaktivitäten (07-16)

Erlösquelle: Provisionserlöse aus Zimmervermittlung (07-17)

Provisionserlöse: 150.000€, Vermittlungswert: 2,5 Mio. € (07-18)

Erlösquelle: Merchandising (07-19)

Tabelle 1: Paraphrasierung von Interview 07

Um zu gewährleisten, dass tatsächlich alle wesentlichen Daten übernommen wurden, wurde ein erster Reliabilitätstest durchgeführt. Nach der Transkribierung der wesentlichen Passagen durch den ersten Forscher (F1) überprüfte ein zweiter Forscher (F2) das Transkript auf Vollständigkeit und Richtigkeit, indem er die digital aufgenommenen Interviews abhörte und mit dem Transkript verglich. Aussagen, die F2 für wichtig erachtete und die nicht transkribiert waren, wurden notiert. Anschließend wurde in Anlehnung an das Vorgehen in Abschnitt 6.1.8.1.2 das Maß an Übereinstimmung berechnet, indem die übereinstimmend für wichtig eingeschätzter Aussagen ins Verhältnis zu allen transkribierten Aussagen sowie den Ergänzungen von Forscher 2 (F2) gesetzt wurde (vgl. Tabelle 2).

	Übereinstimmungen	Ergänzungen	Gesamtanzahl	Reliabilitätsmaß
Interview 01	151	6	157	0,96
Interview 02	180	11	191	0,94
Interview 03	144	7	151	0,95
Interview 04	181	10	191	0,95
Interview 06	153	2	155	0,99
Interview 07	148	4	152	0,97
Interview 08	141	5	146	0,97
Interview 09	79	7	86	0,92
Interview 10	117	2	119	0,98
Interview 11	91	5	96	0,95
Interview 12	106	5	111	0,95
Interview 14	133	2	135	0,99
Interview 15	110	2	112	0,98
Interview 16	85	2	87	0,98
Interview 17	119	6	125	0,95
Interview 18	140	4	144	0,97
	2078		2158	0,96

Tabelle 2: Maß an Übereinstimmung bei der Transkribierung

Ein allgemein akzeptierter Richtwert für eine reliable Untersuchung liegt bei einer Intercodereliablilität von 0,8. Bei Studien mit einem stark explorativen Charakter wird auch 0,7 akzeptiert.[603] Im vorliegenden Fall wurde ein Reliabilitätswert von 0,92 nicht unterschritten, was auf ein großes Maß an Übereinstimmung schließen lässt.[604]

6.1.8.3 Zuordnung der Antworten zu den im Interview gestellten Fragen

Zwei Kennzeichen von Leitfadengesprächen sind die je nach Gesprächsverlauf relativ lose Abfolge der Fragen sowie die Tatsache, dass Zusammenhänge zwischen einzelnen Passagen oft erst später hergestellt werden. Folglich sind dann die transkribierten und kodierten Aussagen der Interviewpartner nicht zwangsläufig in derselben Reihenfolge wie die Fragen des Leitfadens. Dies macht es notwendig, die einzelnen Antworten den jeweiligen Fragen zuzuordnen. Bei diesem Schritt wurde auf einen Reliabilitätstest durch einen zweiten Forscher verzichtet. Einerseits gibt es bei diesem Schritt einen sehr geringen Interpretationsspielraum und andererseits würden mögliche Unstimmigkeiten dem eingewiesenen Forscher 2 auch im dritten Schritt, der Kategorisierung der Daten auffallen. Der nun gebildete gemeinsame Datensatz stellte die Grundlage für die Entwicklung von Antwortkategorien dar, auf die im Folgenden eingegangen wird.

---

[603] vgl. Perreault/Leigh, 1989, S. 146f
[604] Dieser hohe Wert lässt sich dadurch erklären, dass Forscher 1 (F1) tendenziell sehr zurückhaltend bei der Streichung unwichtiger Aussagen der Interviewpartner vorgegangen war. Dadurch musste Forscher 2 (F2) nur noch wenig ergänzen. Dennoch auftretende Unstimmigkeiten wurden anschließend in einem gemeinsamen Gespräch der beiden Forscher so lange besprochen, bis man zu einer Einigung kam.

6.1.8.4 Kategorisierung der erhobenen Daten

Zentrales Instrument der qualitativen Inhaltsanalyse ist ein Kategoriensystem, das induktiv aus den zu untersuchenden Daten entwickelt wird. „Eine induktive Kategoriendefinition […] leitet die Kategorien direkt aus dem Material in einem Verallgemeinerungsprozess ab, ohne sich auf vorab formulierte Theorienkonzepte zu beziehen."[605] Dies gewährleistet eine möglichst naturalistische und gegenstandsnahe Abbildung des Datenmaterials, ohne dass Vorannahmen des Forschers die Abbildung der Daten verzerren.[606] Grundlage hierfür ist die geforderte Objektivität, die sich laut *Kolbe/Burnett* (1991) auf den Prozess bezieht „… by which analytic categories are developed and used by researchers and those interpreting the date."[607] Durch die Verwendung exakter operationaler Definitionen sowie genau festgelegter Regeln und Vorgehensweisen bei der Kodierung kann einerseits die Kategorisierung der Antworten erleichtert werden, andererseits werden Verzerrungen durch die Subjektivität der Forscher reduziert, was wiederum eine Nachvollziehbarkeit durch Dritte ermöglicht.[608]

Im Unterschied zum vorausgegangenen Arbeitsschritt betrachten die Forscher bei der Kategorisierung nicht mehr ausschließlich einzelne Interviews. Stattdessen werden die Antworten aller Interviewpartner auf die einzelnen Fragen miteinander verglichen. Mit dieser Methodik soll im Folgenden beantwortet werden, welcher Wertschöpfungskonfiguration DMOs folgen, welche Aufgaben Destinationsmanager zu erfüllen haben, welche Ziele das Destinationsmanagement verfolgt und wer die wichtigsten Stakeholder der Destinationsmanager sind.

6.1.9 Ableitung der Wertschöpfungskonfiguration von DMOs anhand der Ergebnisse der Interviews

Die Ausführungen von Abschnitt 3.3 legen die Annahme nahe, dass es sich bei DMOs um Wertnetzwerke im Sinne von *Stabell/Fjeldstad* (1998) handelt. Diese Vermutung leitet sich daraus ab, dass DMOs ein Netzwerk aus touristischen Leistungserstellern und (potentiellen) Gästen sowie im weiteren Sinne aus Journalisten, der Bevölkerung sowie politischen Instanzen auf verschiedenen Ebenen betreiben. Der Nutzen bzw. der Wert für die Netzwerkmitglieder scheint durch die Vermarktung des Netzwerks, die Herstellung direkter oder indirekter Kontakte zwischen Netzwerkmitgliedern sowie die Bereitstellung der Destination im Sinne einer Infrastruktur geschaffen zu werden. Nach Ansicht von *Laesser* (2002) liegt

> „Das Soll-Verständnis einer Destinationsorganisation unter liberalen und deregulierten Prämissen […] in demjenigen einer v.a. auch territorial unabhängigen Dienstleistungsorganisation, welche Angebots- (und andere) Netze knüpft und die hierbei entstehenden Leistungssysteme in unterschiedlicher Ausprägung in nicht nur mehr geographisch differenzierten Märkten sondern v.a. Consumer-Communities verkauft. Eine solche Dienstleistungsorganisation übernimmt damit

---

[605] Mayring, 2003, S. 75
[606] vgl. Mayring, 2003, S. 75
[607] Kolbe/Burnett, 1991, S. 245
[608] vgl. Kolbe/Burnett, 1991, S. 245

auch eine eigentliche Portal-Funktion, welche sich v.a. durch die Koppelung von Angebotsnetzen mit Nachfragenetzen auszeichnet."[609]

Diese aus der theoretischen Literatur abgeleiteten Annahmen sollen nun anhand der Ergebnisse der Experteninterviews überprüft werden. Die folgenden Forschungsschritte orientieren sich an der Methodik der „Critical Incident Technique", die in der wissenschaftlichen Literatur über qualitative Forschung beschrieben wird. Grundlage der Ableitung der Wertschöpfungskonfiguration von DMOs sind die Antworten auf die Frage nach den Aufgaben der DMOs. Diese wurden kategorisiert, in dem die entsprechenden Aussagen der Interviewpartner den drei Primäraktivitäten „Netzwerkpromotion", „Netzwerkservice" und „Netzwerkinfrastruktur" sowie den unterstützenden Aktivitäten des Wertnetzwerks nach *Stabell/Fjeldstad* (1998) zugeordnet wurden.[610] Damit sollte die aus der Literatur abgeleitete Annahme überprüft werden, DMOs seien Wertnetzwerke im eigentlichen Sinne. Kennzeichen des Wertnetzwerks ist die simultane Ausübung der drei genannten primären Aktivitäten, weshalb der im Folgenden beschriebene Schritt als erstes durchgeführt wurde.[611] Es wird folgende Hypothese getestet:

H1: DMOs folgen der Wertschöpfungskonfiguration eines Wertnetzes

Im Rahmen der „Critical Incident Technique" wurden zunächst zwei Forschergruppen mit je zwei Forschern gebildet. Forscher F1 und F2 bildeten Forschungsgruppe 1 (FG1), Forscher F3 und F4 entsprechend Forschungsgruppe 2 (FG2). Jeder Forscher ordnete zunächst die 126 verschiedenen Antworten der Destinationsmanager auf die Frage nach den zentralen Aufgaben der DMO den vier vorgegebenen Kategorien zu.[612]

In Anlehnung an *Weber* (1985) testete je ein Forscher aus beiden Gruppen (F1 und F3) die „**intrajudge reliability**", um zu überprüfen, ob nach einem gewissen Zeitraum die Antworten immer noch in dieselben Kategorien eingeteilt werden („Test-Retest-Reliabilität").[613] Dazu führten F1 und F3 die Einteilung der Antworten auf die Kategorien nach einem Zeitraum von zwei Wochen nochmals durch. Die Berechnung des Maßes an Übereinstimmung zwischen dem ersten und dem zweiten Test ergab einen Reliabilitätswert von 0,9417 für F1 und 0,7778 für F3 (vgl. Tabelle 3).[614]

---

[609] Laesser, 2002, S. 90
[610] vgl. Stabell/Fjeldstad, 1998
[611] vgl. Abschnitt 3.2.3
[612] Mit dieser zweistufigen Messung der „**interjudge reliability**", anhand der überprüft werden kann, ob unterschiedliche Forscher das gleiche Phänomen in die gleiche Kategorie einordnen (vgl. Keaveney, 1995, S. 73), wurde der Anforderung von *Hunt* (1983) Rechnung getragen, wonach ein strenges Ordnungssystem „intersubjectively unambiguous" sein sollte. (vgl. Hunt, 1983)
[613] siehe Anhang 3 _ Intrajudge Reliability
[614] Die "intrajudge reliability" wird bei der Critical Incident Technique nur äußerst selten angewendet (vgl. Lamnek, 1995a, S. 174). Gremler (2004) stellt fest, dass nur fünf von 141 untersuchten Studien von diesem Schritt berichten. Aus diesem Grund wurde in der vorliegenden Arbeit darauf verzichtet, die „intrajudge reliability" von allen vier Forschern berechnen zu lassen.

Forscher	Maß an Übereinstimmung
F1	0,9417
F3	0,7778

Tabelle 3: Intrajudge Reliabilitäten

Nach der Einteilung verglichen die Forscher innerhalb ihrer Forschergruppe die Zuordnung der Aussagen miteinander. Es wurde sowohl das Maß an Übereinstimmung als auch der Reliabilitätsindex nach *Perreault/Leigh* (1989) berechnet. Übersteigen beide Werte 0,8, gelten sie als befriedigend[615], es wird jedoch auch ein Wert von 0,7 bei Studien mit explorativem Charakter akzeptiert.[616] Im vorliegenden Fall erreichte FG1 ein Maß an Übereinstimmung von 0,75 und einen Reliabilitätsindex von 0,8165. Bei FG2 lagen die Werte bei 0,8455 bzw. 0,8911 (vgl. Tabelle 4). Beide Forschergruppen diskutierten anschließend gruppenintern ihre widersprüchlichen Einteilungen. Im Laufe der Diskussionen strich FG1 acht Aussagen von Destinationsmanagern wegen ihres zu unkonkreten Inhalts aus der Liste, zwei Aussagen wurden in zwei bzw. drei einzelne Aussagen aufgegliedert, um eine exakte Einteilung in die vorgegebenen Kategorien durchführen zu können.[617] Nach der Beseitigung aller Widersprüche durch die Diskussionen erstellte jede Gruppe eine endgültige Einteilungsliste.[618]

Diese beiden Einteilungslisten dienten anschließend als Grundlage für einen weiteren Reliabilitätstest zwischen den Gruppen FG1 und FG2. Die beiden Einteilungen wurden miteinander verglichen und wiederum das Maß an Übereinstimmung sowie der Reliabilitätsindex nach *Perreault/Leigh* (1989) berechnet (vgl. Tabelle 4). Die Komplexität dieses Forschungsschritts wurde durch die anfangs großen Abweichungen deutlich. So wurde beim Maß an Übereinstimmung ein Wert von 0,6098 und beim Reliabilitätsindex von 0,6926 erzielt. Diese Diskrepanz lässt sich jedoch zum größten Teil mit unterschiedlichen Zuordnungen in drei Themengebieten begründen. So teilten die beiden Gruppen Aufgaben, die im Zusammenhang mit den Bereichen Marktforschung, Vermarktung von touristischen Einrichtungen in der Destination sowie Destinationsinfrastruktur standen, in unterschiedliche Kategorien ein.[619]

In der folgenden Diskussion kamen die vier Forscher in diesen drei Bereichen sowie den meisten anderen Widersprüchen zu einem Konsens. Bei einer abschließenden Einteilung der Aufgaben durch beide Gruppen und einem weiteren Reliabilitätstest konnten zufrieden stellende Werte (Maß an Übereinstimmung von 0,9593; Reliabilitätsindex von 0,9725, vgl.

---

[615] vgl. z.B. Bittner et al., 1990; Kassarjian, 1977
[616] vgl. Perreault/Leigh, 1989, S. 146f
[617] Siehe Anhang 4 _ Einteilung der Aufgaben. Die gestrichenen Aktivitäten sind grau unterlegt und die Felder durchgestrichen. Die aufgesplitteten Aussagen sind rosa unterlegt. Die aus der Aufsplittung entstandenen neuen Aussagen stehen direkt darunter.
[618] siehe Anhang 4 _ Einteilung der Aufgaben
[619] Eine Übereinstimmung in diesen Bereichen hätte zu einem Maß an Übereinstimmung von 0,8548 und einem Reliabilitätsindex von 0,898 bereits im ersten Durchgang geführt.

Tabelle 4) erzielt werden, so dass als Ergebnis eine endgültige Einteilung der zentralen Aufgaben auf die Kategorien Netzwerkpromotion, Netzwerkservices und Netzwerkinfrastruktur (primäre Aktivitäten) sowie unterstützende Aktivitäten des Wertnetzwerks erreicht wurde.[620]

Forscher	Maß an Übereinstimmung	Reliabilitätsindex
FG1	0,75	0,8165
FG2	0,8455	0,8911
FG1 und FG2 (1. Test)	0,6098	0,6926
FG1 und FG2 (2. Test)	0,9593	0,9725

Tabelle 4: Reliabilitätswerte der Zuordnung der Aufgaben auf Kategorien

Mit dieser nahezu übereinstimmenden Zuordnung aller genannten Aufgaben auf die drei primären Aktivitäten bzw. auf die Kategorie unterstützende Aktivitäten des Wertnetzwerks konnte die Hypothese H1 bestätigt werden, dass es sich bei DMOs um ein Wertnetzwerk nach *Stabell/Fjeldstad* (1998) handelt.[621] Der Wert für die Mitglieder des Netzwerks respektive für die Kunden der DMO wird durch deren Intermediationsfunktion geschaffen. Unterstrichen wird diese Erkenntnis durch die folgenden Aussagen von Destinationsmanagern im Rahmen der durchgeführten Interviews (vgl. Tabelle 5):

Destination 18	"Wir sind so ein bisschen wie die Spinne im Netz, die die Fäden in der Hand hält, die die Türen öffnen kann und die die Wege zeigt."
Destination 9	"Wir versuchen, das gesamte Leistungsangebot [...] zu koppeln, zu bündeln, zusammenzufügen und dann durch einen Flaschenhals nach außen hin zu kommunizieren."
Destination 17	"Wir versuchen über verschiedenste Angebote auch in Zusammenarbeit mit vielen Leistungsträgern solche Pakete zu schnüren, dass die Gäste möglichst lange hier verweilen."
Destination 13	"Wir sind für alle Beteiligten, sowohl für die Gäste als auch für die touristischen Leistungsersteller, die zentrale Anlaufstelle, wenn es um touristische Fragen geht."
Destination 2	„Die Destinationsmanagementorganisation ist nur Vermittler."
Destination 8	„Wir sorgen für eine Bündelung der Kräfte durch Prospekte, die das gesamte Montafon abdecken."
Destination 5	„Wir führen regelmäßig ein Koordinationsmeeting mit Vertretern des Kurortbeirats, der IHK, des DEHOGA sowie von Sponsoren im Turmzimmer der Kurdirektion durch, in dem wir Leitlinien für die weitere Entwicklung festlegen. Daher nennen wir es Turmgespräch."

Tabelle 5: Aussagen von Destinationsmanagern

Die Herstellung des Kontakts zwischen Netzwerkmitgliedern (z.B. zwischen Gast und Hotel im Rahmen einer Zimmervermittlung) schafft für beide Parteien einen Nutzen, für den sie bereit sind Geld zu bezahlen. Dazu ist jedoch zum einen eine ausreichende Zahl an Netz-

---

[620] siehe Anhang 4 _ Einteilung der Aufgaben
[621] vgl. Stabell/Fjeldstad, 1998, S. 429

6.1.10 Verdichtung der Aufgaben zu Aufgabengruppen

Die Verdichtung der genannten Aufgaben zu Aufgabengruppen schien vor allem deshalb sinnvoll zu sein, weil einige Tätigkeiten von den Destinationsmanagern im Interview zwar unterschiedlich bezeichnet wurden, es sich jedoch augenscheinlich um die gleiche Aktivität handelte.[622] Außerdem konnten mit diesem Schritt ähnliche Aufgaben zusammengefasst werden, die jeweils nur von einem Interviewpartner genannt wurden.

Im Rahmen dieses Forschungsschritts entwickelten zwei Forscher (F1 und F2) zunächst innerhalb der bereits existierenden Kategorien Aufgabengruppen, die die 124 von den Interviewpartnern genannten Aufgaben möglichst ohne Informationsverlust abdecken sollten. Die gebildeten Aufgabengruppen wurden miteinander verglichen und dabei ein Maß an Übereinstimmung von 0,8889 in der Kategorie Netzwerkpromotion, von 0,4285 in der Kategorie Netzwerkservices, von 0,6667 in der Kategorie Netzwerkinfrastruktur und von 0,4 in der Kategorie unterstützende Aktivitäten[623] berechnet. In einer Diskussion wurden wiederum Unstimmigkeiten besprochen und ausgeräumt. Außerdem wurde für Aufgaben, die zwar unterschiedlich bezeichnet, jedoch inhaltlich als identisch betrachtet werden können, gemeinsam die passende Bezeichnung gewählt.[624] Dadurch entstand eine Liste von zehn Aufgabengruppen in der Kategorie „Netzwerkpromotion", 13 Aufgabengruppen in der Kategorie „Netzwerkservices", sieben Aufgabengruppen in der Kategorie „Netzwerkinfrastruktur" sowie sechs Aufgabengruppen in der Kategorie „unterstützende Aktivitäten" (vgl. Tabelle 6).[625]

---

[622] Bislang wurden die Aufgaben so behandelt, wie sie von den Interviewpartnern genannt wurden. So zum Beispiel „Marketing für die Destination", „Außenmarketing für die Destination", „externes Marketing" und „Marketing/Vermarktung der Destination".
[623] Diese zum Teil niedrigen Werte sind darauf zurückzuführen, dass Forscher 1 mehr Subkategorien bildete als Forscher 2. Nachdem die Einteilung von Forscher 2 ins Verhältnis zur Einteilung von Forscher 1 gesetzt wurde, entstand zwangsläufig ein schlechterer Wert, obwohl vom Prinzip her Einigkeit bestand. Eine Zusammenfassung von zwei Kategorien zu einer ergibt jedoch bereits ein Maß an Übereinstimmung von 0,5.
[624] vgl. Anhang 5 _ Verdichtung der Aufgaben zu Aufgabengruppen
[625] Die von den beiden Forschern gebildeten Subkategorien wurden jeweils um die Subkategorie „Rest" ergänzt.

Netzwerkpromotion	Netzwerkservices	Netzwerkinfrastruktur
• Vermarktung und Verkaufsförderung der Destination • Zielgruppenmarketing • Erstellung und Pflege von Werbemitteln • Messebesuche • PR • Innenmarketing bei der Bevölkerung • Innenmarketing bei Leistungsanbietern • Destinationsentwicklung • Imagebildung	• Vermarktung touristischer Einrichtungen • Touristinfo / Informationsbereitstellung für (potentielle) Gäste • Informationsbereitstellung für die Presse • Informationsbereitstellung für die Bewohner • Kultur- und Eventorganisation • Organisation touristischer Aktivitäten • Kongressorganisation • Vermittlung von Unterkünften • Ticketing • Merchandising • Beschwerdemanagement • Betreuung destinationsinterner Anspruchsgruppen	• Betrieb touristischer Einrichtungen • Vermietung und Verpachtung von Einrichtungen • Bereitstellung einer touristischen Infrastruktur • Pflege der touristischen Infrastruktur • Erstellung und Entwicklung eines touristischen Leitbilds • Bereitstellung einer Informations- und Buchungsplattform
unterstützende Aktivitäten		
• Gästebefragung zur Leistungsqualität • Bewohnerbefragung zur Leistungsqualität • Trendanalyse • Imageanalyse • Teilnahme an Netzwerken		

Tabelle 6: Zuordnung der Aufgabengruppen auf die Kategorien

Beide Forscher ordneten anschließend getrennt voneinander die 124 ursprünglich von den Destinationsmanagern genannten Aufgaben den gemeinsam gebildeten Aufgabengruppen zu und verglichen die beiden Einteilungen miteinander. Wiederum wurden das Maß an Übereinstimmung sowie der Reliabilitätsindex nach *Perreault/Leigh* (1989) gebildet (siehe folgende Tabellen).

	Maß an Übereinstimmung	Reliabilitätsindex
Kategorienbildung	0,8889	---
Zuordnung der Aussagen	0,9333	0,9623

Tabelle 7: Reliabilitätswerte der Aufgabenzuordnung im Bereich Netzwerkpromotion auf Aufgabengruppen

	Maß an Übereinstimmung	Reliabilitätsindex
Kategorienbildung	0,4285	---
Zuordnung der Aussagen	0,8679	0,9257

Tabelle 8: Reliabilitätswerte der Aufgabenzuordnung im Bereich Netzwerkservices auf Aufgabengruppen

	Maß an Übereinstimmung	Reliabilitätsindex
Kategorienbildung	0,6667	---
Zuordnung der Aussagen	0,9643	0,9789

Tabelle 9: Reliabilitätswerte der Aufgabenzuordnung im Bereich Netzwerkinfrastruktur auf Aufgabengruppen

	Maß an Übereinstimmung	Reliabilitätsindex
Kategorienbildung	0,4	---
Zuordnung der Aussagen	0,8462	0,903

Tabelle 10: Reliabilitätswerte d. Aufgabenzuordnung auf Kategorien im Bereich der unterstützenden Aktivitäten

Bei Aufgaben, die unterschiedlichen Aufgabengruppen zugeordnet wurden, kamen beide Forscher durch Diskussion zu einer Übereinstimmung, so dass als Ergebnis dieses Schritts jede Aufgabe einer Kernaktivität innerhalb ihrer Kategorie zugeordnet werden konnte.[626]

Eine genauere Betrachtung dieser Zuordnung legte eine weitere Verdichtung der Aufgabengruppen bei den primären Aktivitäten nahe, da die Basis für ein Kennzahlen-Controlling eine möglichste geringe Anzahl von primären Aktivitäten benötigt. *Kaplan/Norton* (1997) empfehlen z.B. die Anzahl der Kennzahlen und damit die Anzahl der zu kontrollierenden Hauptprozesse (Aufgaben) auf eine möglichst kleine Anzahl (ca. 20) zu beschränken. Daher bildeten die beiden Forscher (F1 und F2) Kernaktivitäten, um die einzelnen Aufgabengruppen innerhalb der Aktivitätenkategorien zusammenzufassen. Zunächst wurde ein Maß an Übereinstimmung von 0,3077 erzielt, da vor allem bei den Netzwerkservices von beiden Forschern eine unterschiedliche Herangehensweise gewählt wurde.[627] Durch eine Diskussion kam man zu einem für beide Forscher zufrieden stellenden Ergebnis, das sich in einer völligen Übereinstimmung bei der Zuordnung der Aufgabengruppen auf die Kernprozesse widerspiegelte (Maß an Übereinstimmung und Reliabilitätsindex von jeweils 1,0 bei allen drei primären Aktivitäten). Letztendlich wurden die folgenden Aufgabenobergruppen für DMOs abgeleitet (vgl. Tabelle 11):

Netzwerkpromotion	Netzwerkservices	Netzwerkinfrastruktur
▪ Destinationsmarketing ▪ Innenmarketing ▪ Destinations- und Produktentwicklung	▪ Informationsmanagement ▪ Event- und Aktivitätenorganisation ▪ Merchandising ▪ Vermittlungstätigkeiten ▪ Organisation von Kontakten zwischen Leistungserstellern	▪ Erstellen eines touristischen Leitbilds ▪ Bereitstellung einer touristischen Infrastruktur ▪ Bereitstellung einer Infrastruktur für Prozessabwicklungen
unterstützende Aktivitäten		
▪ Gästebefragung zur Leistungsqualität ▪ Bewohnerbefragung zur Leistungsqualität ▪ Trendanalyse ▪ Imageanalyse ▪ Teilnahme an Netzwerken		

Tabelle 11: Kernprozesse

6.1.11 Analyse der Ziele von DMOs

Die Fülle verschiedener Aufgaben, die von DMOs verfolgt wird, spiegelt sich sowohl in der tourismuswissenschaftlichen Literatur als auch in den durchgeführten Experteninterviews wider. Mit jeder Aufgabe verfolgt das Destinationsmanagement spezielle Ziele, die letztendlich die Erreichung des monetären Ziels gewährleisten.

---

[626] Die Herleitung der Kategorien sowie die Einteilung der Aufgaben in die Kategorien finden sich im Anhang 5 _ Verdichtung der Aufgaben zu Aufgabengruppen.

Ein sehr ähnliches Verfahren wie bei der Verdichtung der Aufgaben zu Aufgabengruppen wurde bei der Verdichtung der Ziele von DMOs auf Kategorien angewandt. Grundlage dieses Forschungsschritts waren insbesondere Antworten, die die interviewten Destinationsmanager auf die Frage nach den Zielen beantworteten, die sie mit der DMO verfolgen. Zunächst wurden aus den insgesamt 159 Antworten jene Aussagen extrahiert, die für eine Kategorienbildung in Frage kommen.[628]

Für beide Gruppen entwickelten wiederum zwei Forscher (F1 und F2) unabhängig voneinander Kategorien, die die Ziele der DMOs ohne großen Informationsverlust wiedergeben sollten.[629] Die Kategorien wurden anschließend miteinander verglichen, das Maß an Übereinstimmung ergab einen Wert von 0,889 (vgl. Tabelle 12).

	Maß an Übereinstimmung	Reliabilitätsindex
Kategorienbildung	0,8889	---
Zuordnung der Aussagen	0,8551	0,9211

Tabelle 12: Reliabilitätswerte der Zuordnung der Ziele auf Kategorien

Durch die folgende Diskussion wurde eine endgültige Liste von 23 Kategorien erstellt (vgl. Tabelle 13), auf die anschließend die einzelnen Antworten zugeordnet wurden. Hier wurden ein Maß an Übereinstimmung von 0,8551 und ein Reliabilitätsindex von 0,9211 erreicht (vgl. Tabelle 12).

Förderung des Tourismus	Steigerung der Gästequalität	Förderung d. Gesundheitstourismus
Steigerung der touristischen Wertschöpfung in der Destination	Anpassung der Gästezahlen an die Angebotskapazität	erfolgreiche Vermarktung touristischer Einrichtungen
Steigerung der Bekanntheit der Destination	Reduzierung touristischer Nachfrageschwankungen	Steigerung der Vermittlungszahlen
Bildung eines Destinationsimages	Steigerung der Gästezufriedenheit	Verbesserung der Effektivität und Effizienz der DMO
Etablierung der Destination als Marke	Steigerung der Akzeptanz der DMO bei Stakeholdern	Steigerung der Leistung von Leistungsanbietern
Positionierung der Destination	Verbesserung der touristischen Infrastruktur	Etablierung tourismusfördernder Events und Kongresse
Steigerung der Auslastung bzw. der Gästezahlen	Qualitätssteigerung bzw. -verbesserung des touristischen Angebots	Bildung attraktiver Angebotsbündel
Marketingerfolge bei bestimmten Zielgruppen	Nachhaltigkeit	

Tabelle 13: Kategorisierung der Ziele von Destinationsmanagern

---

[627] vgl. Anhang 6 _ Verdichtung der Aufgabengruppen zu Aufgabenobergruppen
[628] Bei der Transkribierung der Interviews wurden wie bereits erwähnt möglichst wenige Aussagen gestrichen, um keine Daten zu verlieren, die später in anderen Zusammenhängen wichtig sein könnten. Daher befanden sich viele Aussagen in der an dieser Stelle bearbeiteten Antwortenliste, die für diesen Forschungsschritt unbrauchbar waren. Diese Aussagen wurden gestrichen. Außerdem wurden einige Antworten von mehreren Interviewpartnern gegeben, so dass durch diese Extraktion Redundanzen eliminiert wurden.
[629] vgl. Anhang 7 _ Verdichtung der Ziele

Hintergrund dieser Verdichtung war eine sich daraus ergebende bessere Übersichtlichkeit bei Vergleichen zwischen einzelnen Interviews bzw. zwischen den Interviews und der theoriebasierten, tourismuswissenschaftlichen Literatur. Zudem wurde der nächste Schritt vereinfacht, bei dem eine Verknüpfung der Aufgaben der Destinationsmanager mit deren Zielen durchgeführt wurde.

Ein Vergleich der aus den Interviews abgeleiteten Ziele mit den in der Literatur erwähnten Zielen von DMOs[630] deckt sowohl Gemeinsamkeiten als auch einige Unterschiede auf. Letztere sind jedoch primär darauf zurückzuführen, dass die Ziele in dieser Arbeit bislang wesentlich ausführlicher dargestellt werden als in der Literatur. Aus diesem Grund und auch wegen einer besseren Handhabung bei der Erstellung eines Controlling-Konzepts wurden einige Ziele zusammengefasst. Es wurde hierbei auf die bisher durchgeführten Reliabilitätstest verzichtet, da die Zusammenfassung zielgerichtet auf die Erstellung des Leitfadens für das Controlling-Konzept angepasst und daher vom Autor dieser Arbeit vorgenommen wurde:

- Die beiden übergeordneten Ziele „Förderung des Tourismus" sowie „Steigerung der touristischen Wertschöpfung in der Destination" wurden zu einem Ziel zusammengefasst.
- „Steigerung der Bekanntheit der Destination", „Positionierung der Destination" sowie „Etablierung der Destination als Marke" wurden dem Ziel „**Bildung eines Destinationsimages**" zugeordnet.
- „Steigerung der Auslastung bzw. der Gästezahlen", „Marketingerfolge bei bestimmten Zielgruppen", „Steigerung der Gästequalität", „Anpassung der Gästezahlen an die Angebotskapazität" sowie „Reduzierung touristischer Nachfrageschwankungen" wurden als Marketingziel „**Steigerung der Gästezahlen und der Gästequalität**" zusammengefasst.
- „**Entwicklung und Bereitstellung einer nachhaltigen touristischen Infrastruktur**" setzt sich zusammen aus „Verbesserung der touristischen Infrastruktur" sowie „Nachhaltigkeit".
- Die Ziele „Förderung des Gesundheitstourismus" sowie „Bildung attraktiver Angebotsbündel", die jeweils nur von einem Destinationsmanager genannt wurden, werden bei der Erstellung der Kausalketten nicht mehr berücksichtigt.
- Das Ziel „Verbesserung der Effizienz und Effektivität der DMO", das durch jede Aktivität der DMO beeinflusst wird, wurde ebenfalls in diesem Arbeitsschritt nicht berücksichtigt.

Die abschließende Liste von Zielen der Destinationsmanager (Tabelle 14) umfasst letztendlich elf unterschiedliche Zielkategorien, deren Erreichung als Einflussgröße auf das Wirtschaftlichkeitsziel betrachtet wird.

---

[630] vgl. Pike, 2004; ATC, 2004; WTO, 2003; Sheehan/Ritchie, 1997

Tourismusförderung / Steigerung der Wertschöpfung in der Destination	Steigerung der Gästezahlen bzw. der Gästequalität
Bildung eines Destinationsimages	Steigerung der Gästezufriedenheit
Steigerung der Akzeptanz der DMO bei Stakeholdern	Entwicklung und Bereitstellung einer nachhaltigen touristischen Infrastruktur
Qualitätsverbesserung bzw. -steigerung des touristischen Angebots	Steigerung der Vermittlungszahlen durch die DMO
erfolgreiche Vermarktung touristischer Einrichtungen	Etablierung von tourismusfördernden Events und Kongressen
Steigerung der Leistung von Leistungsanbietern	

Tabelle 14: Verdichtung der Ziele der interviewten Destinationsmanager

Aktivitäten im Rahmen der Netzwerkpromotion verfolgen die Ziele
- Positionierung der Destination,
- Steigerung der Zufriedenheit bzw. Akzeptanz der Leistungsanbieter,
- Qualitätsverbesserung bzw. -steigerung des touristischen Angebots,
- Steigerung der Leistung von Leistungsanbietern,
- Steigerung der Gästezahlen bzw. der Gästequalität,
- Steigerung der Gästezufriedenheit sowie
- Etablierung von tourismusfördernden Events und Kongressen.

Die erfolgreiche Vermarktung touristischer Einrichtungen sowie die Steigerung der Vermittlungszahlen durch die DMO soll durch Aktivitäten der Netzwerkservices erreicht werden, die Entwicklung und Bereitstellung einer nachhaltigen touristischen Infrastruktur erfolgt im Rahmen der Aktivitäten der Netzwerkinfrastruktur.

6.1.12 Ermittlung der Stakeholder und ihrer Bedeutung für die DMO

Im folgenden Forschungsschritt werden die Stakeholder von DMOs sowie deren Bedeutung für das Destinationsmanagement ermittelt. Obwohl der Stakeholderansatz im Tourismus nicht neu ist[631] und vor allem im Hinblick auf die Tourismusplanung eine Reihe von Beiträgen zu diesem Thema existiert[632], wurde die Frage nach der Identität der Stakeholder von DMOs bislang nur von *Sheehan/Ritchie* (2005) untersucht.[633] Da sich die beiden Forscher in ihrer Studie auf kanadische DMOs beschränken, steht eine Analyse für den deutschsprachigen Raum noch aus. Aus diesem Grund wird dieser Forschungsschritt explorativ durchgeführt.[634]

Der Leitfaden für die Experteninterviews beinhaltete die Frage, für wen die DMO Nutzen schafft bzw. wer von ihren Aktivitäten profitiert (vgl. Abschnitt 6.1.5, Fragen A3/A4). Es wurden 82 unterschiedliche Gruppen genannt, die zur besseren Übersicht und zur Vermei-

---
[631] *Fridgen* (1986) stellte als erster einen Zusammenhang zwischen der Stakeholdertheorie und dem Tourismus her. (vgl. Fridgen, 1986)
[632] vgl. z.B. Medeiros de Araujo/Bramwell, 1999; Sautter/Leisen, 1999; Reed, 1997; Jamal/Getz, 1995
[633] vgl. Sheehan/Ritchie, 2005. Eine ähnliche Studie wurde von *Wheeler* (1993) im Vereinten Königreich durchgeführt, diese beschränkt sich jedoch auf die Betrachtung von Stakeholdergruppen, die eine vertragliche bzw. formale Verbindung mit der DMO haben.
[634] vgl. Wheeler, 1993

dung von Redundanzen zunächst in 19 Stakeholderkategorien eingeteilt wurden.[635] Tabelle 15 verdeutlicht, dass die Bevölkerung vor Ort von allen interviewten Destinationsmanagern als Stakeholdergruppe genannt wurde. Danach folgen die Beherbergungsindustrie sowie Tourismusverbände und lokale, tourismusfremde Leistungsanbieter mit 17 bzw. je 16 Nennungen.

In einer weiteren Frage sollten die Destinationsmanager Auskunft über die Wichtigkeit der von Ihnen genannten Stakeholder geben (vgl. Abschnitt 6.1.5, A5). Die Bewertung erfolgte durch Schulnoten von 1 („sehr wichtig") bis 6 („überhaupt nicht wichtig") (vgl. Tabelle 15).[636] Die größte Bedeutung als Stakeholdergruppe hatten die Gäste[637], obwohl sie nur von zwei Dritteln der Befragten genannt wurden. Danach folgten die Beherbergungsindustrie, die Medien, die Gastronomie sowie die Bevölkerung.

Stakeholderkategorie	Häufigkeit der Nennung	Häufigkeit der Bewertung	Notendurchschnitt
Bevölkerung	18	15	2,07
Beherbergungsindustrie	17	13	1,46
Tourismusverbände	16	12	2,63
Einzelhandel	13	11	2,38
touristische Freizeiteinrichtungen	12	10	2,13
Gäste	12	9	1,28
tourismusfremde Leistungsanbieter	11	8	3,41
Medien/Journalisten	11	10	1,7
Sponsoren	11	9	2,56
Gastronomie	10	7	1,93
Verwaltungseinrichtungen	9	7	2,29
Kongressveranstalter	8	7	2,21
Bauwirtschaft	6	6	3,76
Hochschulen	6	5	3,0
Gesundheitsbranche	5	4	2,0
Reiseveranstalter/Reisebüros	4	3	2,0
organisationsinterne Stakeholder	4	4	1,0
Anbieter der (touristischen) Infrastruktur	3	3	2,83
Werbepartner	3	3	2,58

Tabelle 15: Wichtigkeit der Stakeholder

Auch wenn ein Vergleich mit den Ergebnissen von *Sheehan/Ritchie* (2005) wegen unterschiedlicher Methoden bei der Vorgehensweise[638] schwierig erscheint, lassen sich dennoch

---

[635] vgl Anhang 8 _ Stakeholder
[636] Die Differenz aus „Häufigkeit der Nennung" und „Häufigkeit der Bewertung" erklärt sich aus zwei Gründen: Zum einen war die Bewertung der Wichtigkeit der Stakeholder bei zwei Interviews nicht Gegenstand des Gesprächs. Zum anderen wurden im Laufe der Interviews Stakeholder an verschiedenen Stellen genannt und als Antwort nicht im nachhinein der hier betrachteten Frage zugeordnet. Diese Stakeholder wurden folglich von den Interviewpartnern nicht bewertet.
[637] Organisationsinterne Stakeholdergruppen hatten zwar den besten Notendurchschnitt, wurden jedoch nur dreimal genannt, weshalb sie an dieser Stelle nicht erwähnt werden.

einige erhebliche Unterschiede zur vorliegenden Studie feststellen. So wurde die einheimische Bevölkerung bei *Sheehan/Ritchie* (2005) von keinem Destinationsmanager als wichtige Stakeholdergruppe genannt. Stattdessen haben lokale, regionale und überregionale Verwaltungseinheiten sowie organisationsinternen Anspruchsgruppen (wie z.b. Aufsichtsrat, Mitglieder) eine große Bedeutung. Gemeinsamkeit der Ergebnisse beider Untersuchungen ist die Wichtigkeit der Beherbergungsindustrie sowie der touristischen Freizeiteinrichtungen.[639]

6.1.13 Untersuchung der bisherigen Verwendung von Kennzahlensystemen in der Praxis

In der wissenschaftlichen Literatur finden sich einige Controlling-Konzepte, die speziell für die Vermarktung von Destinationen entworfen wurden (vgl. Abschnitt 5.2). Die Experteninterviews haben jedoch gezeigt, dass diese von den befragten Destinationsmanagern nicht eingesetzt werden. Keiner der 18 Gesprächspartner gab an, ein Kennzahlensystem zu verwenden. Dies veranschaulicht die bislang wenig professionelle Vorgehensweise im Controlling von DMOs.[640] Zwar ziehen alle Destinationsmanager Kennzahlen zur Leistungsmessung heran, diese werden jedoch isoliert voneinander betrachtet.

6.1.14 Überblick über die verwendeten Kennzahlen von Destinationsmanagern

Im Rahmen der Experteninterviews wurden die Destinationsmanager nach Kennzahlen gefragt, die sie zur Steuerung ihrer DMO einsetzen. Dabei wurden 186 verschiedene Kennzahlen genannt, die sich jedoch zum Teil sehr ähnlich sind. Aus diesem Grund wurde auch hier nach der bereits ausführlich beschriebenen Methode eine Verdichtung der genannten Kennzahlen zu Kennzahlengruppen durchgeführt. Zwei Forscher (F1 und F2) erstellten unabhängig voneinander Kategorien, die sie anschließend verglichen. Es wurde ein Maß an Übereinstimmung von 0,6286 erzielt (vgl. Tabelle 16).

	Maß an Übereinstimmung	Reliabilitätsindex
Kategorienbildung	0,6286	---
Zuordnung der Aussagen	0,827	0,9069

Tabelle 16: Reliabilität der Zuordnung der Kennzahlen auf Kategorien

Die anschließende Diskussion ergab eine endgültige Liste von 37 Kategorien (vgl. Tabelle 17). Beide Forscher ordneten unabhängig voneinander die Kennzahlen den Kategorien zu, verglichen die Ergebnisse und erzielten ein Maß an Übereinstimmung von 0,827 und

---

[638] Bei *Sheehan/Ritchie* (2005) wurden die Interviewpartner aufgefordert, bis zu zehn relevante Stakeholder für die DMO zu nennen. Anschließend sollten die drei wichtigsten in einer Rangliste identifiziert werden. (vgl. Sheehan/Ritchie, 2005, S. 720)
[639] vgl. Sheehan/Ritchie, 2005, S. 721
[640] vgl z.b. Carson et al., 2003; Formica/Littlefield, 2000; Faulkner, 1997; Pizam, 1990

einen Reliabilitätsindex von 0,9069. Die widersprüchlichen Einteilungen wurden in einem Gespräch geklärt, so dass jede genannte Kennzahl einer der 37 Kategorien zugeordnet wurde.[641]

Gästeankünfte	Reiseverhalten der Gäste	Anzahl an Marketingaktivitäten
Gästezahlen sortiert nach Gästetypologie	Grund des Aufenthalts der Gäste	Anzahl der Vertriebspartner
Übernachtungszahlen	Informationsquelle der Gäste	Kapazität bei tourismusspezifischen Angeboten
Aufenthaltsdauer der Gäste	Anzahl der Informationsnachfragen	Gästezufriedenheit
Auslastung	Herkunft der Informationsnachfragen	Einwohnerzufriedenheit
Anzahl der Besucher bei Events	Anzahl verkaufter Pauschalangebote	internes Destinationsimage
Anzahl der Besucher touristischer Einrichtungen	Anzahl verkaufter Merchandisingartikel	externes Destinationsimage
Anzahl und Klassifizierung von Hotels	Anzahl der Unterkunftsvermittlungen	Bekanntheit der Destination
Bettenstatistik	PR-Clipping	wirtschaftliche Auswirkung des Tourismus in der Destination
Demographie der Gäste	destinationsbezogene Medienresonanz	Mobilität der Gäste
Herkunft der Gäste	eventbezogene Medienresonanz	PR-Wert; Anzeigenäquivalenz
Gästestruktur nach Reiseart	Conversion / Umsetzung	
Anzahl der Gästefeedbacks	Messererfolg	

Tabelle 17: Kennzahlenkategorien der Destinationsmanager

6.2 Zusammenfassung der Ergebnisse der empirischen Untersuchung

Mit Hilfe der Experteninterviews konnten die in Abschnitt 1.2 aufgeworfenen Forschungsfragen beantwortet und damit die Grundlage für die Entwicklung eines Leitfadens für ein Kennzahlensystem gelegt werden, das den Anforderungen von DMOs gerecht wird. Zunächst wurde die Hypothese bestätigt, dass sich die Wertschöpfungskonfiguration von DMOs am Wertnetzwerk orientiert, wie es von *Stabell/Fjeldstad* (1998) vorgestellt wurde.[642] Dazu wurden jene Aufgaben, die die Destinationsmanager nach eigener Aussage zu erfüllen haben, den primären Aktivitäten des Wertnetzwerks zugeordnet. Anschließend wurden diese Aufgaben innerhalb der primären Aktivitäten zunächst zu Aufgabengruppen, dann zu Aufgabenobergruppen verdichtet, die sich folgendermaßen darstellen: die Netzwerkpromotion beinhaltet das Destinationsmarketing, das Innenmarketing und die Destinationsentwicklung; die Netzwerkservices umfassen das Informationsmanagement, die Organisation von Kontakten, die Organisation von Events, Vermittlungstätigkeiten und das Merchandising; zu den Aktivitäten

---

[641] siehe Anhang 9 _ Verdichtung der Kennzahlen
[642] vgl. Stabell/Fjeldstad, 1998

im Rahmen der Netzwerkinfrastruktur gehören das Erstellen eines touristischen Leitbilds, die Bereitstellung einer Prozessinfrastruktur sowie einer touristischen Infrastruktur.

Nach den Aufgaben wurden die Ziele der Destinationsmanager analysiert. Die genannten Antworten ließen sich auf elf Kategorien verdichten, die wiederum jenen Aktivitäten zugeordnet wurden, die ihrer Zielerreichung dienen. Die Netzwerkpromotion verfolgt sieben Ziele, die Netzwerkservices zwei Ziele und die Netzwerkinfrastruktur eine Zielkategorie.

Anschließend wurden die Stakeholder von DMO und ihre Wichtigkeit ermittelt. Aus methodischen Gründen musste ein Unterschied zwischen Häufigkeit der Nennung und Bedeutung gemacht werden. Am häufigsten wurden die einheimische Bevölkerung, die Beherbergungsindustrie und die Tourismusverbände von den Interviewpartnern als Stakeholdergruppe genannt. Die größte Bedeutung haben in absteigender Reihenfolge die Gäste, die Beherbergungsindustrie, die Medien, die Gastronomie sowie die Bevölkerung.

Die letzten beiden Abschnitte beschäftigten sich mit dem Kennzahlen-Controlling von Destinationsmanagern. Es gab zwar keiner der Interviewpartner an, ein Kennzahlensystem zu verwenden, einzelne Kennzahlen kommen jedoch in allen DMOs zum Einsatz. Diese wurden zu 37 Kategorien zusammengefasst.

7 Managementimplikationen in Form eines Leitfadens für ein Kennzahlensystem für DMOs

Aus den bisherigen Erkenntnissen dieser Arbeit ergeben sich einige Besonderheiten von DMOs, die sich in speziellen Anforderungen für ein Kennzahlensystem niederschlagen. Diese Besonderheiten sollen bei der Entwicklung des Leitfadens zur Erstellung eines Kennzahlensystems für DMOs berücksichtigt werden.

Wie bei anderen Unternehmen stellt die Wirtschaftlichkeit, also die Einnahmen im Verhältnis zu den Ausgaben der DMOs, das Endziel der Organisation dar. In der Praxis ergeben sich jedoch einige Probleme bei der Bewertung des Einflusses der Handlungen der DMOs auf die touristische Entwicklung in der Destination. Die Probleme beziehen sich auf fünf Bereiche, die von der *World Tourism Organization* (2003) zusammengefasst werden:

- "Distinguishing the separate effects, on destination performance, of individual components of the destination e.g. disaggregating the effect of NTO promotions from the impact of, say, new product developments such as a major new attraction.
- Distinguishing the separate effects, on destination performance, of individual components of the marketing mix e.g. disaggregating the effect of media relations, advertising, brochure distribution, websites and trade exhibitions.
- Isolating the impacts of uncontrollable external, environmental variables, negative (war, terrorism, weather, unfavourable exchange rates etc.) or positive (a hit fill featuring a destination such as "Lord of the Rings" in New Zealand), from impacts of NTO activity.
- Isolating the effects of NTO activities from those of organizations within the same destination, over which the NTO has no control e.g. the direct marketing activities of tour operators, hotels, transport companies etc.
- Assessing the residual effects of NTO activities, and those of other organizations, after the activities themselves have ceased i.e. the 'wear-out' factor."[643]

Bei der Entwicklung des Kennzahlensystems für DMOs wird die in den vorangegangenen Abschnitten angebrachte Kritik an allgemeinen bzw. tourismusspezifischen Performance Measurement Systemen aufgegriffen und umgesetzt. Zentral ist die Berücksichtigung der Wertschöpfungslogik. In Abschnitt 6.1.9 wurde das Wertnetz nach *Stabell/Fjeldstad* (1998) als geeignete Wertschöpfungskonfiguration für DMOs abgeleitet. Kennzeichnend für das Wertnetzwerk ist die simultane Abfolge der primären Aktivitäten Netzwerkpromotion, Netzwerkservices sowie Netzwerkinfrastruktur, weshalb eine Darstellung gewählt wird, in die kein zeitlicher Ablauf zwischen der operativen Ausführung der Aktivitäten interpretiert werden kann (vgl. Abbildung 12). Als primäre Aktivitäten wurden die in Kapitel 6.2.2 entwickel-

---

[643] WTO, 2003, S. 12. Die *WTO* (2003) bezieht sich in ihrem Beitrag zwar auf National Tourist Organization (NTOs), die angesprochenen Probleme lassen sich jedoch auch auf lokale DMOs übertragen.

ten Aufgabenobergruppen eingesetzt, welche die Tätigkeiten von Destinationsmanagern in verdichter Form widerspiegeln.

Der Problematik zu vieler und unstrukturierter Ziele wird durch die Einführung von Perspektiven begegnet, wie sie aus der Balanced Scorecard oder der Performance Pyramid bekannt sind.[644] Diese werden aus den primären Aktivitäten des Wertnetzwerks abgeleitet, indem die in Abschnitt 6.1.10 (
Tabelle 11) verdichteten Aufgaben auf Perspektiven dargestellt werden. Da das Endziel von DMOs eine hohe Wirtschaftlichkeit ist, wird das Konzept um einen finanziellen Bereich erweitert und beinhaltet letztendlich vier Perspektiven. Jede Perspektive verfügt über vorlaufende und nachlaufende Indikatoren, die die Wirtschaftlichkeit der DMO beeinflussen. Es werden Abweichungen bei vorlaufenden Indikatoren angezeigt, wodurch langfristige Konsequenzen bereits sehr früh dargestellt werden können.

Die Fähigkeit der DMO ihren Kunden Werte zu schaffen, hängt von der Effektivität und Effizienz der Ausübung der primären Aktivitäten ab. Die Aktivitäten im Rahmen der Netzwerkpromotion verfolgen das Ziel, Netzwerkteilnehmer bzw. –mitglieder ins Netzwerk zu holen, und werden daher in der **Mitgliederperspektive** abgebildet. Diese berücksichtigt Indikatoren, die sich auf die Netzwerkvermarktung an touristische Leistungsanbieter sowie an touristische Nachfrager (die potentiellen Gäste der Destination) beziehen. Die **Serviceperspektive** bezieht sich auf Aktivitäten des Netzwerkservices und umfasst Kennzahlen, die im Zusammenhang mit der tatsächlichen Vermittlung von Kontakten zwischen Netzwerkmitgliedern stehen. Dabei ist sowohl ein direkter als auch ein indirekter Kontakt (z.B. durch Informationsübermittlung) möglich. Aktivitäten im Zusammenhang mit der dem Wertnetzwerk zugrunde liegenden Infrastruktur stehen in der folgenden **Infrastrukturperspektive** im Mittelpunkt. Die Kausalitäten zwischen den vor- und nachlaufenden Indikatoren bzw. zwischen den Zielen der Destinationsmanager werden durch Pfeile dargestellt.

---

[644] vgl. Currle, 2001, S. 16

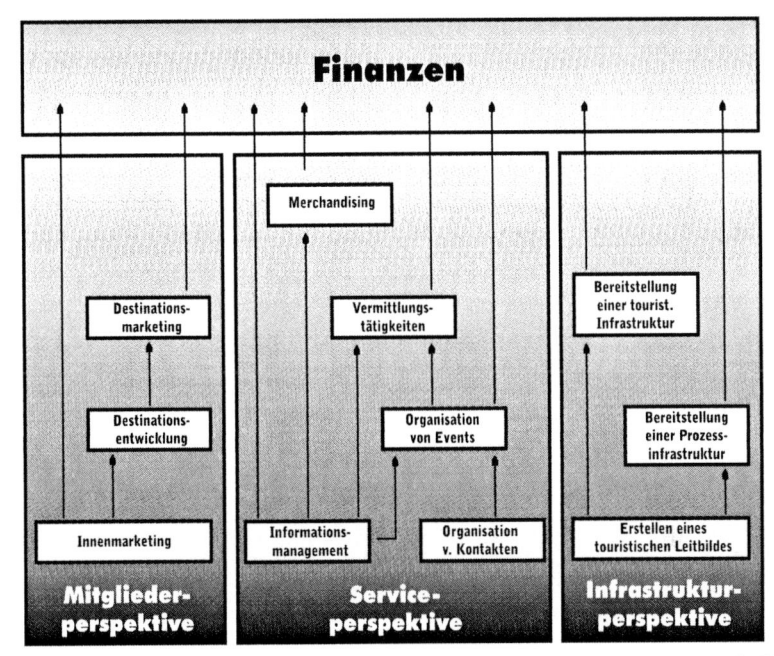

Abbildung 12: Controlling-Konzept für DMOs
Quelle: eigene Erstellung

7.1 Mitgliederperspektive

Wie in Abschnitt 6.1.9 beschrieben, schafft eine DMO Werte, indem sie Kontakte zwischen Netzwerkmitgliedern herstellt bzw. die Gelegenheit der Kontaktaufnahme ermöglicht.[645] Generell steigt der Nutzen, der durch die Teilnahme am Netzwerk generiert wird, mit jedem zusätzlichen Netzwerkmitglied, das die Aufnahmekriterien für das Netzwerk erfüllt.[646] Bei Destinationen ist dies anders. Auf Nachfragerseite legen Kapazitätsgrenzen[647] die maximale Anzahl an Übernachtungs- oder Tagesgästen fest; auf Anbieterseite ist eine Ausgrenzung von touristischen Leistungserstellern nur sehr schwer möglich, da sie sich physisch in der Destination befinden und folglich auch ohne die aktive Teilnahme am Netzwerk von diesem profitieren können.[648] Es müssen folglich Anreize geschaffen werden, um Trittbrettfahrer von einer Teilnahme am Netzwerk zu überzeugen. Die Mitgliederperspektive bezieht sich daher auf Ziele und Kennzahlen, die mit der Anwerbung bzw. der Auswahl geeigneter Netzwerkmitglieder in Zusammenhang stehen.

---

[645] vgl. Stabell/Fjeldstad, 1998, S. 428
[646] vgl. Katz/Shapiro, 1985
[647] Kapazitätsgrenzen können z.B. durch die Anzahl der Betten in der Destination oder die Beförderungsfähigkeit der Skilifte entstehen.

Hierbei sind zunächst die Leistungsanbieter zu betrachten, mit denen die DMO Verträge schließen muss, um die rechtlichen Grundlagen für eine entsprechende Entlohnung für erbrachte Leistungen zu schaffen. Die Akquise der touristischen Leistungsanbieter als Netzwerkmitglieder kann durch ein **Innenmarketing**[649] bzw. ein Anbietermarketing erreicht werden. Die touristischen Leistungsanbieter sind von den Fähigkeiten des Destinationsmanagements und den Vorteilen zu überzeugen, die eine Zusammenarbeit mit der DMO mit sich bringt. Erst wenn die Anbieter als Netzwerkkunden gewonnen werden, ist es aus wirtschaftlicher Sicht sinnvoll, die Destination nach außen hin zu vermarkten und weitere Netzwerkmitglieder auf Nachfragerseite zu akquirieren.

Neben den touristischen Leistungserstellern ist auch die Bevölkerung Zielgruppe des Innenmarketings. Als Gastgeber repräsentieren sie die Region und beeinflussen maßgeblich die Qualität des Destinationsprodukts und damit die Gästezufriedenheit. Destinationsmanager versuchen daher, die Akzeptanz der Einheimischen im Bezug auf den Tourismus in der Destination durch Informationsveranstaltungen steigern. Dabei werden vor allem die Vorteile dargestellt, die die Bevölkerung durch den Tourismus hat (z.B. geringere Arbeitslosigkeit oder touristische Einrichtungen, die die Bevölkerung nutzen kann).[650]

Ein weiterer Aufgabenbereich auf der Mitgliederperspektive ist die Vermarktung der Destination an potentielle Gäste. Diese verspricht erfolgreich zu sein, wenn die Attraktivität der Destination durch die Entwicklung neuer Ideen und Produkte gesteigert und ein positives Destinationsimage[651] gebildet wird. Für beide Ziele ist die Mitarbeit sowohl der touristischen Unternehmen in der Destination als auch der Bevölkerung notwendig, weshalb das Innenmarketing als vorlaufender Indikator für die **Entwicklung der Destination** zu betrachten ist. Die Attraktivität des Destinationsprodukts kann durch Hardware (z.B. in Form einer Therme oder eines Konferenzraums) oder durch Software wie die Etablierung eines Events gesteigert werden.[652] Dazu müssen die Pläne der DMO für die Destination den touristischen Leistungsanbietern kommuniziert werden, damit die auf der Basis der Informationen ihrerseits Investitionsentscheidungen treffen können.[653]

Die Ziele des Aufgabenbereichs „**Entwicklung des Destinationsprodukts**" bilden wichtige Einflussfaktoren bzw. vorlaufende Indikatoren für die Aktivitäten und Ziele des Destinati-

---

[648] In der Literatur wird dieses Phänomen als Trittbrettfahrerproblem bzw. free-rider problem bezeichnet. Wirtschaftssubjekte vereinnahmen sich hierbei den Nutzen eines Produkts, bei dem keine Ausschließbarkeit möglich ist, ohne dafür zu bezahlen. (vgl. http://plato.stanford.edu/entries/free-rider/; abgerufen am 26. September 2006)
[649] Der Begriff „innen" ist in diesem Zusammenhang als destinationsintern zu verstehen.
[650] vgl. Aussagen: 02-119, 08-43, 08-136, 13-15, 15-14, 17-47
[651] Wie bereits in Abschnitt 6.1.11 werden hier unter dem Destinationsimage die Ziele Bekanntheit der Destination (vgl. Aussagen 01-33, 01-34, 02-171, 10-05, 12-12, 16-07, 17-05), Markenbildungsziele (vgl. Aussagen 01-58, 02-170, 02-174, 04-51, 11-09, 15-08, 16-08) sowie Imagebildungsziele (vgl. Aussagen 01-57, 01-60, 04-51, 08-10, 09-74, 10-06, 11-08, 12-13, 13-05, 13-10, 14-08, 15-07, 17-06) zusammengefasst.
[652] vgl. Aussage: 01-36, 04-62, 11-90,
[653] vgl. Aussage: 08-138

onsmarketings, den wohl bedeutendsten Aufgabenbereich einer DMO. Das wichtigste Ziel hierbei ist die Steigerung der Tourismusnachfrage in der Destination.[654] Dabei spielt nicht nur die Anzahl der Gäste eine Rolle, sondern häufig auch die Qualität der Gäste im Sinne eines höheren Ausgabeverhaltens.[655] Darüber hinaus sind die Länge des Aufenthalts sowie die Steigerung der Auslastung der Kapazitäten der touristischen Leistungsersteller von Belang.[656] Gemäß der Service Profit Chain können diese Ziele durch eine hohe Gästezufriedenheit unter Berücksichtigung der moderierenden Faktoren erreicht werden, weshalb die Gästezufriedenheit eine entscheidende Zielgröße im Rahmen der Destinationsvermarktung ist.

Die Steigerung der Nachfrage einer Zielgruppe mit hohem Ausgabeverhalten wirkt sich über die Fremdenverkehrsabgabe positiv auf die Einnahmen der DMO aus. Gleichzeitig steigt mit zunehmendem Geldzufluss von außen auch die Wertschöpfung in der Destination, was die Verhandlungsposition der Destinationsmanager bei Gesprächen über finanzielle Zuschüsse mit der öffentlichen Verwaltung verbessert. Damit beeinflusst der Erfolg bei der Vermarktung der Destination die Wirtschaftlichkeit der DMO positiv und erklärt gleichzeitig den direkten Zusammenhang zwischen Innenmarketing und der Finanzperspektive: Es ist anzunehmen, dass mit einem Anstieg der Zufriedenheit der Leistungsersteller bzw. der öffentlichen Verwaltung (Zielgröße im Rahmen des Innenmarketings) auch deren Bereitschaft wächst, die DMO finanziell zu unterstützen.

7.2 Serviceperspektive

Aufgaben und Ziele, die die DMO im Rahmen der Netzwerkservices durchführt, werden auf der Serviceperspektive abgebildet. Hierbei handelt es sich um Tätigkeiten, die im Zusammenhang mit der Herstellung, Aufrechterhaltung und Beendigung von direkten oder indirekten (z.B. informationsbasierten) Kontakten zwischen Netzwerkmitgliedern stehen.[657] Im vorliegenden Fall können dies Kontakte zwischen touristischen Leistungserstellern oder zwischen Leistungserstellern und Gästen in der Destination sein.[658]

Das möglichst reibungslose Zusammenspiel der Leistungsersteller auf der touristischen Dienstleistungskette (vgl. Abschnitt 2.1.2) ist ein wichtiger Bestandteil der Qualität des touristischen Produkts. Dafür sind im Rahmen des Aufgabenbereichs „Betreuung der Leistung-

---

[654] vgl. Aussagen 02-18, 03-07, 07-06, 10-4, 18-08. Dieses Ziel spiegelt das Bestreben von Netzwerkbetreibern wider, im Rahmen der Netzwerkpromotion, möglichst viele Netzwerkteilnehmer zu gewinnen. (vgl. Stabell/Fjeldstad, 1998)
[655] vgl. Aussagen 04-41, 10-24, 17-09
[656] vgl. Aussagen 06-48, 06-62, 06-64, 11-48, 15-06, 17-08, 18-09
[657] vgl. Stabell/Fjeldstad, 1998, S. 429
[658] Es ist eine klare Trennung zu machen zwischen potentiellen Gästen, die sich noch nicht für die Destination entschieden haben, und jenen, die entweder diese Entscheidung schon getroffen haben oder bereits in der Destination anwesend sind. Während eine Kontaktaufnahme mit der Erstgenannten der Netzwerkpromotion und damit der Mitgliederperspektive zuzuordnen ist, gehört die Herstellung von Kontakten zwischen den Zweitgenannten und weiteren Netzwerkmitgliedern den Netzwerkservices und damit der Vermittlungsperspektive an.

steller" Kontakte zwischen ebenjenen z.B. durch die Durchführung regelmäßiger Treffen herzustellen (**Herstellung von Kontakten**), um ein gegenseitiges Informationsupdate zu gewährleisten.[659] Dies ist vor allem im Hinblick auf die Organisation von Events und anderen touristischen Aktivitäten nötig, bei denen das eben erwähnte Zusammenspiel um eine zeitliche Komponente erweitert wird. Ein weiterer Erfolgsfaktor von **Events und touristischen Aktivitäten** ist deren Bekanntmachung sowie Vermarktung, weshalb der Betreuung von Journalisten in der Destination eine wichtige Rolle beigemessen wird. Durch eine positive Berichterstattung soll möglichst viel Interesse sowohl bei der Bevölkerung als auch bei den Gästen in der Destination geweckt werden.[660] Im engen Zusammenhang damit stehen die Ziele des Informationsmanagements, die weitere vorlaufende Indikatoren für die erfolgreiche Organisation von Veranstaltungen darstellen. Mit der Durchführung von Pressekonferenzen und dem Herausgeben von Pressemitteilungen sowie der Informationsbereitstellung für die Bewohner[661] und die Leistungsersteller[662] wird die Grundlage für einen reibungslosen und erfolgreichen Ablauf von Veranstaltungen gelegt.

Events und touristische Aktivitäten werden zwar primär aus Gründen des Marketings und weniger als Erwerbsquelle der DMO etabliert[663], dennoch sollten bei deren Organisation das Wirtschaftlichkeitsziel nicht aus den Augen verloren und vorlaufende Ziele verfolgt werden, die einen positiven Einfluss auf die Finanzperspektive haben. Beispiele hierfür sind eine hohe Attraktivität bzw. ein positives Image des Events. Diese Faktoren ermöglichen der DMO, von Leistungsanbietern hohe Teilnahmegebühren zu erheben und von den Besuchern Eintrittsgelder zu verlangen.

Neben den direkten Auswirkungen auf die Finanzperspektive beeinflussen Events und touristische Aktivitäten die **Vermittlungstätigkeiten der DMO**. Durch überregionale Veranstaltungen werden zusätzlich Gäste in die Destination gelockt, die möglicherweise auf der Suche nach einer Unterkunft die Zimmervermittlung der DMO in Anspruch nehmen und damit Provisionserlöse erzeugen. Außerdem können durch das Ticketing weitere Einnahmen generiert werden, wenn entweder Gäste oder Einheimische die Eintrittskarten an der Vorverkaufsstelle der DMO z.B. in der Touristinfo erwerben.

Das **Informationsmanagement** beinhaltet neben Informationen im Hinblick auf Events auch die Bereitstellung von weiteren Informationen über die Destination, die über verschiedene Medien an Interessenten übermittelt werden. Neben der Website kommt dabei der Touristinformation vor Ort eine große Bedeutung zu. Die Bereitstellung von aktuellen und korrekten

---

[659] vgl. Aussagen 04-113, 05-37, 12-29.
[660] Die Betreuung von Journalisten hat nicht nur Einfluss auf Events sondern auf das gesamte Destinationsprodukt. (vgl. Abschnitt 2.2.2.4.3 sowie Aussagen 12-33, 15-82, 16-84, 17-19, 17-106, 18-33)
[661] vgl. Aussagen 01-125, 04-86, 08-136
[662] vgl. Aussagen 06-142, 08-109, 12-31, 14-51, 16-44, 18-61, 18-83
[663] Events decken häufig kaum ihre Kosten. (vgl. z.B. Aussage 02-85)

Informationen ist die Grundlage für eine erfolgreiche Vermittlungstätigkeit. Ohne die Kenntnis über Vakanzen ist es der DMO nicht möglich, die Auslastung z.B. der Unterkünfte zu maximieren. Auf langfristige Sicht führen Inkompetenzen im Informationsmanagement zu einer wachsenden Unzufriedenheit auf Seiten der Nachfrager, die die Informationen daraufhin entweder beim Leistungsersteller selbst einholen oder möglicherweise aufgrund des hohen Wettbewerbs zwischen Destinationen, der zu einer hohen Wechselabsicht bereits bei geringer Unzufriedenheit führt[664], aus Verdrossenheit eine andere Destination als Urlaubsziel wählen. Damit gehen der DMO nicht nur jene Provisionen verloren, die sie durch die Vermittlung einer Unterkunft hätte generieren können. Es wird zudem die Zufriedenheit der touristischen Leistungsersteller sinken, was folglich zu den oben genannten Konsequenzen führen kann.

Letztlich gehört zur Vermittlungsperspektive der Verkauf von **Merchandisingartikeln**. Die Vermittlungstätigkeit wird hier zwischen deren Produzenten sowie den Käufern durchgeführt. Merchandising kann vor allem in den Destinationen ein lukratives Geschäft sein, die über ein auffälliges Wahrzeichen oder ein überregional bekanntes Event verfügen, das sich gut in Merchandisingartikeln abbilden lässt.[665] Die Ergiebigkeit des Merchandisings als Erlösquelle liegt daher nur teilweise im Einflussbereich der DMO, dennoch kann durch ein erfolgreiches Informationsmanagement dessen wirtschaftlicher Erfolg gesteigert werden. Hierfür sind den Produzenten die Wünsche der Gäste vor Ort mitzuteilen und durch eine entsprechende Vermarktung der Artikel deren Verkaufszahlen zu steigern. Da das Merchandising meist in der Touristinfo durchgeführt wird, besteht ein Zusammenhang zwischen dem Erreichen der Ziele des Informationsmanagements und den Verkaufszahlen der Merchandisingartikel.

7.3 Infrastrukturperspektive

Im Rahmen der Bereitstellung der physischen oder informellen Infrastruktur haben Destinationsmanager eine Reihe von Aufgaben zu erfüllen, mit denen verschiedene Ziele verfolgt und die auf der Infrastrukturperspektive abgebildet werden. Dazu gehören jene Ziele, die mit der Festlegung des touristischen Leitbilds bzw. der „tourism policy" in der Destination im Zusammenhang stehen. Beim **touristischen Leitbild** handelt es sich um die Struktur von Werten und erwünschten Verhaltensweisen im Rahmen des Tourismus, die die DMO (meist in Kooperation mit der öffentlichen Verwaltung) beschließt. Es werden damit Rahmenbedingungen für die Entwicklung der Destinationsinfrastruktur und für die Positionierung der Destination festgelegt.[666]

---

[664] vgl. Woratschek, 2004a, S. 76
[665] In einem ähnlichen Zusammenhang stehen Einnahmen aus Lizenzgebühren, die für ein bestimmtes Logo o.ä. erhoben werden können. Die DMO von Florida (FTIMC) erhält beispielsweise sechs Prozent des Verkaufspreises von Artikeln, die das von ihr entwickelte Logo tragen (vgl. Pike, 2004, S. 55).
[666] *Hall* (2004) versteht unter „tourism public policy" „whatever governments choose to do or not to do with respect to tourism". (vgl. Hall, 2004, S. 9)

Im engen Zusammenhang mit der Entwicklung des touristischen Leitbilds steht die Tourismusplanung in der Destination.[667] Es werden Ziele gesetzt und Strategien entwickelt, die die von der DMO vermarktete Region zu einer attraktiven und erfolgreichen touristischen Destination machen soll.[668] Aufgrund der strategischen Komponente sind diese Ziele langfristiger Natur und haben Auswirkungen auf die übrigen Aktivitäten der Infrastrukturperspektive. Sie sind als vorlaufende Indikatoren auf die Wirtschaftlichkeit der DMO zu betrachten. Die wohl wichtigsten Ziele im Rahmen der Erstellung des touristischen Leitbilds sind die Nachhaltigkeit[669] sowie damit einhergehend eine gleichmäßige Berücksichtigung der Interessen aller Stakeholder. Diese spiegelt sich unter anderem in einem angemessenen Gleichgewicht zwischen dem touristischen Angebot und der Nachfrage wider. Die bedingungslose Anpassung der Nachfrage an das Angebot führt zwangsläufig zu einem Massentourismus, der mit einer nachhaltigen Entwicklung der Destination nicht zu vereinbaren ist und zu einem Qualitätsverlust führt. Daher empfiehlt eine Reihe von Wissenschaftlern, die destinationsinternen Stakeholder in den Planungsprozess mit einzubeziehen, um auf langfristige Sicht Konflikte zu vermeiden.[670] *Bramwell/Shareman* (1999) fügen hinzu: „This collaboration improves the coordination of policies and related actions, and promotes consideration of the economic, environmental, and social impacts of tourism."[671] Die Berücksichtigung der Stakeholder bei der Festlegung des touristischen Leitbilds und der Destinationsplanung sollte daher als Zielgröße betrachtet werden.

Als vorlaufende Indikatoren haben die Ziele des eben erläuterten Aufgabenbereichs direkte Auswirkungen auf die **Bereitstellung der touristischen Infrastruktur**. Beispielhaft sei hier die Bestimmung in einer Destination genannt, nach der zum Erhalt des Ortsbilds im Rahmen von Nachhaltigkeitsbestrebungen (Zielgröße im Rahmen des touristischen Leitbilds) kein Gebäude höher als die Baumkronen gebaut werden darf (vgl. Aussage 05-08). Ohne diese Bestimmung liefe die Destination Gefahr, durch Hotelkomplexe wie z.B. in Benidorm oder Torremolinos zwar kurzfristig mehr Touristen durch erhöhte Kapazitäten aufnehmen zu können, langfristig jedoch an Attraktivität im Vergleich zu anderen Destinationen zu verlieren.[672]

Die Vernachlässigung der destinationsinternen Stakeholder beim Planungsprozess kann sich ebenfalls negativ auf die Bereitstellung der touristischen Infrastruktur auswirken. Müssen sich touristische Leistungsanbieter oder Einheimische ungefragt mit einem ungewollten Leitbild auseinander setzen, das sie jedoch durch ihre Rolle in der Destination mittragen, ist das Erreichen der Ziele in diesem Aufgabenbereich gefährdet. Eine Qualitätsverbesserung des Destina-

---

[667] „Planning is the purposive process in which goals are set and policies elaborated to implement them." (Cullingsworth, 1997, S. 5)
[668] vgl. Getz et al., 1998, S. 331
[669] vgl. Hall, 2004; Buhalis, 2000; oder auch: 08-45, 09-20, 09-21, 10-100, 11-51
[670] vgl. z.B. Bramwell/Sharman, 1999; Medieros de Araujo/Bramwell, 1999; Sautter/Leisen, 1999; Jamal/Getz, 1995
[671] Bramwell/Shareman, 1999, S. 392
[672] vgl. de Oliveira, 2003, S. 97 bzw. ähnlich Buhalis, 1999, S. 184

tionsprodukts kann z.B. nur dann erreicht werden, wenn alle Leistungsersteller ihre Qualität anheben. Wird dieses Ziel nicht von jedem Leistungsersteller unterstützt, entstehen Servicelücken, die kontraproduktiv für die Zielerreichung im Bereich der Bereitstellung der touristischen Infrastruktur sind.

Dies hat negative Konsequenzen auf die monetären Ziele der Finanzperspektive. Eine sinkende Attraktivität im Vergleich zu anderen Destinationen oder Servicelücken auf der touristischen Dienstleistungskette können zu einem Rückgang der Gästezahlen oder zu einer aus Sicht der DMO negativen Verschiebung der Gästegruppen hin zu Billigtouristen führen. Dies beeinflusst die Einnahmen der touristischen Leistungsanbieter (und damit die touristische Wertschöpfung in der Destination) und folglich die Einnahmen der DMO negativ. Gründe hierfür sind z.b. ein Rückgang der Fremdenverkehrsabgaben durch die Leistungsersteller sowie deren evtl. geringere Bereitschaft einen Mitgliedsbeitrag an die DMO zu entrichten.

Neben dem Einfluss auf die touristische Infrastruktur hat das touristische Leitbild auch Auswirkungen auf die Ziele im Zusammenhang mit der **Bereitstellung der Prozessinfrastruktur**. Hierbei handelt es sich zum einen um die Bereitstellung einer Informations- und Buchungsplattform und zum anderen um die Entwicklung sog. Welcomecards, auf die im Anschluss eingegangen wird.

Die Informationsplattform dient den Leistungsanbietern, Angaben über ihre Produkte zu hinterlegen, auf die (potentielle) Gäste zugreifen und sich über das Angebot der Destination informieren können. Über die Buchungsplattform können dann verschiedene Produkte direkt gebucht werden. Die DMO hat dafür Sorge zu tragen, dass möglichst viele (potentielle) Netzwerkmitglieder auf die Plattform zugreifen können, um daraus einen wirtschaftlichen Erfolg ziehen zu können. Das Internet hat diese Anforderung sehr erleichtert, da durch die Informationsbereitstellung über dieses Medium praktisch alle potentiellen Gäste weltweit bei sehr geringen Kosten erreicht werden können.[673] Voraussetzung dafür ist ein einheitlicher Übermittlungsstandard, auf dem die Informationen ausgetauscht werden. Aus diesem Grund sollte es das Ziel der DMOs sein, die Website der Destination mit integriertem Buchungssystem nicht nur inhaltlich sondern auch technisch immer auf einem aktuellen Stand zu halten. Weiterhin sollten möglichst alle Leistungsanbieter mit Informationen auf der Website vertreten und über das Buchungssystem buchbar sein, um eine gleichmäßige Chancenverteilung auf die Buchung durch Gäste zu erreichen, die sich für die Destination interessieren. Andernfalls besteht die Gefahr einer wachsenden Unzufriedenheit bei Anbietern, die nicht an die Plattform angebunden sind und folglich deren Austritt aus dem Netzwerk. Informations- und Buchungsplattform sollten daher im touristischen Leitbild verankert sein, um dieses Risiko zu vermeiden.

---

[673] vgl. Shapiro/Varian, 1998

Die Bereitstellung der Prozessinfrastruktur beinhaltet außerdem Welcomecards, die den Gästen bei der Ankunft in der Destination überreicht bzw. verkauft werden. In der Regel beinhalten diese Karten die freie Benutzung des öffentlichen Personennahverkehrs sowie freien oder ermäßigten Eintritt in die Museen der Destination. Darüber hinaus bieten Welcomecards Vergünstigungen bei verschiedenen touristischen oder kulturellen Einrichtungen, beim Einkaufen oder in der Gastronomie und dienen damit der Kontaktaufnahme zwischen Anbietern und Nachfragern.

Mit der Festlegung des touristischen Leitbilds geht automatisch die Festlegung auf bestimmte Zielgruppen von Gästen einher, auf die sich die DMO in ihren Vermarktungsbemühungen konzentrieren möchte.[674] Folglich muss die Welcomecard an diese Zielgruppe angepasst werden. Eine betrachtete Destination hat diesem Anspruch Folge geleistet und die sog. Pink Welcomecard speziell für homosexuelle Touristen entwickelt.[675] Wird durch ein mangelhaftes Leitbild kein eindeutiges Klientel angesprochen, ist die Entwicklung einer zielgruppenspezifischen Welcomecard sehr schwer. Der wirtschaftliche Erfolg der Entwicklung einer Welcomecard hängt aber von deren Attraktivität für die Touristen ab. Daher sollte die Karte entweder möglichst viele Vergünstigungen enthalten oder die Angebote speziell auf bestimmte Zielgruppen ausrichten, wie es das Beispiel der KölnTourismus GmbH zeigt. Es ist anzunehmen, dass mit steigender Attraktivität der Welcomecard deren Absatz und damit die Erlöse der DMO steigen.

7.4 Finanzperspektive

Kapitalgeber, im Falle der untersuchten DMOs die öffentliche Hand bzw. die Gesellschafter, erwarten für ihren Kapitaleinsatz und das unternehmerische Risiko, das sie tragen, einen unternehmerischen Erfolg in Form einer hohen Wirtschaftlichkeit.[676] Die Auswahl der richtigen Indikatoren für das wirtschaftliche Ergebnis der DMO ist grundlegend, um das Endziel, den unternehmerischen Erfolg, widerzuspiegeln. Häufig werden Kennzahlen wie der freie Cashflow, der Kapitalwert, der Return on Investment oder die Kosten-Nutzen-Analyse eingesetzt. Mit Ausnahme des freien Cashflows handelt es sich um Indikatoren, die den Input (Investitionen des Unternehmens) mit jenem Output des Unternehmens ins Verhältnis setzen, der auf den Investitionen basiert. *Sheehan/Ritchie* (1997) empfehlen für die Bewertung für Investitionsentscheidungen von Destinationsmanagern die Nutzen-Kosten-Analyse, da der Nutzen dieser Investitionen breit gestreut ist und vielen verschiedenen Stakeholdern zu gute kommt.[677] Kosten-Nutzen-Analysen sind in Deutschland auf Bundes-, Länder- und Gemeindeebene für öffentliche Maßnahmen vorgeschrieben und verfolgen das Ziel, die Wirtschaft-

---

[674] Zum Beispiel wurde durch den Bau von Kasinohotels in Las Vegas die Zielgruppe Glücksspieler festgelegt.
[675] vgl. Aussage 18-13
[676] Der Gewinn wird in der Regel nicht ausbezahlt sondern beispielsweise in die Destinationpromotion reinvestiert. Davon profitieren dann jedoch die Auftrag- bzw. Kapitalgeber.
[677] vgl. Sheehan/Ritchie, 1997, S. 96

lichkeit von Maßnahmen der öffentlichen Hand zu prüfen. Vor allem bei Infrastrukturmaßnahmen dient sie als Vorbereitung politischer Entscheidungsfindung. Da die öffentliche Hand keine Gewinne verbuchen darf, ist die Kosten-Nutzen-Analyse keine Rentabilitätsrechnung.[678]

Dennoch sollte es das Ziel von profit- und non-profitorientierten DMOs sein, möglichst effizient zu wirtschaften, damit ein möglichst großer Überschuss generiert wird, der anschließend entweder an die Gesellschafter ausgeschüttet oder in verschiedene tourismuspolitische Maßnahmen reinvestiert werden kann. Daher werden neben der Nutzen-Kosten-Analyse weitere finanzielle Ziele eingesetzt, die das wirtschaftliche Ergebnis der DMO widerspiegeln. Hier bieten sich jene Ziele an, die auch in der Literatur zum Performance Measurement genannt werden.[679]

Die Analyse der durchgeführten Interviews hat gezeigt, dass die wenigen, von den Destinationsmanagern eingesetzten finanzwirtschaftlichen Ziele meist ohne Zusammenhang zu Inputfaktoren genannt werden und damit einen nur sehr unbefriedigenden Überblick über die finanzielle Effizienz der DMOs geben. Daher sollte ein entsprechender Kontext hergestellt werden, der den Aufwand zur Erreichung des Ziels mit berücksichtigt. Mit der daraus resultierenden Verhältniszahl lassen sich anschließend wesentlich bessere Vergleiche mit anderen DMOs bzw. im Zeitablauf mit der eigenen DMO (falls sich z.B. die Größe der DMO wesentlich geändert hat) durchführen.

Eine wichtige, zu berücksichtigende Finanzgröße sind öffentliche Zuschüsse in Form von Fremdenverkehrsabgaben bzw. Kurtaxen, die elf der interviewten Destinationsmanager als Erlösquelle erwähnen. Auch wenn diese Größen nur indirekt mit der Leistung der DMO in Verbindung stehen, korrelieren sie positiv mit ihr. Die zu bestimmende Konstante in diesem Zusammenhang ist die Eigenschaft der Kausalbeziehung zwischen der Leistung der DMO und den Schwankungen in der Einnahme von Fremdenverkehrsabgabe und Kurtaxe.[680]

Eine ähnliche Korrelation wie bei öffentlichen Zuschüssen existiert zwischen der Leistung der DMO und den Mitgliedsbeiträgen durch die Mitglieder. Zwar wirkt sich eine schlechte Leistung der DMO kurzfristig nicht auf die Einnahme durch Mitgliedsbeiträge aus, langfristig werden jedoch viele Leistungsersteller ihre Mitgliedschaft kündigen, wenn die gewünschten Leistungen der DMO und die daraus resultierenden positiven Konsequenzen für die Leistungsersteller ausbleiben.

---

[678] Rentabilität: Verhältnis von Nettogewinn zu eingesetztem Kapital
[679] vgl. z.B. Kaplan/Norton, 1997; Lynch/Cross, 1991
[680] in Anlehnung an Sheehan/Ritchie, 1997, S. 96

Zur Vervollständigung des Controlling-Konzepts für DMOs sind in einem letzten Schritt die genannten Ziele auf den vier Perspektiven mit Kennzahlen zu versehen, um anhand des erwähnten Soll-Ist-Vergleichs Entscheidungen treffen und Maßnahmen einleiten zu können.

7.5 Ableitung geeigneter Kennzahlen für ein Kennzahlensystem für DMOs

Eine fundierte Interpretation und Auswertung von Kennzahlen ist nur durch eine zielgenaue Ermittlung derselben möglich.[681] Zwar haben Unternehmen Zugang zu einer nahezu unendlichen Menge an Daten, dennoch beklagen Manager „drowning in data while thirsting for information"[682] bzw. „paralysis by analysis"[683]. Untersuchungen im Zusammenhang mit Informationsverarbeitung und Entscheidungsfindung kamen zu dem Ergebnis, dass Entscheidungsträger nur sehr schwer eine große Menge an Informationen verarbeiten können.[684] Somit stellt sich die Frage, was gemessen wird und wie es gemessen wird. Die Auswahl der Kennzahlen wird zu einer „multi-criteria decision and one that tends to be more strategic than tactical"[685]. Zudem ist sowohl die Einführung als auch die Pflege einzelner Kennzahlen mit Kosten verbunden, womit jede zusätzliche Kennzahl zu einem Verlust an Effizienz bei Controllingprozessen führen kann.[686]

Grundvoraussetzung für die Entscheidungsfindung des Managements auf der Basis von Kennzahlen ist die Quantifizierbarkeit der wirtschaftlichen Sachverhalte. Nach der Festlegung der Fragestellung sowie des Betrachtungsgegenstands müssen je nach zu untersuchendem Ziel des Unternehmens die entsprechenden Kennzahlen festgelegt werden. Der sachliche Inhalt der Zahlen richtet sich dabei nach dem Betrachtungsobjekt und die zu wählende Kennzahlenart nach dem Typ der gewünschten Information.

Die Auswahl der Kennzahlen für das Kennzahlensystem hängt zum einen von der Strategie der DMO für die Destination und zum anderen von den unternehmensinternen Zielen der DMO ab. Daher soll es sich in der nun folgenden Herleitung unterschiedlicher Kennzahlen um Vorschläge handeln, die keinen Anspruch auf Unersetzbarkeit haben. Die Struktur des Controlling-Konzepts für DMOs (vgl. Abbildung 12) legt eine Einteilung in Mitglieder-, Service- sowie Infrastrukturleistungsindikatoren nahe. Daher werden zunächst die einzelnen Kennzahlen-Kategorien, wie sie in Abschnitt 6.1.14 hergeleitet wurden, den primären Aktivitäten der jeweiligen Perspektiven zugeordnet (vgl. Tabelle 18).

---

[681] vgl. Sturm, 1979, S. 10
[682] Neely/Jarrar, 2004, S. 506
[683] z.B. Langley, 1995
[684] vgl. Baddeley, 1994
[685] Valiris et al., 2005, S. 160
[686] vgl. Robson, 2004, S. 510

Perspektive	Aktivität	Kennzahlen
Mitgliederperspektive	Destinationsmarketing	• Gästeankünfte • Gästezahlen sortiert nach Gästetypologie • Übernachtungszahlen • Aufenthaltsdauer der Gäste • Auslastung • Gästestruktur nach demographischen Merkmalen • Gästestruktur nach Herkunft • Gästestruktur nach Reiseart • Gästestruktur nach dem Grund des Aufenthalts • PR-Clipping • destinationsbezogene Medienresonanz • PR-Wert; Anzeigenäquivalenz • Conversion / Umsetzung • Messererfolg • Anzahl der Marketingaktivitäten • Anzahl der Vertriebspartner • Gästezufriedenheit • Bekanntheit der Destination
	Innenmarketing	• Einwohnerzufriedenheit • Destinationsimage (intern)
	Destinationsentwicklung	• Destinationsimage (extern) • Anzahl und Klassifizierung der Hotels
Serviceperspektive	Informationsmanagement	• Informationsquelle der Gäste • Anzahl der Informationsanfragen • Herkunft der Informationsanfragen • eventbezogene Medienresonanz
	Organisation von Kontakten zwischen Leistungserstellern	
	Eventorganisation	• Anzahl der Besucher bei Events
	Vermittlungstätigkeiten	• Anzahl der Besucher touristischer Einrichtungen • Anzahl verkaufter Pauschalangebote • Anzahl der Unterkunftsvermittlungen
	Merchandising	
Infrastrukturperspektive	Erstellen eines touristischen Leitbilds	
	Bereitstellung einer Infrastruktur für Prozessabwicklungen	
	Bereistellung einer touristischen Infrastruktur	• Kapazität bei tourismusspezifischen Einrichtungen • Bettenstatistik

Tabelle 18: Zuordnung der Kennzahlen auf die primären Aktivitäten

Die sowohl in der tourismuswissenschaftlichen Literatur als auch in den Experteninterviews am häufigsten genannten Kennzahlen beziehen sich auf die Mitgliederperspektive und hier konkret auf das Destinationsmarketing. Dessen vorlaufende Indikatoren finden jedoch weniger Berücksichtigung. Es sollte aber die Anbieter- bzw. Bewohnerzufriedenheit als Kennzahlen im Rahmen des **Innenmarketings** abgebildet werden. Ebenso der Anteil der Leistungsanbieter, die in einem vertraglichen Verhältnis mit der DMO stehen und sich damit dem Netzwerk angeschlossen haben.

Als Kennzahlen für die **Destinationsentwicklung** bzw. Produktentwicklung werden das Destinationsimage sowie in enger Anlehnung an die Kennzahl für die Bereitstellung der touristischen Infrastruktur die Qualität des Destinationsprodukts eingesetzt. Beide Kennzahlen haben einen direkten Einfluss auf die Gästezufriedenheit und sind damit vorlaufende Indikatoren für das Destinationsmarketing. Wichtiger Aspekt bei Kennzahlen des **Destinationsmarketings** sollte eine Berücksichtigung der eingesetzten Ressourcen im Verhältnis zum Marketingerfolg sein.[687] Daher bieten sich Produktivitätskennzahlen an, wie sie von der *DMAI* (2005) vorgeschlagen werden. Hierbei handelt es sich um Kennzahlen, die aus dem Conversion Modell abgeleitet wurden (z.B. Anteil der Gäste, die vorher Informationen bei der DMO gesucht haben; Werbeeffektivität, Werbekosten pro Gast etc.).[688]

Im Zusammenhang mit der Vermittlungsperspektive kommt der **Organisation von Kontakten** eine große Bedeutung zu. Als Kennzahlen dienen daher die Anzahl der organisierten Meetings und die Anzahl der anwesenden Leistungsersteller. Im Hinblick auf Events (aber auch der Destinationsvermarktung) ist die Anzahl der empfangenen Journalisten in der Destination von Bedeutung, um eine möglichst große Medienpräsenz zu erreichen.

Die Ziele des **Informationsmanagements** im Bereich der Pressearbeit lassen sich durch die von einigen Destinationsmanagern verwendeten Kennzahlen des PR-Clippings abbilden.[689] Um die Kostenseite mit zu berücksichtigen wird daher die Anzeigenäquivalenz vorgeschlagen, die Auskunft über den Werbewert von veröffentlichten Meldungen gibt.[690] Dabei ist der qualitative Aspekt zu berücksichtigen. So stellt *Frisby* (2002) fest: "The media evaluation system measures individual items of overseas print and broadcast coverage, incorporating the type of publication, content, story angle, audience and readership and impact – scoring each."[691]

Bei der **Informationsweitergabe** von Anfragen (potentieller) Gäste über die Website oder in der Touristinfo sollte zunächst die Anzahl der Anfragen als Kennzahl eingesetzt werden. Sie ermöglicht Rückschlüsse auf die Bekanntheit bzw. das Image der Destination und bildet gleichzeitig eine wichtige Grundlage für Vermittlungstätigkeiten. Als weitere Kennzahlen wird der Anteil der Anfragen, der von den Mitarbeitern der DMO beantwortet werden konnte, vorgeschlagen. Dadurch können Erkenntnisse über die Leistungsfähigkeit des eigenen Unternehmens gewonnen werden, die sich wiederum auf die Zufriedenheit der Netzwerkmitglieder auswirkt.

---

[687] Es darf der Kostenfaktor sowohl für die Bereitstellung einer bestimmten Qualität als auch bei Marketingmaßnahmen nicht aus den Augen verloren werden. Der Zusammenhang zwischen Werbeausgaben und Besucherzahlen wurde wissenschaftlich bislang kaum erforscht. *Pike* (2004) gibt jedoch einen Überblick über einige Fallbeispiele aus der tourismuswirtschaftlichen Praxis. (vgl. Pike, 2004, S. 181ff.)
[688] vgl. DMAI, 2005, S. 25f.
[689] vgl. Aussagen 01-133, 02-93, 03-151, 04-129, 07-125, 08-96, 12-75, 12-76, 15-81, 17-93, 17-94, 18-112
[690] Die Anzeigenäquivalenz sagt aus, wie viel Geld in Werbung investiert werden müsste, um den gleichen Werbeeffekt wie durch die PR-Kampagne zu erzielen.
[691] Frisby, 2002, S. 98

Als Kennzahlen für die **Organisation von Events** sollten das Eventimage sowie die Teilnehmerzahlen sowohl auf Gästeseite als auch (abhängig vom Event) auf Anbieterseite eingesetzt werden. Während das Image Rückschlüsse auf die künftige Entwicklung der Veranstaltung zulässt, haben die Teilnehmerzahlen einen direkten Einfluss auf die Vermittlungstätigkeit und auf die Finanzperspektive.

Zielgröße und damit Kennzahl der **Vermittlungstätigkeiten** sowohl im Bezug auf die Vermittlung von Unterkünften als auch auf das Ticketing ist die absolute Anzahl der Vermittlungen sowie die Einnahmen über die Vermittlungsprovision. Alternativ kann eine Produktivitätskennzahl wie die Kosten pro Vermittlung eingesetzt werden, um das Endziel der Wirtschaftlichkeit nicht aus den Augen zu verlieren. Beim **Merchandising** sind neben den absoluten Verkaufszahlen auch die Umsatzerlöse als Kennzahl einzusetzen.

Zu den wesentlichen Zielen bei der **Erstellung des touristischen Leitbilds** gehört die Nachhaltigkeit. Diese lässt sich durch Kennzahlen wie der Anzahl der Gästebetten oder der Angebotskapazität touristischer Einrichtungen abbilden. Wird dadurch die Anzahl der Gäste in der Destination beschränkt, können die Gefahren des Massentourismus eingedämmt werden. Der Berücksichtigung der destinationsinternen Stakeholder bei der Erstellung des Leitbilds kann durch Zielgrößen wie Anteil der dem Leitbild zustimmenden Leistungsanbieter bzw. Bewohner oder der Anzahl der an der Erstellung des Leitbilds beteiligten Leistungsanbieter bzw. Bewohner dargestellt werden.

Bei der **Bereitstellung der Prozessinfrastruktur** (egal ob auf der Informationsplattform oder bei einer Welcomecard) sollte ein möglichst hoher Anteil an Leistungsanbietern beteiligt sein, was durch eine Kennzahl abgebildet werden sollte. Bei der Informations- und Buchungsplattform sollte eine Kennzahl den technischen Stand darstellen, der ein gewisses Alter nicht übersteigen sollte. Die Attraktivität der Welcomecard, die durch Umfragen erhoben und quantifiziert werden kann, wird im Rahmen dieser Aufgabe als weitere Kennzahlen vorgeschlagen.

Wichtige Kennzahlen bei der **Bereitstellung der touristischen Infrastruktur** ist deren Qualität. Bei der Messung der Qualität in der Tourismusbranche hat sich im Laufe der Zeit eine Reihe von Ansätzen herausgebildet, die zu einem Großteil von allgemeinen Marketinginstrumenten abgewandelt wurden. Aufgrund ihrer Subjektivität kann Qualität[692] nur aus unterschiedlichen Sichtweisen gemessen werden. Aus der Sicht der Nachfrager sind ausschließlich die nutzenstiftenden Komponenten der Dienstleistungsqualität von Bedeutung, wogegen für die Anbieter vor allem die für die Leistungserstellung notwendigen Prozesse von Bedeutung

---

[692] Qualität versteht sich als „Gesamtheit von Eigenschaften und Merkmalen eines Produktes oder einer Tätigkeit, die sich auf deren Eignung zu Erfüllung gegenüber Erfordernissen bezieht". (Deutsche Gesellschaft für Qualität, 1992, S. 9)

sind, die zu einer guten Dienstleistungsqualität führen. Folglich lässt sich die Qualitätsmessung in nachfrager- und anbieterorientierte Messverfahren einteilen.[693] Bei der Auswahl der eingesetzten Messmethode ist in der praktischen Anwendung die Kostenseite mit zu berücksichtigen, da unterschiedliche Methoden unterschiedliche Kosten produzieren. Basierend auf der Herleitung wichtiger Kennzahlen zeigt die abschließende Abbildung 13 das Beispiel eines Kennzahlensystems für DMOs mit dazugehörigen Kennzahlen.

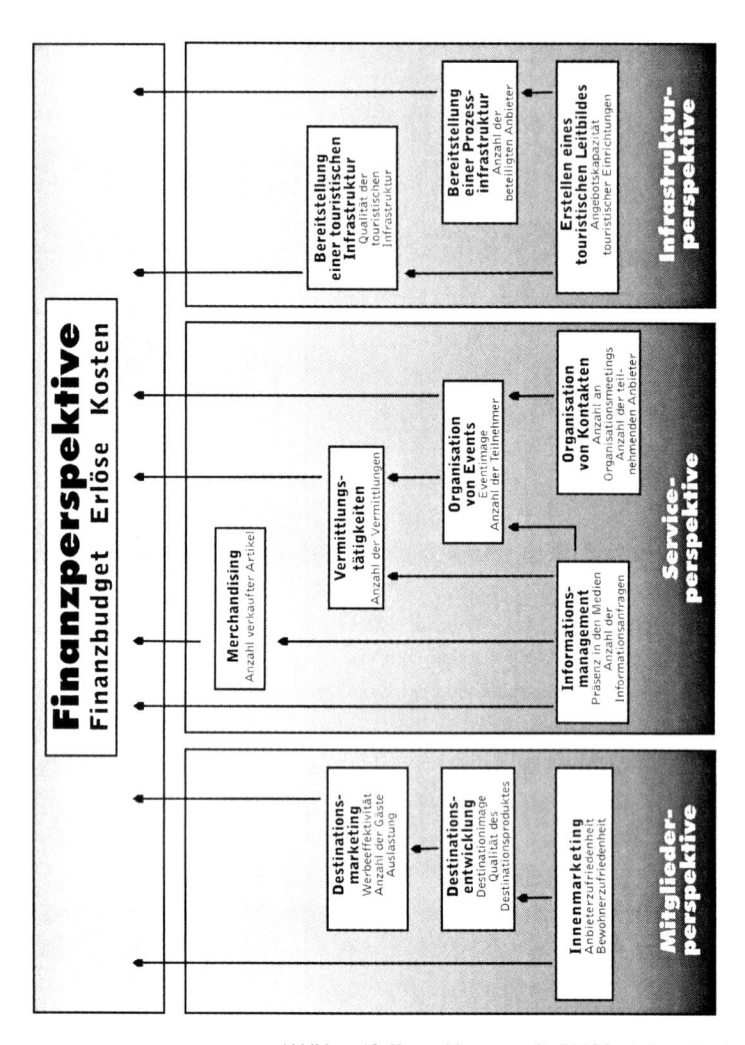

Abbildung 13: Kennzahlensystem für DMOS mit dazugehörigen Kennzahlen
Quelle: eigene Erstellung

---

[693] Eine ausführliche Beschreibung der unterschiedlichen Messverfahren findet sich bei *Woratschek* (2004a).

Auf der Mitgliederperspektive haben sowohl Anbieter- als auch Bewohnerzufriedenheit einen direkten Einfluss auf die Qualität des Destinationsprodukts und gleichzeitig auf das Destinationsimage. Je besser diese beiden Indikatoren ausfallen, desto größer ist die Anzahl der Gäste und die Auslastung. Damit verbessert sich die Werbeeffektivität der DMO, was einen positiven Einfluss auf die Kosten und Erlöse des Unternehmens hat. Eine hohe Anbieterzufriedenheit hat darüber hinaus einen direkten Einfluss auf das Finanzbudget der DMO, da bei hoher Zufriedenheit eine große Zahlungsbereitschaft der touristischen Leistungsanbieter zu erwarten ist.

Die Anzahl der Informationsanfragen als Kennzahl auf der Serviceperspektive erhöht die Erlöse der DMO, wenn, wie in einigen Destinationen praktiziert, für die Informationsweitergabe eine Gebühr erhoben wird. Erfolgt die Informationsanfrage in der Touristinfo, wo auch Merchandising betrieben wird, erhöht sich u.U. die Anzahl der verkauften Artikel, was ebenfalls die Erlöse steigert. Es ist weiterhin davon auszugehen, dass sich die Anzahl der Informationsanfragen sowie die Anzahl der Teilnehmer an Events positiv auf die Anzahl der Vermittlungen und damit auf die Einnahmen der DMO durch Provisionen auswirken. Die Kennzahlen des Aufgabenbereichs Organisation von Events werden auf Nachfrageseite (Anzahl der Teilnehmer) von der Präsenz des Events bzw. der Destination in den Medien und auf Anbieterseite (Eventimage) von den Kennzahlen des Aufgabenbereichs Organisation von Kontakten beeinflusst.

Durch eine Begrenzung der Angebotskapazität touristischer Einrichtungen im Rahmen der Erstellung eines touristischen Leitbilds in der Destination kann ein Massentourismus vermieden werden. Damit ist die Angebotskapazität ein vorlaufender Indikator für die Qualität der touristischen Infrastruktur, die sich über das Destinationsimage wiederum indirekt auf die Einnahmen der DMO auswirkt. Die Anzahl der beteiligten touristischen Leistungsanbieter an einer Prozessinfrastruktur wie z.B. einer Welcomecard beeinflusst deren Qualität und damit die Erlöse, die die DMO mit damit erzielen kann.

Zusammenfassend ist zu konstatieren, dass die Beschränkung auf maximal zwei Kennzahlen pro Aktivität die Gesamtzahl der von Destinationsmanager zu steuernden Indikatoren auf 20 begrenzt. Dadurch wird ein „information overload" vermieden und den Forderungen der wissenschaftlichen Literatur zum Performance Measurement Rechnung getragen. Letztendlich werden vor- und nachlaufende Indikatoren eingesetzt, die dem Management bereits zu einem sehr frühen Stadium Hinweise auf die künftige wirtschaftliche Entwicklung der DMO liefern.

8 Zusammenfassung und Ausblick

Die wachsende Bedeutung eines Controllings von DMOs ist vor dem Hintergrund der aktuellen Entwicklungen in der Tourismusbranche sowie den zu erwartenden Rückgängen der öffentlichen Finanzierung von DMOs sowohl in der Tourismuswissenschaft als auch in der unternehmerischen Praxis unumstritten. Dies unterstreicht die wachsende Zahl der Forschungsarbeiten zu diesem Thema. Mehrheitlich handelt es sich bei diesen Arbeiten um Benchmarking- und Monitoringkonzepte, die sich bei der Betrachtung der Aufgaben von Destinationsmanagern auf das Destinationsmarketing beschränken und vor allem den Erfolg der gesamten Destination fokussieren. Diese Herangehensweise ist aus zwei Gründen zu kritisieren. Zum einen hat die Zusammenfassung der Literatur zum Thema Destinationsmanagement in Abschnitt 2.2 gezeigt, dass das Aufgabenspektrum von DMOs mehr Aktivitäten umfasst als jene, die im Zusammenhang mit der Vermarktung der Destination stehen. Zwar steht für die DMO dieser Aufgabenbereich im Vordergrund der Betrachtung, damit geht jedoch einher, dass unterschiedliche Aktivitäten am Ort zu bündeln und zu koordinieren sind. Zum anderen sagt der Erfolg einer Destination nicht zwangsläufig etwas über die Leistung der DMO aus, deren Ergebnis durch den Einfluss externer Faktoren überlagert werden kann. Dies wird am Beispiel von Bayreuth deutlich. Dort sind die Hotels im August aufgrund der Richard-Wagner-Festspiele auch ohne ein Zutun der DMO ausgebucht.

In der vorliegenden Arbeit wurde der Versuch unternommen, die in Kapitel 3 aufgedeckte Forschungslücke zu schließen und ein Kennzahlensystem speziell für die Anforderungen einer DMO zu entwickeln. Die Erhebung der notwendigen Informationen für die Entwicklung des Kennzahlensystems erfolgte durch die Sichtung der tourismuswissenschaftlichen Literatur sowie anhand der Ergebnisse von 18 Experteninterviews mit Destinationsmanagern, die im Sommer und Herbst 2005 im deutschsprachigen Raum durchgeführt wurden. Die Fallgruppenauswahl erfolgte nach dem Convenience Sample, dennoch wurde versucht, eine möglichst heterogene Auswahl an Destinationen zu berücksichtigen. Als Interviewpartner kamen ausschließlich der Geschäftsführer einer DMO oder der Abteilungsleiter der Controlling- bzw. Marketingabteilung in Frage, um eine möglichst große Kompetenz zu gewährleisten. Anhand eines vorher entworfenen Interviewleitfadens wurden vier Themenbereiche abgefragt: Wertschöpfung, Controlling, Kennzahlen sowie weitere benötigte Information. Einschränkend ist zu erwähnen, dass die Konzeption der Studie nicht geeignet ist, repräsentative Aussagen über die Themenbereiche zu ermöglichen, die in den Experteninterview abgefragt wurden.

Da das Controlling eines Unternehmens generell an dessen zentralen Wertschöpfungsaktivitäten ansetzen sollte, wurde im Rahmen des ersten Forschungsziels die Eignung von betriebswirtschaftlichen Theorien der Wertschöpfung für DMOs überprüft. Es konnte die Hypothese bestätigt werden, dass die betrachtete Organisationsform der Wertschöpfungskonfiguration des Wertnetzwerks folgt. Alle genannten Aufgaben der Destinationsmanager konnten den drei primären Aktivitäten des Wertnetzwerks zugeordnet werden. Damit kommt als Wertschöpfungskonfiguration das Wertnetzwerk nach *Stabell/Fjeldstad* (1998) in Frage, an dem das entwickelte Kennzahlensystem angelehnt wurde. Die wertschaffende Aktivität von Wertnetzwerken ist die Herstellung von Verbindungen oder Kontakten zwischen ihren Kunden (Intermediationsfunktion).

Darauf aufbauend wurde im zweiten Forschungsschritt eine kritische Würdigung einiger branchenunabhängiger Performance Measurement Systeme durchgeführt und die Erkenntnis gewonnen, dass sich keines der betrachteten Controlling-Konzepte für eine Anwendung bei DMOs eignet. Die viel gepriesene Balanced Scorecard ist auf die strategische Steuerung produzierender Unternehmen ausgerichtet, da sich die sequentielle Abfolge der Kausalitäten auf den vier Perspektiven an der Wertkette nach Porter orientiert. Ähnlich muss auch bei der Performance Pyramid eine mangelnde Berücksichtigung der verschiedenen Wertschöpfungskonfigurationen von Dienstleistungsunternehmen kritisiert werden. Trotz der Berücksichtigung verschiedener Dienstleistungstypen bleibt auch beim „Performance Measurement in Dienstleistungsunternehmen" die tatsächliche Form der Wertschöpfung unberücksichtigt. Das einfache „Input-Transformation-Output"-Modell wird zwar abgelehnt, in welchem Menschen und andere Ressourcen einen Design-, Produktions- und Lieferprozess durchlaufen. Dennoch wird eine alternative Wertschöpfungskonfiguration im eigentlichen Sinne nicht angeboten.

Zur Erreichung des dritten Forschungsziels wurde eine explorative Analyse der Aufgaben von DMOs sowie deren Unternehmensziele durchgeführt. Zunächst wurden die Aufgaben innerhalb der primären Aktivitäten zu Aufgabengruppen, dann zu Aufgabenobergruppen verdichtet, die sich folgendermaßen darstellen: die Netzwerkpromotion beinhaltet das Destinationsmarketing, das Innenmarketing und die Destinationsentwicklung; die Netzwerkservices umfassen das Informationsmanagement, die Organisation von Kontakten, die Organisation von Events, Vermittlungstätigkeiten und das Merchandising; zu den Aktivitäten im Rahmen der Netzwerkinfrastruktur gehören das Erstellen eines touristischen Leitbilds, die Bereitstellung einer Prozessinfrastruktur sowie einer touristischen Infrastruktur. Die Ziele von Destinationsmanagern spielen beim Controlling eine wichtige Rolle, da sie in Form von Kennzahlen widergegeben werden und als Entscheidungsgrundlage für das Destinationsmanagement dienen. Es wurden elf Zielkategorien identifiziert, denen die o.g. Aufgaben zugeordnet wurden. Die Netzwerkpromotion verfolgt sieben Ziele, die Netzwerkservices zwei Ziele und die Netzwerkinfrastruktur eine Zielkategorie.

Im Rahmen des vierten Forschungsziels konnte festgestellt werden, dass zwar keiner der interviewten Destinationsmanager in der Praxis ein systematisches Kennzahlensystem verwendet, einzelne Kennzahlen kommen jedoch in jeder DMO zum Einsatz. Diese wurden im Rahmen der vorliegenden Arbeit zu 37 Kategorien zusammengefasst.

Bei der Entwicklung des Kennzahlensystems wurden die Anforderungen des Performance Measurements berücksichtigt, die aus der Kritik am traditionellen Controlling entstanden. Vor allem die Erweiterung um eine strategische Perspektive durch die Aufnahme vorlaufender Indikatoren in das Konzept stellt eine Verbesserung gegenüber den existierenden Controlling-Konzepten für DMOs dar. Die benötigten Informationen über Kausalitäten bei DMOs wurden anhand weiterer Erkenntnisse aus den Interviews, der tourismuswissenschaftlichen Literatur sowie durch Plausibilitätsüberlegungen abgeleitet. Die Menge an Informationen wurde auf eine übersichtliche Größe eingeschränkt, um einen Informationsüberfluss zu verhindern. Dazu wurden ähnlich wie in der Bourismuswissenschaft, alanced Scorecard Perspektiven abgeleitet, die sich - erweitert um eine Finanzperspektive – an den Primäraktivitäten des Wertnetzwerks orientieren. Dafür wurden die Aufgaben und Ziele der Destinationsmanager sowie die in der Praxis eingesetzten Kennzahlen, wie sie in den Interviews genannt wurden, mit den Methoden der Content Analysis und der Critical Incident Technique verdichtet und den Perspektiven zugeordnet. Anschließend konnten die Kausalitäten innerhalb der Perspektiven durch vor- und nachlaufende Indikatoren dargestellt und auf das Wirtschaftlichkeitsziel der DMO ausgerichtet werden.

8.1   Implikationen für die Unternehmenspraxis

Die Interviews mit den Destinationsmanagern haben gezeigt, dass sich ein strategisches Controlling im Bereich des Destinationsmanagements bislang noch nicht durchgesetzt hat. Zwar wird eine Vielzahl unterschiedlicher Kennzahlen eingesetzt, diese stehen aber ohne Zusammenhang nebeneinander und können daher nur sehr bedingt bei der Entscheidungsfindung unterstützen. Aus diesem Grund stellt das Kennzahlensysytem für DMOs nicht nur aus wissenschaftlicher sondern auch aus praktischer Sicht eine Weiterentwicklung dar. Darüber hinaus wurde in den Interviews der Eindruck erweckt, dass sich nicht alle Destinationsmanager der Rolle der unterschiedlichen Stakeholder vor allem auf Anbieterseite bewusst sind. Diese sind als Kunden der DMO zu betrachten, was den Aufgabenbereich des Destinationsmanagements auf eine Reihe weiterer wichtiger Aktivitäten neben dem Marketing ausweitet.

8.2   Kritische Würdigung und Ausblick auf weitere Forschungsfelder

Sicherlich zeigt die vorliegende Untersuchung ihre Grenzen, die gleichzeitig auf den Bedarf an weiteren wissenschaftlichen Erkenntnissen hinweisen. Die erste Beschränkung ergibt sich aus der Tatsache, dass nur 18 Destinationsmanager aus einem begrenzten Raum in die Untersuchung einbezogen wurden. Damit wird der Heterogenität verschiedener Destinationen einerseits sowie unterschiedlicher Rechts- und Besitzverhältnissen von DMOs andererseits nur bedingt Rechnung getragen. Es konnten zwar im Laufe der Interviews kaum nennenswerte Unterschiede bei der Beantwortung der Fragen aufgedeckt werden, dennoch wären weitere repräsentative empirische Erkenntnisse wünschenswert. Weiterhin verfügt die Tourismusbranche über einige strukturelle Besonderheiten, so dass eine Übertragbarkeit der Ergebnisse auf andere Branchen, die der Wertschöpfungskonfiguration Wertnetzwerk folgen, nur bedingt möglich ist.

Weiterer Forschungsbedarf ist bei den Kausalitäten zu sehen. Zwar wurden einige Ursache-Wirkungsbeziehungen aus der tourismuswissenschaftlichen Literatur übernommen, die meisten spiegeln jedoch die Managementmeinung und die Plausibilitätsüberlegungen des Autors der Arbeit wider. Daher wäre bei diesen Kausalitäten eine wissenschaftliche Überprüfung angebracht, die sich jedoch aufgrund der sehr großen Einflüsse externer Faktoren als schwierig darstellen dürfte. Eine eindeutige Berechnung der Auswirkungen vorlaufender Indikatoren auf nachlaufende ist kaum möglich.

Dennoch konnte anschaulich dargestellt werden, welcher Wertschöpfungskonfiguration DMOs folgen, welches die Ursache-Wirkungsbeziehungen sein können und wie daraus ein Controlling-Konzept für diese Unternehmensform abgeleitet werden kann. Das entworfene System ist von seiner Struktur her offen gehalten, so dass es auch auf andere Unternehmensformen, die derselben Wertschöpfung folgen, angewendet werden kann. Hierfür müssen allerdings die Aufgaben auf den Perspektiven entsprechend geändert werden, da sich diese in der vorliegenden Arbeit speziell an DMOs orientieren.

Literatur

Aguiló, E.; Alegre, J.; Sard, M. (2005): "The persistence of the sun and sand tourism model", in: Tourism Management, Vol. 26, No. 2, S. 219-231

Ahmed, Z.U. (1991): "The influence of the components of a state's tourist image on product positioning strategy", in: Tourism Management, Vol. 12, No. 4, S. 331-340

Alford, P. (2005): "Destination Marketing", in: Travel & Tourism Analyst, No. 5, London, S. 1-54

Althof, W. (2001): Incoming-Tourismus, München/Wien

Amit, R.; Zott, C. (2001): „Value creation in E-business", in: Strategic Management Journal, Vol. 22, No. 6/7, S. 493-520

Ansoff, H.I. (1981): "Die Bewältigung von Überraschungen und Diskontinuitäten durch die Unternehmensführung – strategische Reaktionen auf schwache Signale", in: *Steinmann, H.* (Hrsg.): Planung und Kontrolle, München, S. 233-264

Anthony, R.N. (1965): Planning and Control System, Boston

Armitage, H.; Atkinson, A.A. (1990): "The choice of productivity measures in organizations", in: Harvard Business School Press, S. 91-126

ATC (2004): "Corporate Plan: 2004-2009", Australian Tourist Commission: http://www.atc.net.au/cms/pdf/atc_corporateplan_0409.pdf, abgerufen am 20. März 2004

Atteslander, P. (1995): Methoden der empirischen Sozialforschung, 8. bearb. Aufl., Berlin

Baddeley, A. (1994): "The magical number seven: still magic after all those years?", in: Psychological Review, Vol. 101, No. 2, S. 353-356

Baker, G.; Gibbons, R.; Murphy, K.J. (1994): "Subjective performance measures in optimal incentive contracts", in: Quarterly Journal of Economics, Vol. 109, No. 4, S. 1125-1156

Baloglu, S.; McCleary, K.W. (1999): "A model of destination image formation", in: Annals of Tourism Research, Vol. 26, No. 4, S. 868-897

Banker R.D.; Potter, G.; Srinivasan, D. (2000): „An empirical investigation of an incentive plan that includes nonfinancial performance measures", in: The Accounting Review, Vol. 75, No. 1, S. 65-92

Baum, H.G.; Coenenberg, A.G.; Günther, T. (1999): Strategisches Controlling, Stuttgart

Baumgartner, B. (1980): Die Controller-Konzeption. Theoretische Darstellung, praktische Anwendung, Bern

Beamon, B.M. (1999): „Measuring supply chain performance", in: International Journal of Operations and Production Management, Vol. 19, No. 3, S. 275-292

Beer, St. (1979): The heart of enterprise, Chichester

Beirman, D. (2000): "Destination marketing: The marketing in of Israel in Australia and the south-west Pacific", in: Journal of Vacation Marketing, Vol. 6, No. 3, S. 145-153

Bellenger, D. N.; Bernhardt, K. L.; Goldstucker, J. L. (1976): Qualitative Research in Marketing, Chicago

Bengtsson, M.; Kock, S. (2000): " "Coopetition" in business networks – to cooperate and compete simultaneously", in: Industrial Marketing Management, Vol. 29, No. 5, S. 411-426

Berekhoven, L.; Eckert, W.; Ellenrieder, P. (2004): Marktforschung, Wiesbaden

Berens, W.; Karlowitsch, M.; Mertes, M. (2000): „Die Balanced Scorecard als Controllinginstrument von Non-Profit-Organisationen", in: Controlling, Vol. 12, No. 1, S. 23-28

Beritelli, P.; Bieger, T.; Boksberger, P.E. (2004): „Destinations-Auditing – Ein integrativer Ansatz zur Evaluation der Effektivität und Effizienz im Destinationsmanagement", in: Tourismus Journal, Vol. 8, No. 1, S. 51-63

Bieger, T. (2002): Management von Destinationen, München/Wien

Bieger, T. (2001): „Perspektiven der Tourismuspolitik in traditionellen alpinen Tourismusländern – Welche Aufgaben hat der Staat noch?", in: *Kreilkamp, E.; Pechlaner, H.; Steinecke, A.* (Hrsg.): Gemachter oder gelebter Tourismus?, Wien, S. 11-40

Bieger, T. (2000): „Destinationsmanagement", in: *Gewald, S.* (Hrsg.): Handbuch des Touristik- und Hotelmanagement, München/Wien, S. 56-59

Bieger, T. (1998): „Reengineering destination marketing organisations – the case of Switzerland", in: Revue de Tourisme, Vol. 53, No. 3, S. 4-17

Bieger, T. (1997): Management von Destinationen und Tourismusorganisationen, München/Wien

Bieger, T.; Ludwig, E. (2000): „Markenmanagement im alpinen Tourismus – Notwendigkeit der Regionalisierung von Destinationmarken?" in: Tourismus Journal, Vol. 4, No. 3, S. 337-342

Bieger, T.; Weibel, C. (1998): „Möglichkeiten und Grenzen des kooperativen Tourismusmarketing – Schaffung von Tourismussystemen als Strategien gegen destinationsähnliche Konkurrenzprodukte", in: *Keller, P.* (Hrsg.), Destinationsmarketing – Möglichkeiten und Grenzen, St. Gallen, AIEST, S. 167-200

Bittner, M.J.; Booms, B.M., Tetreault, M.S. (1990): „The Service Encounter: Diagnosing Favorable and Unfavorable Incidents", in: Journal of Marketing, Vol. 54, No. 1, S. 71-84

Blumberg, K. (2005): „Tourism Destination Marketing – A tool for Destination Management? A case study from Nelson/Tasman Region, New Zealand", in: Asia Pacific Journal of Tourism Research, Vol. 10, No. 1, S. 45-57

Bock, M. (1992): "Das halbstrukturierte leitfadenorientierte Tiefeninterview. Theorie und Praxis der Methode am Beispiel von Paarinterviews", in: *Hoffmeyer-Zlotnik, J.H.P.* (Hrsg.): Analyse verbaler Daten: Über den Umgang mit qualitativ verbalen Daten, Oplanden, S. 90-107

Böhler, H. (2004): Marktforschung, Stuttgart

Böhler, H. (1993): „Früherkennungssysteme", in: *Wittmann, W.* (Hrsg.): Handwörterbuch der Betriebswirtschaftslehre, Stuttgart, S. 1256-1270

Böhler, H.; Scigliano, D. (2005): Marketing-Management, Stuttgart

Bornheim, M.; Stüllenberg, F. (2002): "Effizienz- und Effektivitätssteuerung von Kooperationen mit Hilfe der Balanced Scorecard", in: Controlling, Vol. 14, No. 4/5, S. 283-289

Bramwell, B.; Sharman, A. (1999): „Collaboration in local tourism policymaking", in: Annals of Tourism Research, Vol. 26, No. 2, S. 392-415

Brancato, C.K. (1995): „New performance measures – A research report", Report Number 1118-95-RR, New York, NY: Conference Board

Brandenburger, B.J.; Nalebuff, A.M. (1996): Coopetition – Kooperativ konkurrieren, Frankfurt am Main

Bratl, H.; Schmidt, F., Trippl, M. (2002): „DestinationsManagement Monitor Austria zur Steigerung der Wettbewerbsfähigkeit von touristischen Verbundökonomien", in: *Pechlaner, H.; Weiermair, K., Laesser, C.* (Hrsg.): Tourismuspolitik und Destinationsmanagement , Bern/Stuttgart/Wien, S. 123-144

Briggs, C. L. (1986): Learning how to ask. A sociolinguistic appraisal of the role of the interview in social science research, Cambridge.

Bronder, C. (1992): Unternehmensdynamisierung durch Strategische Allianzen, Diss. Nr. 1362, St. Gallen

Brown, D.M.; Laverick, S. (1994): "Measuring corporate performance", in: Long Range Planning, Vol. 27, No. 4, S. 89-98

Brüsemeister, T. (2000): Qualitative Forschung. Ein Überblick, Wiesbaden

Bruns, W. (1998): „Profit as a performance measure: powerful concept, insufficient measure", in: Performance Measurement – Theory and practice: The First International Conference on Performance Measurement, Cambridge

Buhalis, D. (2000): „Marketing the competitive destination of the future", in: Tourism Management, Vol. 21, No. 1, S. 97-116

Buhalis, D. (1999): "Limits of tourism development in peripheral destinations: problems and challenges", in: Tourism Management, Vol. 20, No. 2, S. 183-185

Buhalis, D.; Cooper, C. (1998): "Competition or co-operation: Small and medium sized tourism enterprises at the destination", in: *Laws, B.; Faulkner, G.* (Hrsg.): Embracing and managing change in Tourism, Routledge, London, S. 324-346

Bungay, S.; Goold, M. (1991): "Creating a strategic control system", in: Long Range Planning, Vol. 24, No. 3, S. 32-39

Butler, R. (1980): "The concept of a tourism area cycle of evolution: implications for resources", in: Canadian Geographer, Vol. 24, No. 1, S. 5-12

Byrne, J.A.; Brandt, R.; Port, O. (1993): "The virtual corporation", in: Business Week, Vol. 3, No. 26, S. 36-40

Caduff, T. (1981): Zielerreichungsorientierte Kennzahlennetze industrieller Unternehmungen, Bedingungsmerkmale – Bildung – Einsatzmöglichkeiten, Dissertation, Frankfurt am Main

Carnap, R. (1973): Einführung in die symbolische Logik mit besonderer Berücksichtigung ihrer Anwendungen, Wien [u.a.]

Carson, D.; Beattie, S.; Gove, B. (2003): "Tourism management capacity of local government – An analysis of Victorian local government", in: *Braithwaite, R.W.; Braithwaite, R.L.* (Hrsg.): Riding the wave of tourism and hospitality research – Proceedings of the Council of Australian University Tourism and Hospitality Education Conference, Coffs Harbour: Southern Cross University, Linsmore. CD-Rom

Centre for Business Performance, Cranfield School of Management: "Literature Review on Performance Measurement and Management" (ohne Datum), http://www.idea-knowledge.gov.uk/idk/aio/306299, abgerufen am 1. März 2006

Chen, P.; Kerstetter, D. (1999): "International students´ image of rural Pennsylvania as a travel destination", in: Journal of Travel Research, Vol. 37, No. 3, S. 256-266

Chisnall, P. (1986): Marketing Research, London: McGraw-Hill

Chon, K.S. (1992): "The role of destination image in tourism: an extension"; in: The Tourist Review, Vol. 2, S. 2-7

Coenenberg, A. (2003): Jahresabschluss und Jahresabschlussanalyse, Stuttgart

Collier, A. (1999): Principles in tourism. A New Zealand perspective, Addison Wesley Longman, Essex

Cook, S. (1995): Practical Benchmarking, Kogan Page, London

Cooper, C.; Fletcher, J.; Gilbert, D.; Wanhill, S. (1998): Tourism. Principles and parctice, Longman

Corsten, H. (1990): Betriebswirtschaftslehre für Dienstleistungsunternehmen, München/Wien

Crompton, J.L.; Fakeye, P.C.; Lue, C.-C. (1992): "Positioning: The example of the lower Rio Grande valley in the winter long stay destination market", in:Journal of Travel Research, Vol. 31, No. 2, S. 20-26

Crouch, G.I.; Ritchie, J.R.B. (1999): „Tourism, competitiveness, and societal prosperity", in: Journal of Business Research, Vol. 44, S. 137-152

Cullingsworth, B. (1997): Planning in the USA. Policies, issues and processes", London/New York, Routledge

Currle, M. (2001): „Performance Management Konzept für IT-Services-Unternehmen", Controlling-Forschungsbericht, Nr. 65, Betriebswirtschaftliches Institut der Universität Stuttgart, Lehrstuhl Controlling

Curtis, K. (1994): From management goal setting to organizational results: Transforming strategies into action, Quorum Books, Westport, CT

Deutsche Gesellschaft für Qualität (1992): "Qualitätsmanagement und Elemente eines Qualitätssicherungssystems", Berlin

de Oliveira, J.A.P. (2003): "Governmental responses to tourism development: three Brazilian case studies", in: Tourism Management, Vol. 24, No. 1, S. 97-110

Dhavale, D.G. (1996): „Problems with existing manufacturing performance measures", in: Journal of Cost Management, Vol. 9, No. 4, S. 50-55

Diekmann, A. (2004): Empirische Sozialforschung. Grundlagen, Methoden, Anwendungen, Reinbek bei Hamburg

DMAI - Destination Marketing Association International (2005): Standard CVB performance reporting – A handbook for CVBs, Washington D.C.

Dore, L.; Crouch, G.I. (2003): „Promoting destinations: A explanatory study of publicity programmes used by national tourism organisations", in: Journal of Vacation Marketing, Vol. 9, No. 2, S. 137-151

d´Hauteserre, A.-M. (2000): "Lessons in managed destination competitiveness: The case of Foxwoods Casino Resort", in: Tourism Management, Vol. 21, No. 1, S. 23-32

Eccles, R.G. (1991): The Performance Measurement Manifesto", in: Harvard Business Review, Vol. 69, No. 1, S. 131-137

Echtner, C.M.; Ritchie, J.R.B. (1991): "The meaning and measurement of destination image", in: The Journal of Tourism Studies, Vol. 2, No. 2, S. 2-12

Edgell, Sr.; David, L.; Haenisch, R.T. (1995): Coopetition: Global tourism beyond the millennium, International Policy Publishing, Kansas City

Elberenz, R. (2000): „Meinungsspiegel zum Thema Balanced Scorecard", in: Betriebswirtschaftliche Forschung und Praxis, Vol. 52, No. 1, S. 72-83

Engelhardt, W.H.; Kleinaltenkamp, M.; Reckenfelderbäumer, M. (1993): „Leistungsbündel als Absatzobjekte", in: ZfbF, Vol. 45, No. 5, S. 395-426

Enright, M.J.; Newton, J. (2004): "Tourism destination competitiveness: a quantitative approach", in: Tourism Management, Vol. 25, S. 777-788

Eschenbach, R.; Niedermayr, R. (1996a): „Controlling in der Literatur", in: *Eschenbach, R.* (Hrsg.): Controlling, Stuttgart, S. 49-52

Eschenbach, R.; Niedermayr, R. (1996b): "Die Konzeption des Controllings", in: *Eschenbach, R.* (Hrsg.): Controlling, Stuttgart, S. 65-93

Ewert, R. (1992): Controlling, Interessenkonflikte und asymmetrische Information; in: Betriebswirtschaftliche Forschung und Praxis 4/92, S. 277-303

Ewert, R.; Wagenhofer, A. (2005): Interne Unternehmensrechnung, Berlin [u.a.]

Fakeye, P.C.; Crompton, J.L. (1991): "Image differences between prospective, firsttime, and repeat visitors to the Lower Rio Grande Valley", in: Journal of Travel Research, Vol. 30, No. 2, S. 10-19

Fantapié Altobelli, C.; Bouncken, R.B. (1998): Wertkettenanalyse von Dienstleistungsanbietern", in: *Meyer, A.* (Hrsg.): Handbuch Dienstleistungs-Marketing, Stuttgart, S. 283-296

Faulkner, B. (1997): "A model for evaluation of national tourism destination marketing programs", in: Journal of Travel Research, Vol. 34, No. 3, S. 23-32

Fayos-Solá, E. (1996): "Tourism policy: a midsummer night's dream?", in: Tourism Management, Vol. 17, No. 6, S. 405-412

Fechtel, A.; Stelter, D. (1997): "Umsetzung wertorientierten Managements", in: Technologie & Management, Vol. 46, No. 2; S. 30-33

Feige, M. (2003): „Touristische Raumanalyse und Raumbewertung durch Monitoring", in: *Becker, C.; Hopfinger, H. Steinecke, A.* (Hrsg.): Geographie der Freizeit und des Tourismus, München/Wien, S. 486-501

Fesenmaier, D., Pena, C.; O'Leary, J.T. (1992): "Assessing information needs of visitor bureaus", in: Annals of Tourism Research, Vol. 19, No. 3, S. 571-574

Fickert, R.; Schedler, B. (1995): "Trends im Management – Accounting für Service-Unternehmen", in: *Fickert, R.; Meyer, C.* (Hrsg.): Managementaccounting im Dienstleistungsbereich, Bern [u.a.], S. 383-415

Fiedler, R. (1998): Einführung in das Contorlling, München [u.a.]

Fink, C.A.; Grundler, C. (1998): „Strategieimplementierung im turbulenten Umfeld – Steuerung der Firma fischerwerke mit der Balanced Scorecard", in: Controlling, Vol. 10, No. 4, S. 226-235

Fitzgerald, L.; Johnson, R.; Brignall, S.; Silvestro, R., Voss, Chr. (1991): Performance Measurement in Service Businesses, Cambridge

Fitzgerald, L.; Moon, P. (1996): Performance Measurement in Service Industries: Making it work, London

Fjeldstad, Ø. D.; Haanæs, K. (2001): „Strategy tradeoffs in the knowledge and network economy", in: Business Strategy Review, Vol. 12, No. 1, S. 1-10

Flagestad, A.; Hope, C.A. (2001): „Strategic success in winter sports destinations: a sustainable value creation perspective", in: Tourism Management, Vol. 22, No. 5, S. 445-461

Flamholtz, E.G. (1996): "Effective Organzational Control: A Framework, Applications and Implications", in: European Management Journal, Vol. 14, Nr. 6, S. 596-611

Flick, U. (1998): Qualitative Forschung. Theorie, Methoden, Anwendung in Psychologie und Sozialwissenschaften, Reinbek bei Hamburg

Fließ, S.; Lasshof, B.; Matznick, T. (2006): „Balanced Scorecard für Dienstleister. Das Beispiel der Flughafen Stuttgart GmbH" in: Controlling, Vol. 18, No. 2, S. 99-106

Fontanari, M.L. (2000): „Trends und Perspektiven für das Destinationsmanagement erste empirische Erkenntnisse", in: *Fontanari, M.L.; Scherhag, K.* (Hrsg.): Wettbewerb der Destinationen, Wiesbaden, S. 73-93

Formica, S.; Littlefield, J. (2000): "National tourism organizations: A promotional plans framework", in: Journal of Hospitality & Leisure Marketing, Vol. 7, No. 1, S. 103-119

Freyer, W. (2001a): Tourismus, München/Wien

Freyer, W. (2001b): Tourismus-Marketing, München/Wien

Freyer, W. (1993): Tourismus-Einführung in die Fremdenverkehrsökonomie, München/Wien

Fridgen, J. (1986): „Recreation and Tourism: Creative Interrelationships", in: Proceedings of Symposium on Leisure Research, S. 74-76, Alexandria, Va.: National Recreation and Parks Association

Friedl, B. (2003): Controlling; Stuttgart

Friedrichs, J. (1973): Methoden empirischer Sozialforschung, Reinbeck

Frisby, E. (2002): „Communicating in a crisis: The British Tourist Authority's responses to the foot-and-mouth outbreak and 11th September 2001", in: Journal of Vacation Marketing, Vol. 9, No. 1, S. 89-100

Früh, W. (2001): Inhaltsanalyse. Theorie und Praxis, Konstanz

Früh, W. (1992): „Analyse sprachlicher Daten. Zur konvergenten Entwicklung „quantitativer" und „qualitativer" Methoden", in: *Hoffmeyer-Zlotnik, J.H.P.* (Hrsg.): Analyse verbaler Daten: Über den Umgang mit qualitativ verbalen Daten, Opladen, S. 59-89

Fuchs, M. (2002): "Destination Benchmarking", in: Tourismus Journal, Vol. 6, No. 3, S. 291-320

Galbraith, J.R.; Lawler, E.E. (1993): Organizing for the future. San Fransisco, Jossey-Bass

Gartrell, S. (1994): Destination Marketing for Convention and Visitor Bureaux, Kendal/Hunt, Dubuque

Gartrell, R.B. (1988): Destination Marketing for Convention and Visitors Bureaus, Dubuque, Iowa; Kendall/Hunt

Geiß, W. (1986): Betriebswirtschaftliche Kennzahlen – Theoretische Grundlagen einer problemorientierten Kennzahlenanwendung, Frankfurt [u.a.]

Getz, D. (2005): Event management and event tourism, New York [u.a.]

Getz, D.; Anderson, D.; Sheehan, L. (1998): "Roles, issues, and strategies for convention and visitors´ bureaux in destination planning and product development: a survey of Canadian bureaux", in: Tourism Management, Vol. 19, No. 4, S. 331-340

Gilbert, D. (1990): "Strategic planning for national tourism", in: The Tourist Review, Vol. 1, S. 18-27

Gleich, R. (2002): „Performance Measurement im Controlling", in: *Gleich, R.; Möller, K.; Seidenschwarz, W.; Stoi, R.* (Hrsg.): Controllingfortschritte, München, S. 345-365

Gleich, R. (2001): Das System des Performance Measurement, München, 2001

Gleich, R. (1997a): „Performance Measurement im Controlling", in: *Gleich, R. und Seidenschwarz, W.* (Hrsg.): Die Kunst des Controlling, München, S. 343-365

Gleich, R. (1997b): „Fachbuch Test Performance Measurement", in: Controlling, Vol. 9, No. 5, S. 364-367

Gleich, R. (1997c): "Balanced Scorecard", in: Die Betriebswirtschaft, 57 (1997) 3, S. 432-435

Gleich, R.; Möller, K.; Seidenschwarz, W.; Stoi, R. (2002): Controllingfortschritte, München

Go, F.M.; Govers, R. (2000): "Integrated quality management for tourist destinations: a European perspective on achieving competitiveness", in: Tourism Management, Vol. 21, S. 79-88

Gomez, L (1993). Wertmanagement. Vernetzte Strategie für Unternehmen im Wandel, Düsseldorf [u.a.]

Goode, W. J.; Hatt, P. K. (1976): Beispiel für den Aufbau eines Fragebogens, in: König, R. (Hrsg.): Das Interview. Formen Technik Auswertung, S. 115-124

Gremler, D. D. (2004): "The critical incident technique in service research", in: Journal of Service Research, Volume 7, No.1, S. 65-89

Guatri, L. (1994): Theorie der Unternehmenswertsteigerung – ein europäischer Ansatz, Wiesbaden

Guthrie, J., Gale, P. (1991): "Positioning ski areas", in: New Horizons Conference Proceedings, Calgary, S. 551-569

Hachmeister, D. (1997): „Shareholder Value", in: Die Betriebswirtschaft, Vol. 57, No. 6, S. 823-839

Haedrich, G.; Tomczak T. (1990): Strategische Markenführung, Bern [u.a.]

Hakansson, H.; Sharma, D.D. (1996): "Strategic alliances in a network perspective", in: *Iacobucci, D.* (Hrsg.): Networks in Marketing, London: Sage, S. 108-124

Hall, C.M. (2004): Tourism planning. Policies, processes and relationships, Harlow [u.a.], Prentice Hall

Hauser, J.R.; Simester, D.I.; Wernerfelt, B. (1994): „Customer satisfaction incentives", in: Marketing Science, Vol. 13, No. 4, S. 327-350

Hawes, D.K., Taylor, D.T., Hampe, G.D. (1991): „Destination marketing by states", in: Journal of Travel Research, Vol. 30, No. 1, S. 11-17

Hayes, R.H.; Abernathy, W.J. (1980): „Managing our way to economic decline", in: Harvard Business Review, July-August, S. 67-77

Heath, E.; Wall, G. (1992): Marketing Tourism Destinations, New York [u. a.]

Heinen, E. (1969): "Betriebliche Kennzahlen. Eine organisationstheoretische und kybernetische Analyse", in: *Linhardt, H.* (Hrsg.): Dienstleistungen in Theorie- und Praxis, Stuttgart

Hemmer, T. (1996): „On the design and choice of „modern" management accounting measures", in: Journal of Managerial Accounting Research, S. 87-116

Heskett, J.L.; Jones, T.O.; Loveman, G.W.; Sasser, W.E.jr.; Schlesinger, L.A. (1994): "Putting the Service-profit Chain to work", in: Harvard Business Review, Vol. 72, No. 2, S. 164-174

Hinterhuber, H.H.; Levin, B.M. (1994): "Strategic networks – The organization of the future", in: Long Range Planning, Vol. 27, No. 3, S. 43-53

Hiromoto, T. (1988): „Another hidden edge: Japanese management accounting", in: Harvard Business Review, Vol. 66, No. 7/8, S. 22-31

Ho, S.K.; McKay, R.B. (2003): "Balanced Scorecard: two perspectives", in: The CPA Journal, Vol. 72, No. 3, S. 20-25

Hoffmeyer-Zlotnik, J. H. P. (1992): Analyse verbaler Daten: über den Umgang mit qualitativ verbalen Daten, Opladen

Holstein, J. A.; Gubrium, J. F. (1995): The active Interview, Thousand Oaks

Holsti, O.R. (1968): „Content Analysis", in: *Lindzey, G.; Aronson, E.* (Hrsg.): Handbook of Social Psychology, Vol. 2, Reading

Hopf, C. (1978): „Die Pseudo-Exploration. Überlegungen zur Technik qualitativer Interviews in der Sozialforschung", in: Zeitschrift für Soziaologie, Nr. 2, S. 97-115

Horváth, P. (2003): Controlling, München

Horváth, P. (1998): Controlling, München

Horváth, P.; Gaiser, B. (2000): "Implementierungserfahrungen mit der Balanced Scorecard im deutschsprachigen Raum – Anstöße zur konzeptionellen Weiterentwicklung", Betriebswirtschaftliche Forschung und Praxis, Vol. 52, No. 1, S. 17-35

Horváth, P.; Reichmann, T. (1993): Vahlens großes Controllinglexikon, München

Howie, F. (2003): Managing the tourist destination, London: Continuum

Hudson, S.; Ritiche, J.R.B. (2006): "Promoting destination via film tourism: An empirical identification of supporting marketing initiatives", in: Journal of Travel Research, Vol. 44, No. 4, S. 387-396

Hüttner, M.; Schwarting, U. (1999): Grundzüge der Marktforschung, 6. unwesentlich veränderte Aufl., München.

Hunt, S.D. (1997): "Competing through relationships: grounding relationship marketing in resource-advantage theory", in: Journal of Marketing Management, Vol. 13, No. 5, S. 431-445

Hunt, S.D. (1983): Marketing Theory, Homewood, Il.

Ittner, C.D.; Larcker, D.F. (1998): „Innovations in performance measurement: trends and research applications", in: Journal of Management Accounting Research, Vol. 10, S. 205-238

Ittner, C.D.; Larcker, D.F.; Meyer, M.W. (2003): „Subjectivity and the weighting of performance measures: evidence form a balanced scorecard", in: Accounting Review, Vol. 78, No. 3, S. 725-758

Ittner, C.D.; Larcker, D.F.; Raja, M.V. (1997): „The Choice of Performance Measures in Annual Bonus Contracts", in: The Accounting Review, Vol. 72, No. 2, S. 231-255

Jacobi, F. (1996): Ansatzpunkte zur Bewertung von Kooperationen im Tourismus am Beispiel ausgewählter Ferienorte des Alpenraums, Bamberg

Jamal, T.B.; Getz, D. (1995): "Collaboration theory and community tourism planning", in: Annals of Tourism Research, Vol. 22, No. 1, S. 186-204

Jandala, C. (1998): "Destination image development – tools and techniques", in: *Keller, P.* (Hrsg.): Destination Marketing, St. Gallen, S. 341-346

Johnson, H.T. (1983): „The serach for gain in markets and firms: A review of the historical emergence of management accouting systems", in: Accounting, Organizations and Society, Vol. 8, No. 2/3, S. 139-146

Johnson, H.T.; Kaplan, R.S. (1987): Relevance lost – the rise and fall of management accounting, Harvard Business School Press, Boston

Joos-Sachse, T. (2002): Controlling, Kostenrechnung und Kostenmanagement, Wiesbaden, 2. Auflage

Kamakura, W.A.; Mittal, V.; de Rosa, F.; Mazzon, J.A. (2002): „Assessing the Service Profit Chain", in: Marketing Science, Vol. 21, No. 3, S. 294-317

Kaplan, R.S. (1984): "The evolution of management accounting", in: The Accounting Review, Vol. 59, No. 3, S. 390-418

Kaplan, R. S.; Norton, D.P. (1999): Balanced Scorecard – Strategien erfolgreich umsetzen, Stuttgart

Kaplan, R.S.; Norton, D.P. (1997): Balanced Scorecard, Stuttgart

Kaplan, R.S.; Norton, D.P. (1996): "Linking the Balanced Scorecard to strategy", California Management Review, Vol. 39, No. 1, S. 53

Kaplan, R.S.; Norton, D.P. (1992): „The balanced scorecard – measures that drive performance", in: Harvard Business Review, Vol. 70, No. 1, S. 71-79

Kaspar, C. (1996): Tourismuslehre im Grundriss, Bern/Stuttgart

Kaspar, C. (1995): Management im Tourismus, Bern/Stuttgart/Wien

Kassarjian, H.H. (1977): "Content Analysis in Consumer Research", in: Journal of Consumer Research, Vol. 4, No. 4, S. 8-18

Katz, M.; Shapiro, C. (1985): "Network externalities, competition and compatibility", in: American Economic Review, Vol. 75, S. 424-440

Kaufmann, J. C. (1999): Das verstehende Interview, Paris

Keaveney, S.M. (1995): „Customer Switching Behavior in Service Industries: An Exploratory Study"; in: Journal of Marketing, Vol. 59, No. 2. S. 71-82

Kennerley, M.; Neely, A. (2002): "A framework of the factors affecting the evolution of performance measurement systems", in: International Journal of Operations and Production Management, Vol. 22, No. 11, S. 1222-1245

Keller, K.L. (2003): Strategic brand management, Upper Saddle River, NJ: Prentice Hall

Keller, P. (1999), „Zukunftsorientierte Tourismuspolitik – Synthese des 49. AIEST Kongresses", in: Revenue de Tourisme, Vol. 54, No. 3, S. 13-17

Keller, P. (1998): „Destinationsmarketing: strategische Fragestellung", in: *Keller, P.* (Hrsg.): Destination Marketing, St. Gallen, S. 40-51

Kennerley, M.; Neely, A. (2002): "A framework of the factors affecting the evolution of performance measurement systems", in: International Journal of Operations & Production Management, Vol. 22, No. 11, S. 1222-1245

Kepper, G. (1994): Qualitative Marktforschung. Methoden, Einsatzmöglichkeiten und Beurteilungskriterien, Wiesbaden

Kerlinger, F.M. (1975-1979): Grundlagen der Sozialwissenschaften, Weinheim

Ketelsen-Sontag, H. (1988): Empirische Sozialforschung im Marketing: Theorie und Praxis in der Marktforschung, Hamburg

Kim, H.; Richardson, S.L. (2003): „Motion picture impacts on destination images", in: Annals of Tourism Research, Vol. 30, No. 1, S. 216-237

Kim, H.B. (1998): „Perceived attractiveness of Korean destinations", in: Annals of Tourism Research, Vol. 25, No. 2, S. 340-361

Klingebiel, N. (2002): Performance Measurement & Balanced Scorecard, München

Klingebiel, N. (2001): Performance Measurement & Balanced Scorecard, Vahlen, München

Klingebiel, N. (1999): Performance Measurement: Grundlagen - Ansätze – Fallstudien; Gabler Verlag, Wiesbaden

Kolbe, R.H.; Burnet, M.S. (1991): „Content-Analysis Research: An Examination of Applications with Directives for Improving Research Reliability and Objectivity", in: Journal of Consumer Research, Vol. 18, No. 2; S. 243-250

Kotler, P. (1984): Marketing Management Analysis, Planning and Control, Prentice-Hall, Englewood Cliffs, NJ

Kotler, P., Bowen, J., Makens, J. (1993): Marketing for Hospitality and Tourism, Upper Saddle River, Prentice Hall

Kozak, M.; Rimmington, M. (1997): "Developing a benchmarking model for tourist destinations", in: *Chon, K.S.; Mok, C.C.B.* (Hrsg.): Advances in Hospitality and Tourism Research, Vol. 111, Proceedings of the Third Annual Graduate Education and Graduate Students Research Conference in Hospitality and Tourism, University of Houston

Kreilkamp, E. (1998): „Strategische Planung im Tourismus", in: *Haedrich, G.; Kaspar, C.; Klemm, K.; Kreilkamp, E.* (Hrsg.): Tourismus-Management, Berlin/New York, S. 287-324

Kromrey, H. (2002): Empirische Sozialforschung. Modelle und Methoden der standardisierten Datenerhebung und Datenauswertung, Opladen

Krüger, W. (2004): „Von der Wertorientierung zur Wertschöpfungsorientierung der Unternehmensführung", in: *Bühner, R.; Wildemann, H.* (Hrsg.): Personal und Organisation, München, S. 57-81

Krystek, U.; Müller-Stewens, G. (1997): Strategische Frühaufklärung als Element strategischer Führung", in: Hahn, D.; Taylor, B. (Hrsg.): Strategische Unternehmensplanung, Strategische Unternehmensführung – Stand und Entwicklungstendenzen, Heidelberg

Küchler, M. (1983): „ „Qualitative" Sozialforschung – ein neuer Königsweg?", in: *Garz, D.; Kraimer, L.* (Hrsg.): Brauchen wir andere Forschungsmethoden? Beträge zur Diskussion interpretativer Verfahren, Frankfurt am Main, S. 9-30

Kueng, P.; Krahn, A. (2000): „Performance Measurement-Systeme: State-of-practise und Weiterentwicklung", Working paper Nr. 00-12, Universität Fribourg

Küpper, H.U. (1987): „Konzeption des Controlling aus betriebswirtschaftlicher Sicht", in: *Scheer, A.-W.* (Hrsg.): Rechnungswesen und EDV, Heidelberg, S. 82-116

Küpper, H.U.; Weber, J.; Zünd, A. (1990): „Zum Verständnis des Controlling. Thesen zur Konsensbildung", in: Zeitschrift für Betriebswirtschaft, Vol. 60, S. 281-293

Küting, K. (1983): „Grundsatzfragen von Kennzahlen als Instrumente der Unternehmensführung", in: WiSt – Wirtschaftswissenschaftliches Studium, No. 5, S. 237-241

Laatz, W. (1993): Empirische Methoden. Ein Lehrbuch für Sozialwissenschaftler, Thun/Frankfurt am Main

Lachnit, L. (1979): Systemorientierte Jahresabschlussanalyse – Weiterentwicklung der externen Jahresabschlussanalyse mit Kennzahlensystemen, EDV und mathematisch-statistischen Methoden, Wiesbaden

Lachnit, L. (1976): „Zur Weiterentwicklung betriebswirtschaftlicher Kennzahlensysteme", in: ZfbF, Vol. 28

Laesser, C. (2002): „Aufgaben des Destinationsmanagements und Herausforderungen für eine zukunftsorientierte Tourismuspolitik", in: *Pechlaner, H.; Laesser, C.; Weiermair, K.* (Hrsg.): Tourismuspolitik und Destinationsmanagement, Bern/Stuttgart/Wien, S. 77-122

Laesser, C.; Jäger, S. (2001): "Tourism in the new economy", in: *Bieger, T.; Keller, P.* (Hrsg.): Tourism Growth and global competition, Reports of the 51st Congress of the AIEST at Valetta (Malta), St. Gallen, S. 39-84

Lakhal, S.; Martel, A.; Oral, M.; Montreuil, B. (1999): "Network companies and competitiveness: A framework for analysis", in: European Journal of Operational Research, Vol. 118, No. 2, S. 278-294

Lamnek, S. (2005): Qualitative Sozialforschung, Weinheim

Lamnek, S. (1995): Qualitative Sozialforschung. Methoden und Techniken, Band 2, München

Lamnek, S. (1989): Qualitative Sozialforschung. Methodologie, München

Langley, A. (1995): "Between 'paralysis by analysis' and 'extinction by instinct'", in: Sloan Management Review, Vol. 36, No. 3, S. 63-76

Larbig, Ch.; Kämpf, R.; Keller, F.; Kozak, A. (2004): „Graubündner Destinationsbenchmarking – Der Einsatz eines Geografischen Informations-systems (GIS) als Planungs- und Managementinstrument in touristischen Ziel-gebieten", in: Tourismus Journal, Vol. 8, No. 1, S. 77-86

Leffson, U. (1977): Bilanzanalyse, Stuttgart

Lehar, G. (2002): "Tourismuspolitik und Destinationsmanagement – ARGE ALP I", in: *Pechlaner, H.; Laesser, C.; Weiermair, K.*: Tourismuspolitik und Destinationsmanagement, Bern/Stuttgart/Wien

Leiper, N. (1995): Tourism Management, Collingwood

Leong, G.K.; Snyder, D.L.; Ward, P.T. (1990): "Research in the process and content of manufacturing strategy", in: OMEGA International Journal of Management Science, Vol. 18, No. 2, S. 109-122

Lewis, J.D. (1991): Strategische Allianzen – Informelle Kooperationen, Minderheitsbeteiligungen, Joint Ventures, Strategische Netze, Frankfurt/New York

Lienert, G.A. (1961): Testaufbau und Testanalyse, Weinheim

Lueger, M. (2000): Grundlagen qualitativer Feldforschung, Wien

Lundtorp, S.; Wanhill, S. (2001): "The resort lifecycle theory: generating processes and estimation", in: Annals of Tourism Research, Vol. 28, No. 4, S. 947-964

Lynch, R.L.; Cross, K.F. (1991): Measure Up!, Blackwell Publishers, Cambridge

Maisel, L.S. (2001): "Performance Measurement Practices: a long way from strategy management", The Balanced Scorecard Report (May-June)

Maleri, R. (1991): Grundlagen der Dienstleistungsproduktion, Berlin [u.a.]

Margreiter, J.G. (2001): „Die Marke Tirol: Ziele – Strategien – Maßnahmen", in: *Bieger, T. et al.* (Hersg.): Erfolgskonzepte im Tourismus, Wien, S. 29-34

Matzler, K.; Pechlaner, H. (1999): "Customer Value Management für touristische Destinationen", in: *Pechlaner, H., Weiermair, K.* (Hrsg.): Destinationsmanagement, Wien, S. 179-208

Mayntz, R.; Holm, K.; Hübner, P. (1978): Einführung in die Methoden der empirischen Soziologie, Opladen

Mayring, P. (2003): Qualitative Inhaltsanalyse, Weinheim/Basel

Mayring, P. (2002): Einführung in die qualitative Sozialforschung, Weinheim/Basel

Mayring, P. (1985): „Qualitative Inhaltsanalyse", in: *Jüttemann, G.* (Hrsg.): Qualitative Forschung in der Psychologie – Grundfragen, Verfahrensweisen, Anwendungsfelder, Weinheim/Basel, S. 187-211

Medeiros de Araujo, L.; Bramwell, B.: „Stakeholder assessment and collaborative tourism planning: the case of Brazil's Costa Dourada Project", in: *Bramwell, B.; Lane, B.* (Hrsg.): Tourism collaboration and partnerships. Politics, practice and sustainablility, Clevedon, Channel View, S. 272-294

Meffert, H. (2000): Marketing. Grundlagen marktorientierter Unternehmensführung. Konzepte – Instrumente – Praxisbeispiele, Wiesbaden

Meffert, H.; Bruhn, M. (1995): Dienstleistungsmarketing, Wiesbaden

Melián-González, A.; Garcá-Falcón, J.M. (2003): „Competitive potential of tourism destinations", in: Annals of Tourism Research, Vol. 30, No. 3, S. 720-740

Merl, A. (2000): „Management", in: *Gewald, S.* (Hrsg.): Handbuch des Touristik- und Hotelmanagement, München/Wien, S. 228-230

Merton, R. K.; Kendall, P. L. (1979): Das fokussierte Interview, in: *Hopf, C.; Weingarten, E.* (Hrsg.): Qualitative Sozialforschung, Stuttgart, S. 171-204

Meuser, M.; Nagel, U. (1991): „ExpertInneninterviews – vielfach erprobt, wenig bedacht. Ein Beitrag zur qualitativen Methodendiskussion", in: *Garz, D.; Kraimer, K.* (Hrsg.): Qualitativ-empirische Sozialforschung – Konzepte, Methoden, Analysen; Opladen, S. 441-471

Meyer, A. (1996): Dienstleistungs-Marketing: Erkenntnisse und praktische Beispiele, München

Meyer, C. (1994): Kennzahlen und Kennzahlensysteme, Stuttgart

Meyer, M.W. (2002): Rethinking Performance Measurement. Beyond the Balanced-Scorecard, Cambridge University Press, Cambridge [u.a.]

Meyer-Merz, A. (1985): Wertschöpfungsrechnung in Theorie und Praxis, Zürich

Mihalic, T. (2000): "Environmental management of a tourist destination – A factor of tourism competitiveness", in: Tourism Management, Vol. 21, S. 65-78

Miles, R.E.; Snow, C.C. (1986): "Organisations: new concepts for new forms", in: California Management Review, Vol. 28, S. 62-73

Minghetti, V. (2001): "From Destination to Destination Marketing and Management: Designing and repositioning tourism products", in: International Journal of Tourism Research, Vol. 3 (2001), S. 253-259

Möhlenbruch, D.; Wurm, T. (2002): "Die Leistungsfähigkeit der Balanced Scorecard im Einzelhandel", in: Möhlenbruch, D.; Hartmann, M. (Hrsg.): Der Handel im Informationszeitalter, Wiesbaden, S. 29-51

Morgan, N. (2000): „Creating supra-brand Australia: Answering the challenges of contemporary destination marketing", in: *Robinson, M.; Evans, N.; Long, P.; Sharpley, R.; Swarbrooke, J.* (Hrsg.): Management, marketing ans political economy of travel and tourism, Sunderland: Business Education Publishers, S. 352-364

Morgan, N.; Pritchard, A. (1998): Tourism promotion and power: creating images, creating identities, Chichester, Wiley

Morrison, A.M.; Bruen, S.M.; Anderson, D.J. (1998): "Convention and visitor bureaus in the USA: a profile of bureaus, bureau executives, and budgets", in: Journal of Travel and Tourism Marketing, Vol. 7, No. 1, S. 1-19

Müller, H. (2002): Freizeit und Tourismus, Bern

Muralidharan, R. (1997): „Strategic control for fast-moving markets: updating the strategy and monitoring performance", in: Long Range Planning, Vol. 30, No. 1, S. 64-73

Neely, A. (2005): "The evolution of performance measurement research – Developments in the last decade and a research agenda for the next", in: International Journal of Operations and Production Management, Vol. 25, No. 12, S. 1264-1277

Neely, A. (1999): "The performance measurement revolution: why now and where next?", in: International Journal of Operations and Production Management, Vol. 19, No. 2, S. 205-228

Neely, A. (1998): Measuring Business Performance: Why, what and how, Economist Books, London

Neely, A.; Gregory, M.; Platts, K. (1995): "Performance measurement system design: A literature review and research agenda", in: International Journal of Operations and Production Management, Vol. 15, No, 4, S. 80-116

Neely, A.; Jarrar, Y. (2004): „Extracting value from data – the performance planning value chain", in: Business Process Management Journal, Vol. 10, No. 5, S. 506-509

Niedermayr, R. (1996): "Die Realität des Controlling", in: *Eschenbach, R.* (Hrsg.): Controlling, Stuttgart, S. 127-174

Nørreklit, H. (2000): "The balance on the balance scorecard – A critical analysis of some of its assumptions", in: Management Accounting Research, Vol. 11, No. 1, S. 65-88

o.V.: http://www.baederkalender.de/lang25/cat327/cat329/cat428/art964.php, abgerufen am 16. November 2005

o.V.: http://www.ifitt.org: abgerufen am 23. März 2006

o.V.: http://www.investorwords.com/5960/shareholder_value.html; abgerufen am 9. Februar, 2006

o.V.: http://plato.stanford.edu/entries/free-rider; abgerufen am 26. September 2006

o.V.: http://www.ttra.com: abgerufen am 27. März 2006

Olson, A.; Weber, A. Melling, C. (1995): Performance Measurement, in: Monograph Series (Coopers & Lybrand), No. 5, Arlington

Opaschowski, H. (1990): Urlaub 89/90 – Trendwende im Urlaubsverhalten? Die Grenzen des grenzenlosen Reisens, Hamburg

Oppitz, W. (2000): Tourismuspolitik international, Wien [u.a.]

OSGV – Ostdeutscher Sparkassen- und Giroverband (2004): Tourismusbarometer, Jahresbericht 2004, Berlin

Otley, D. (1999): "Performance Measurement: a framework for management control systems research", in: Management Accounting Resarch, Vol. 10, No. 4, S. 363-382

Parkhe, A. (1991): "Interfirm diversity, organizational learning, and longevity in global strategic alliances", in: Journal of International Business Studies, Vol. 22, S. 579-601

Pearce, D.G. (1997): "Competitive destination analysis in Southeast Asia", in: Journal of Travel Research, Vol. 35, No. 4, S. 16-24

Pearce, P.L., Morrison, A.M.; Rutledge, J.L. (1998): Tourism. Bridges between continents, Irwin/McGraw-Hill, Roseville

Pechlaner, H. (2003): Tourismus-Destinationen im Wettbewerb, Wiesbaden

Pechlaner, H. (2000): „Tourismusorganisationen und Destinationen im Verbund", in: *Fontanari, M.L.; Scherhag, K.:* Wettbewerb der Destinationen, Wiesbaden, S. 27-40

Pechlaner, H. (1998a): „Strategisches Management von Destinationen im Alpenraum", in: *Handlbauer, G. et al.:* Perspektiven im Strategischen Management, Berlin/New York, S. 219-238

Pechlaner, H. (1998b): „Strategisches Management und Marketing von Destinationen im Alpenraum", in: *Keller, P.* (Hrsg.), Destinationsmarketing – Möglichkeiten und Grenzen, St. Gallen, AIEST, S. 365-382

Pechlaner, H.; Magreiter, J. (2002): „Aufgaben eines grenzüberschreitenden Tourismusmarketings und –managements unter Berücksichtigung der Konsequenzen für die Tourismuspolitik – Das Beispiel AlpNet", in: *Pechlaner, H. Weiermair, K.; Laesser, C.* (Hrsg.): Tourismuspolitik und Destinationsmanagement: Neue Herausforderungen und Konzepte, Bern, S. 177-215

Penrose, E.G. (1959): The theory of the growth of the firm, New York, Oxford Press

Perrault, W.D.; Leigh, L.E. (1989): „Reliability of Nominal Data Based on Qualitative Judgements", in: Journal of Marketing Research, Vol. 26; No. 2, S. 135-148

Pfaff, D.; Kunz, A.H.; Pfeiffer, T. (2000): „Balanced Scorecard als Bemessungsgrundlage finanzieller Anreizsysteme", in: BFuP, Vol. 52, No. 1, S. 36-55

Pflaumer, P.; Heine, B.; Hartung, J. (2001): Statistik für Wirtschafts- und Sozialwissenschaften: Deskriptive Statistik, München [u.a.]

Pike, S. (2004): Destination Marketing Organisations, Amsterdam [u.a.], Elsevier

Pike, S. (2002a): "Destination image analysis: A review of 142 papers from 1973-2000", in: Tourism Management, Vol. 23, No. 5, S. 541-549

Pike, S. (2002b): "ToMA as a measure of competitive advantage for short break holiday destinations", in: Journal of Tourism Studies, Vol. 13, No. 1, S. 9-19

Pine, B.D.; Gilmore, J.J. (1999): The experience economy, Boston, Harvard Business Press

Pizam, A. (1990): "Evaluating the effectiveness of travel trade shows and other tourism sales-promotion techniques", in: Journal of Travel Research, Vol. 19, No.1, S. 3-8

Podnar, K. (2004): "Is it all a question of reputation? The role of branch identitiy (The case of an oil company), in: Corporate Reputation Review, Vol. 6, No. 4, S. 376-387

Poon, A. (2002): Tourism, technology and competitive strategies, Wallingford (UK), CAB International

Porter, M.E. (1996): "What is strategy?", in: Harvard Business Review, Vol. 74, S. 61-78

Porter, M.E. (1989): Wettbewerbsvorteile – Spitzenleistungen erreichen und behaupten, Frankfurt a. M.

Porter, M.E. (1985): Competitive Advantage, New York

Porter, M.E. (1980): Competitive Strategy, New York

Preißler, P.R. (1996): Controlling, München/Wien

Presenza, A.; Sheehan, L.; Ritchie, B.J.R. (2006): "Towards a model of the roles and activities of destination management organizations", in: Journal of Hospitality, Tourism and Leisure Science", elektronisch veröffentlicht: http://hotel.unlv.edu/pdf/The%20Role%20of%20the%20DMO%20Final%20version%20for%20launching%2010-22-05.pdf, abgerufen am 23. März 2006

Ramanthan, K.V. (1997): "Value based performance control strategies", in: Journal of Strategic Performance Measurement, Vol. 1, No. 3, S. 12-17

Reed, M. (1997): "Power relations and community-based tourism planning", in: Annals of Tourism Research, Vol. 24, No. 3, S. 556-591

Reichmann, T. (1997): Controlling mit Kennzahlen und Managementberichten, München

Reichmann, T.; Form, S. (2000): "Balanced Chance- and Risk-Management", in: Controlling, Vol. 12, Heft 4/5, April/Mai, S. 189 – 198

Reichmann, T.; Lachnit, L. (1977): „Kennzahlensysteme als Instrument zur Planung, Steuerung und Kontrolle von Unternehmen", in: Fachzeitschrift Maschinenbau, No. 9, S. 45-53

Reichmann, T.; Lachnit, L. (1976): „Planung, Steuerung und Kontrolle mit Hilfe von Kennzahlen", in: ZfbF, Vol. 26 (1976), S. 706-732

Reinecke, S. (2004): Marketing Performance Measurement, Wiesbaden

Richter, R. (1990): "Sichtweise und Fragestellungen der Neuen Institutionenökonomik", in: Zeitschrift für Wirtschafts- und Sozialwissenschaften, Vol. 110, S. 571-591

Richter, C.; Feige, M. (2004): „Benchmarkingorientiertes Monitoring von Tourismusmarketingorganisationen in Großstädten", in: Maschke, J. (Hrsg.): Jahrbuch für Fremdenverkehr 2004, Vol. 46, S. 35-62

Ritchie, J.R.B.; Crouch, G.K.T. (2003): "The competitive destination: A sustainable tourism perspective", Oxon, UK, CABI Publishing

Ritchie, J.R.B.; Crouch, G.K.T. (2000): „The competitive destination: a sustainability perspective", in: Tourism Management, Vol. 21, No.1, S. 1-7

Ritchie, R.J.B.; Ritchie, B.J.R (1998): "The branding of tourism destinations – past achievements and future challenges", in: Keller, P. (Hrsg.): Destination marketing – Reports of the 48th AIEST Congress in Marrakech, S. 89-116

Robson, I. (2004): „From process measurement to performance improvement", in: Business Process Management Journal, Vol. 10, No. 5, S. 510-521

Roth, S. (2001): Interaktionen im Dienstleistungsmanagement – eine informationsökonomische Analyse, in: *Bruhn, M./Stauss, B.* (Hrsg.): Jahrbuch Dienstleistungsmanagement 2001, Wiesbaden, S. 35-66

Rouse, P.; Putterill, M. (2003): "An integral framework for performance measurement", in: Management Decision, Vol. 41, No. 8, S. 791-805

Rudolph, H. (2002): Tourismus-Betriebswirtschaftslehre, München/Wien

Sampson, P. (1972): Qualitative Research and Motivational Research, in: *Worcester, R. M.*: Consumer Market Research Handbook, London; S. 7

Sautter, E.T.; Leisen, B. (1999): "Managing Stakeholders", in: Annals of Tourism Research, Vol. 26, No. 2, S. 312-328

Schafmeister, G. (2004): „Wertschöpfungskonfigurationen bei Sportdienstleistern – unter besonderer Berücksichtigung von problemlösenden Unternehmen", in: *Meyer, A.* (Hrsg.): Dienstleistungsmarketing – Impulse für Forschung und Management, Wiesbaden, S. 169-190

Schertler, W. (1998a): „Einsatz von neuen Technologien im Marketingmanagement von Tourismusorgansiationen", in: AIEST (Hrsg.): Destination Marketing – Scopes and limitations, St. Gallen, S. 117-152

Schertler, W. (1998b): „Kooperationsstrategien und deren Umsetzung im Konzept der Virtuellen Unternehmnung", in: *Handlbauer, G. et al.*: Perspektiven im Strategischen Management, Berlin/New York, S. 290-306

Schertler, W.; Rohte, S. (1995): „Benchmarking im Tourismus", in: *Fontanari, M.L.; Rohte, S.* (Hrsg.): Management des europäischen Tourismus, Wiesbaden, S. 37-56

Scherhag, K.; Schneider, S. (1999): „Strategische Herausforderung an ein zukunfts-weisendes Kooperationsmanagement", in: *Haas, H.-D.; Meyer, A.* (Hrsg.): Jahrbuch für Fremdenverkehr 1998, S. 5-30

Scheuch, E.K. (1967): "Das Interview in der Sozialforschung", in: *König, R.* (Hrsg.): Handbuch der empirischen Sozialforschung, Band 1, 1967, Stuttgart, S. 136-196

Schmidt, R. (1995): Grundfunktionen des Controllings: Eine Analyse der betriebs-wirtschaftlichen Literatur zum Stand der aufgabenorientierten Controlling-Diskussion, Frankfurt [u.a.]

Schnell, R.; Hill, P. B.; Esser, E. (2005): Methoden der empirischen Sozialforschung, München

Schott, G. (1988): Kennzahlen – Instrument der Unternehmensführung, Wiesbaden

Schräder, A. (2000): Netzeffekte in Transport und Tourismus, St. Gallen

Schreyögg, G.; Steinmann, H. (1987): „Strategic Control – a new perspective", in: Academy of Management Review, Vol. 12, No. 1; S. 91-103

Schroeder – Lexikon der Tourismuswirtschaft (2002), *TourCon Hannelore Niede-cken GmbH* (Hrsg.), Hamburg

Schweizer, M.; Friedl, B. (1992): „Beitrag zu einer umfassenden Controlling-Konzeption", in; *Spremann, K.; Zur, E.* (Hrsg.): Controlling – Informations-systeme, Anwendungen, Wiesbaden, S. 141-167

Seaton, A.V. (1996): „The comparative evaluation of tourism destination perform-ance: Scotland and European tourism, 1985-1994". Scottish Tourist Board, Edinburgh

Seidmann, I. E. (1991): Interviewing as qualitative research: a guide for researchers in education and the social sciences, New York.

Sessa, A. (1989): „Characteristics of tourism", in: *Witt S.F.; Moutinho, L.*: Tourism Marketing and Management Handbook, New York [u.a.], S. 43-45

Shapiro, C., Varian, H.R. (1999): Information Rules. A strategic guide to the network economy, Boston

Shapiro, C.; Varian, H.R. (1998): „Versioning: The smart way to sell information", in: Harvard Business Review, Vol. 76, No. 6 S. 106-114

Sheatsley, P. B. (1976): „Die Kunst des Interviewens", in: *König, R.* (Hrsg.): Das Interview. Formen Technik Auswertung, Köln, S. 125-142

Sheehan, L.; Richtie, J.R.B. (2005): "Destination Stakeholders – Expliring Identity and Salience", in: Annals of Tourism Research, Vol. 32, No. 3, S. 711-734

Sheehan, L.; Ritchie, J.R.B. (1997): "Financial management in tourism: a destination perspective", in: Tourism Economics, Vol. 3, No. 2, S. 93-118

Sieber, P. (1997): "Virtual organizations: static and dynamic viewpoints", in: *Institut für Wirtschaftsinformatik der Universität Bern*: Newsletter www.virtualorganization.net, Vol. 1, No. 2

Siegwart, H. (1998): Kennzahlen für die Unternehmensführung, Bern/Stuttgart/Wien

Simons, R. (1991): „Strategic orientation and top management attention to control systems", in: Strategic Management Journal, Vol. 12, No. 1, S. 49-62

Simons, R. (1987): "Planning, control, and uncertainty: A process view", in: *Bruns,W.; Kaplan, R.* (Hrsg.): Accounting and Management: Field Study Perspectives, Harvard Business School Press, Boston

Skiera, B.; Lambrecht, A. (2000): Erlösmodelle im Internet, in: *Albers, S.; Herrmann, A.* (Hrsg.): Handbuch Produktmanagement, Wiesbaden, S. 813-831

Socher, K.; Tschurtschenthaler, P. (2002): "Destination Management. Die ordnungspolitische Perspektive und die Rolle flankierender Politikbereiche: Umwelt-, Raumordnungs-, Bildungs-, Verkehrs- und Kulturpolitik", in: *Pechlaner, H.; Laesser, C.; Weiermair, K.* (Hrsg.): Tourismuspolitik und Destinationsmanagement, Bern/Stuttgart/Wien, S. 145-176

Stabell, C.B.; Fjeldstad, Ø.D. (1998): „Configuring value for competitive advantage: on chains, shops, and networks"; in: Strategic Management Journal, Vol. 19, N. 5, S. 413-437

Staehle, W. (1969): Kennzahlen und Kennzahlensysteme als Mittel der Organisation und Führung von Unternehmen, Wiesbaden

Stähler, P. (2001), Geschäftsmodelle in der digitalen Ökonomie, Köln

Staub, R. (1990): „Organisationskonzepte zur Verbesserung der Leistungsfähigkeit lokaler Fremdenverkehrsinstitutionen in Schweizer Ferienorten", in: *Kaspar, C.* (Hrsg.): Jahrbuch der Schweizerischen Tourismuswirtschaft 1989/90, S. 131-133

Staudt, E. (1985): Kennzahlen und Kennzahlensysteme, Berlin

Steinke, I. (2004): „Gütekriterien qualitativer Forschung", in: *Flick, U.; von Kardorff, E.; Steinke, I.* (Hrsg.): Qualitative Forschung. Ein Handbuch., Reinbek bei Hamburg, S. 319-331

Steinmann, H.; Schreyögg, G., (1997): Management, Wiesbaden

Sturm, A. (2000): Performance Measurement und Environmental Performance Measurement, Dissertation, Dresden

Sturm, R. (1979): Finanzwirtschaftliche Kennzahlen als Führungsmittel, Dissertation, Berlin

Sydow, J. (1992): Strategische Netzwerke – Evolution und Organisation, Wiesbaden

Synek, H. (1996): „Die Organisation des Controlling", in: *Eschenbach, R.* (Hrsg.): Controlling, Stuttgart, S. 95-125

Tamma, M. (1999): „Strategische Aspekte des Destinationsmanagements", in: *Pechlaner,H.; Weiermair, K.* (Hrsg.): Destinationsmanagement, Wien, S. 37-63

Timmers, P. (1999): Electronic Commerce: Strategies and Models for Business-to-Business Trading, Chichester

Thompson, J.D. (1967): Organizations in Action, McGraw-Hill, New York

Tooke, N.; Baker, M. (1996): "Seeing is believing: The effect of film on visitor numbers to screened locations", in: Tourism Management, Vol. 17, No. 2, S. 87-94

Tschiderer, F. (1980): Ferienortplanung – eine Anwendung unternehmensorientierter Planungsmethodik auf den Ferienort, Bern [u.a.]

Tschurtschenthaler, P. (1999): „Destination Management/Marketing als (vorläufiger) Endpunkt der Diskussion der vergangenen Jahre im alpinen Tourismus", in: *Pechlaner, H.; Weiermair, K.* (Hrsg.): Destinations-Management, Wien, S. 7-35

Tschurtschenthaler, P.; Pechlaner, H.; Weiermair, K. (2001): „Qualifikationsdefizite in Tourismusorganisationen und tourismuspolitische Implikationen", in: *Kreilkamp, E.; Pechlaner, H. Steinecke, A.* (Hrsg.): Gemachter oder gelebter Tourismus?, Wien, S. 117-139

Ullmann, S. (2000): Strategischer Wandel im Tourismus: Dynamische Netzwerke als Zukunftsperspektive, Wiesbaden

Ulrich, H. (1984): Management, Bern

Valiris, F., Chytas, P.; Glykas, M. (2005): "Making decisions using the balanced scorecard and the simple multi-attribute rating technique", in: Performance Measurement and Metrics, Vol. 6, No. 3, S. 159-171

Vantrappen, H.J.; Metz, P.D. (1996): Measuring the Performance of the Innovation Process, in: *Arthur D. Little* (Hrsg.), S. 129-141

von Friedrichs Grängsjö, Yvonne (2003): "Destination networking – Coopetition in peripheral surroundings", in: International Journal of Physical Distribution and Logistics Management, Vol. 33, No. 5, S. 427-448

Wahab, S.; Crampon, L.J., Rothfield, L.M. (1976): Tourism Marketing, London: Tourism International Press

Wall, F. (2001): „Ursache-Wirkungsbeziehungen als ein zentraler Bestandteil der Balanced Scorecard – Möglichkeiten und Grenzen ihrer Gewinnung", in: Controlling, Vol. 13, No. 2, S. 65-74

Walmsley, D.H.; Young, M. (1998): "Evaluative images and tourism: The use of perceptual constructs to describe the structure of destination images", in: Journal of Travel Research, Vol. 36, No. 3, S. 65-69

Walsh, G.; Wiedmann, K.-P. (2004): "A Conceptualization of Corporate Reputation in Germany: An Evaluation and Extension of the RQ", in: Corporate Reputation Review, Vol. 6, No. 4, S. 304-312

Weber, J. (1993): Einführung in das Controlling, Stuttgart, 4. Auflage

Weber, J.; Schäffer, U. (2000a): „Entwicklung von Kennzahlensystemen", in: BFuP 1/2000, S. 1-16

Weber, J.; Schäffer, U. (2000b): Balanced Scorecard & Controlling, Wiesbaden

Weber, J./Schäffer, U. (1999): Auf dem Weg zu einem aktiven Kennzahlenmanagement; WHU Forschungspapier Nr. 66 der Wissenschaftlichen Hochschule für Unternehmensführung (WHU) – Otto Beisheim Hochschule, Vallendar

Weber, R.P. (1985): Basic Content Analysis, London: Sage Publications Inc.

Weiermair, K. (2002): "Aufgaben der Tourismuspolitik im Rahmen eines zukunftsorientierten Destinationsmanagements", in: *Pechlaner, H.; Weiermair, K., Laesser, C.* (Hrsg.): Tourismuspolitik und Destinationsmanagement, Bern/Stuttgart/Wien, S. 53-75

Werner, H. (2000): "Die Balanced Scorecard", in: WiSt Heft 8, August 2000, S. 455-457

Wheeler, M. (1993): „Tourism marketers in local government", in: Annals of Tourism Research, Vol. 13, S. 64-80

Wiese, H. (1990): Netzeffekte und Kompatibilität. Ein theoretischer und simulationsgeleiteter Beitrag zur Absatzpolitik für Netzeffekt-Güter, Stuttgart

Wiese, J. (2000): Implementierung der Balanced Scorecard, Wiesbaden

Wissenbach, H. (1967): Betriebliche Kennzahlen und ihre Bedeutung im Rahmen der Unternehmerentscheidung – Bildung, Auswertung und Verwendungsmöglichkeiten in der unternehmerischen Praxis, Berlin

Wöhler, K. (1999): „Wettbewerbssituation und Handlungsspielräume kleiner und mittlerer Tourismusunternehmen", in: Tourismus Journal, Vol. 3, No. 2, S. 205-229

Wöhler, K. (1997): Marktorientiertes Tourismusmanagement 1, Berlin [u.a.]

Wolf, J. (1977): Kennzahlensysteme als betriebliche Führungsinstrumente, München

Woratschek, H. (2004a): "Kooperenz im Sportmanagement – eine Konsequenz der Wertschöpfungslogik von Sportwettbewerben und Ligen", in: *Zieschang, K.; Woratschek, H., Beier, K.* (Hrsg.): Sportökonomie 6: Kooperenz im Sportmanagement, S. 9-29

Woratschek, H. (2004b): „Qualitätsmanagement im Dienstleistungsbereich – Eignung der Qualitätsmessung für das Kennzahlen-Controlling", in: Controlling – Zeitschrift für erfolgsorientierte Unternehmensführung, Vahlen Heft 2/2004, S. 73-84

Woratschek, H.; Horbel, C. (2003): „The role of different types of variety-seeking behavior and recommendations on the service profit chain", in: *Kleinaltenkamp, M. Ehret, M.* (Hrsg.): Proceedings of the 7th International Research Conference on Customer Relationship Management and Relationship Marketing, Berlin, S. 209-222

Woratschek, H.; Roth, S.; Schafmeister, G. (2006): „Dienstleistungscontrolling unter Berücksichtigung verschiedener Wertschöpfungskonfigurationen – Eine Analyse am Beispiel der Balanced Scorecard", in: *Bruhn, M.; Stauss, B.* (Hrsg.): Dienstleistungscontrolling, Wiesbaden, S. 255-274

Woratschek, H.; Roth, S; Pastowski, S. (2003): "Kooperation und Konkurrenz in Dienstleistungsnetzwerken – Eine Analyse am Beispiel des Destinationsmanagements", in: *Bruhn, M.; Stauss, B.* (Hrsg.): Dienstleistungsnetzwerke, Wiesbaden, S. 255-283

Woratschek, H.; Roth, S; Pastowski, S. (2002): "Geschäftsmodelle und Wertschöpfungskonfigurationen im Internet", in: Marketing ZFP, Vol. 24, Spezialausgabe „E-Marketing", S. 57-72

WTO – World Tourism Organization (2003): NTO Marketing Activities – Guidelines for Evaluation, Luton

WTO (1993): Sustainable tourism development, guide for local planners, Madrid

Zairi, M. (1992): "The art of benchmarking: Using customer feedback to establish a performance gap", in: Total Quality Management, Vol. 3, No. 2, S. 177-188

Zeithaml, V.A.; Bitner, M.J. (2000): Services Marketing. Integrating customer focus across the firm. Boston, Irwin McGraw-Hill

Ziegenbein, K. (2002): Controlling, Ludwigshafen

Manuel Becher

persönliche Daten:

geboren am 26. November 1974
Familienstand: ledig
Nationalität: deutsch

Ausbildung:

01/2003-06/2006	externer Doktorand am Lehrstuhl für Dienstleistungsmanagement (BWL VIII) der Universität Bayreuth • Dissertationsthema: „Entwicklung eines Kennzahlensystems zur Vermarktung touristischer Destinationen"
01/2006-04/2006	Forschungsaufenthalt am World Tourism Education Council der Haskayne School of Business (University of Calgary)
10/1996-07/2002	Studium der Betriebswirtschaftslehre an der Universität Trier • Schwerpunkte: Organisation und strategisches Management sowie Marketing • Abschluss: Diplomkaufmann
08/1999-05/2000	Studium an der Northwestern State University of Louisiana • Schwerpunkt: Hospitality Management and Tourism
09/1985-07/1994	Graf-Münster-Gynmasium Bayreuth • Abschluss: Abitur

Veröffentlichungen:

Becher, Manuel: Internetvertrieb von Urlaubsclubs an „affinity groups" in Deutschland, Trier, 2002

Woratschek, H./Becher, M.: **Controlling-Konzept für Destinationsmanagementorganisationen – Welche Implikationen ergeben sich aus dem wertschöpfungsorientierten Dienstleistungsmarketing?**, in Kleinaltenkamp, M. (Hrsg.): Innovatives Dienstleistungsmarketing in Theorie und Praxis, Wiesbaden 2006, S. 267-289.